公共图书馆阅读推广策略研究

柴靖◎著

吉林科学技术出版社

图书在版编目（CIP）数据

公共图书馆阅读推广策略研究 / 柴靖著. -- 长春 :
吉林科学技术出版社, 2023.3
ISBN 978-7-5744-0289-8

Ⅰ. ①公… Ⅱ. ①柴… Ⅲ. ①公共图书馆—读书活动
—研究 Ⅳ. ①G252.17

中国国家版本馆 CIP 数据核字(2023)第 063209 号

公共图书馆阅读推广策略研究

著　　柴　靖
出版人　宛　霞
责任编辑　马　爽
封面设计　皓麒图书
制　　版　皓麒图书
幅面尺寸　185mm×260mm
开　　本　16
字　　数　310 千字
印　　张　13.75
印　　数　1–1500 册
版　　次　2023年3月第1版
印　　次　2023年10月第1次印刷

出　　版　吉林科学技术出版社
发　　行　吉林科学技术出版社
地　　址　长春市福祉大路5788号
邮　　编　130118
发行部电话/传真　0431-81629529 81629530 81629531
81629532 81629533 81629534
储运部电话　0431-86059116
编辑部电话　0431-81629518
印　　刷　廊坊市印艺阁数字科技有限公司

书　　号　ISBN 978-7-5744-0289-8
定　　价　75.00元

柴靖，男，汉族，1980 年 6 月出生，山东济南人，本科毕业于济南大学，一直在济南市图书馆工作，先后获得系统分析师和信息系统项目管理师两项高级工程师资格。2011 年在山东省第六届公共图书馆业务竞赛中获得图书馆基础知识项目二等奖、图书馆服务技能项目三等奖。作为课题负责人主持 2022 年济南市哲学社会科学重点课题“提升城市文化软实力背景下公共图书馆阅读推广策略研究”。长期致力于图书馆信息系统的管理、数字资源建设以及阅读推广等工作。

目 录

第一章 公共图书馆及其服务综述

第一节 公共图书馆的职能与发展方向

一、公共图书馆的定义

图书馆是一个触觉灵敏的有机体，社会的每一次重大变革或技术进步都能引起其随之变动，而且每一次变动都具有颠覆式的特征。我国公共图书馆从传统图书馆到数字图书馆、复合图书馆、智能图书馆，再到以“人本主义”为构建理念的智慧图书馆，这一路程反映了图书馆的发展理念从重视技术到重视“人”的转变，体现了公共图书馆的“智慧属性”。2018 年 1 月 1 日，《中华人民共和国公共图书馆法》终于在万众期待之下“千呼万唤始出来”。该法对公共图书馆做了如下定义：本法所称的公共图书馆，是指向社会公众免费开放，收集、整理、保存文献信息并提供查询、借阅及相关服务，开展社会教育的公共文化设施。作为一种公共文化设施，公共图书馆最大的特点在于“公共”，这首先体现在其所属主体是公共部门，而非私人机构；其次，公共图书馆组织活动的目的是以公众的需求为前提，以满足公众的文化需求为使命；再次，同其他社会企业机构不同，公共图书馆评估标准并非以利润为核心，而是评估其服务质量、社会公益活动参与度等；最后，公共图书馆是一项公益事业，以公众的全员参与为建设目标。公共图书馆是一项利国利民的伟大工程，《中华人民共和国公共图书馆法》的颁布，不仅统一了学界的认识，而且对促进我国社会主义文化事业繁荣、保障公民基本文化权益具有十分重要的意义。

二、公共图书馆的职能

（一）传承人类文化遗产

人类文明自有文字以来，便出现了记录文化的载体——书籍。书籍在整个社会文明的传承中扮演着不可或缺的角色，尤其是记叙历史的著作，更为直观地见证了历史的延续。而图书馆的职责就是要保存好、管理好这些珍贵的文献资源，这是图书馆最古老且最基本的职能。在当今的信息时代，科学技术突飞猛进，对于这些珍贵文献，公共图书馆可以将其转化成更为先进的载体形式来保存，如对文献进行数字化处理等。

（二）开发信息资源

互联网时代，信息资源爆炸性增长，呈现出杂乱性、无序性等特点，人们利用起来十分不易。图书馆在购入文献资源、音像资源、数据库资源的时候，需要对这些资源进行开发整理，形成有序、集成度较高的信息源，以方便读者使用。图书馆对信息资源的开发具体来说有如下几种：①对采购的文献进行登记、编目和加工处理，以便科学排架；②对馆外信息资源进行搜索过滤，建设虚拟馆藏；③对馆藏文献进行数字化处理，制成电子信息资源。

（三）开展社会教育

1. 思想教育的职能

公共图书馆的馆藏建设有政治倾向作指导，不同国家间的指导原则不尽相同。新颁布的《中华人民共和国公共图书馆法》第一章第三条规定，公共图书馆应当坚持社会主义先进文化前进方向，坚持以人民为中心，坚持以社会主义核心价值观为引领，传承发展中华优秀传统文化，继承革命文化，发展社会主义先进文化。该条款目的在于帮助读者树立正确的价值观和世界观，明确我国公共图书馆的发展方向。图书馆馆员要时刻牢记思想政治教育的宣传职责和服务育人的办馆理念。

2. 文化教育职能

公共图书馆的文化教育职能主要体现在为读者提供完善的学习环境，如阅读区、自习区和娱乐区等，让读者可以在规定的时间内自由地享受图书馆的设施和提供的服务。公共图书馆向所有的社会群体敞开大门，普及一些计算机的基础知识、文献资源的借还步骤等，使每个人都能公平、平等地享受图书馆提供的服务，掌握终身学习的技能。

3. 丰富文化生活的职能

文化娱乐是人类生活的重要组成部分，图书馆在提供知识服务的同时，也向群众读者提供了文化娱乐服务。例如，向读者提供报刊，播放主题电影，等，这些都丰富了读者的文化生活。

三、公共图书馆的发展方向

（一）互通互联化

互通互联化是指用户与用户之间、用户与图书馆之间、图书馆与图书馆之间、图书馆与各信息服务机构之间利用网络通信技术以及各种智能感知设备，实现彼此信息需求之间的有机联结，从而更好地为用户提供智慧化服务。具体的互联互通内容如下：

第一，用户与用户之间。用户与用户之间的互联互通主要是通过大数据技术识别相似用户，然后根据相似用户的阅读偏好、阅读记录将内容推送给目标用户，提升图书馆的服务质量。

第二，用户与图书馆之间。用户与图书馆之间的互联互通可以通过图书馆 App 移动终端、社交媒体工具终端来实现，如预订座位、借还书籍、滞纳金交付等，将用户与图书馆在线上联结起来。

第三，图书馆与图书馆之间。图书馆与图书馆之间可以通过共建数据共享平台来实现互联互通，如共建共享数据库、读者的诚信信息系统，构建同城一卡通系统等，节约成本，实现高效互联。

第四，图书馆与各信息服务机构之间。图书馆与各信息服务机构之间可以和图书馆与图书馆机构之间一样，共享各自的数据信息，互通有无。必要的时候可以合作共建数据共享平台，最大限度地为用户谋福利。

（二）高效环保化

首先，高效化。公共图书馆利用智能技术可以实现高效服务，例如，将先进的信息技术用于联结图书馆后台的内部管理和前台的一线服务馆员，全方位地对图书馆的事务进行统一规划，最大限度地节约用户的时间成本，提高服务效率。其次，环保化。绿色发展是全球发展的大趋势，公共图书馆应当是绿色发展、可持续发展的图书馆。

在这一方面，公共图书馆应当身体力行。众所周知，图书馆是用电大户和用纸大户，图书馆的计算机房用电、照明用电、空调用电、电梯用电等均是一笔不小的开支。公共图书馆应具备相应的智慧调控系统，根据用户流量来作出相应的调控，以最大限度地减少用电的浪费行为。在用纸方面，公共图书馆应提倡读者使用数字文献和电子数据库，减少复印用纸造成的环境污染和资源浪费。

（三）泛在便利化

公共图书馆的第三个发展方向是使用户享受更加便利的服务。比如，第一，在图书馆内进行无线网络全覆盖，为用户提供泛在的无线网络环境，使用户随时随地都能查询自己需要的资源。第二，公共图书馆 7x24 小时开放，使用户在任何时间都能不间断地获取自己所需的信息，充分利用图书馆的信息资源，体现以人为本的服务理念。第三，公共图书馆应当是服务内容更丰富、服务质量更高的图书馆。如开展预约短信通知服务，即读者预约图书馆讲座，预约成功与否图书馆会以短信通知的方式将消息发送到读者手机上，极大地方便了用户。

第二节　公共图书馆服务的内涵与特征

一、服务及其特性

早在亚当•斯密时代，人们就开始从经济学领域研究服务。经济学意义上的服务是一种可供销售的活动，是以等价交换的形式满足企业、公共团体或其他社会公众的需要而提供的劳务。本书对服务的理解为：服务是一方向另一方提供无形利益但并不发生所有权转移的行动过程。同时，服务也是消费者通过相关设施和服务载体所得到的显性和隐性利益的完整组合。

与实体产品相比，服务具有独特的性质，包括无形性、不可分离性、不稳定性与易逝性等，这些特性既相对独立又相互联系。

服务的无形性是服务与有形产品之间最基本的区别，是服务其他独特性的源泉。服务的无形性使人们不能像对待有形产品那样来观察、感觉和触摸服务，也使得服务不容易向消费者展示或轻易地与消费者沟通交流。消费者难以感知和评价服务质量，对服务的体验充满着主观色彩。服务的无形性正是服务品牌建立必要性的基础，同时对服务品牌建设特别是服务品牌形象塑造提出了严峻挑战。

服务的不可分离性有两个含义：一是服务的生产和消费同时进行；二是消费者参与到服务传递过程之中。服务的不可分离性，使得消费者与服务提供者之间具有交互作用，因而会影响彼此对服务的体验。由于消费者参与到服务过程中来，这就要求服务组织必须注意服务场所、服务设施等物质环境。对于消费者来说，服务是一种发生在服务设施环境中的经历。对内部装饰、陈设、布局、噪声以至颜色等的关注能够影响消费者对服务的感知。

服务的不稳定性是指服务的质量会随着提供者、提供对象、提供方式、提供时间、提供地点等方面的差异而发生较大的变化。服务不稳定性有两个主要特点：其一，与服务提供者绩效一致性相关。其二，与消费者相关。消费者对服务的感知不仅仅是按照对象的目标和行动来感知，还按照自己的主观判断来感知，而在某种程度上消费者的主观感受常常也是不同的。服务的不稳定性主要表现在服务传递系统的不稳定、服务人员的不稳定和消费者自身的不稳定等三个方面。

在服务易逝性方面面临的一个基本问题是服务不可储存，这就必然很难解决需求与供给不平衡的矛盾，因此常常会出现等待与排队现象。如何从等待心理学或管理排队方面进行能力规划是一个极富挑战性的问题。因而为充分利用服务能力而进行预测并制订有创造性的计划就成为重要的和富于挑战性的决策问题。

上述服务特性特别是其中的无形性和不可分离性，使得服务不能被退回或重新销售，这一事实对消费者而言意味着巨大的选择风险。服务组织的任务就是如何增强消费者的选择信心，这为服务组织的品牌建设提供了机会。另外，服务的上述特性又使得服务及其传递过程变得异常复杂，充满了诸多的不确定性。这对服务品牌建设提出了挑战，使得服务品牌建设遇到了更多的困难。

二、图书馆服务的概念

（一）图书馆服务的定义

随着社会经济的发展、人类分工的不断细化，一方为满足另一方需求的社会活动——服务就必然产生。所以说，服务是人类社会发展到一定阶段的必然产物。

人们对服务概念的认识是随着社会实践过程的发展而不断深化的。图书馆服务这个概念在现代图书馆工作中有着特定的内涵和外延，它反映了人们对图书馆服务工作本质属性的认识。阐明图书馆服务概念的含义对于开展图书馆服务工作和研究图书馆服务有着非常重大的意义。

这里所讲的图书馆服务，就是我们通常所讲的图书馆读者服务。但由于现代图书馆服务功能的扩大和服务形式的多样化，图书馆的服务对象在以传统读者为主体的情况下，已不单单局限于读者这个群体，而是已经扩大到其他需要图书馆提供各种类型服务的用户。图书馆读者服务改称图书馆服务更为贴切和符合图书馆工作实际，也有利于我们对图书馆服务进行深入的研究。

图书馆服务是图书馆根据读者的文献信息需求，充分利用图书馆资源，直接向读者提供文献和信息的一系列活动。图书馆服务可分为信息资源提供服务、信息咨询服务两大类。图书馆服务的内涵并不单单是指为满足读者的信息需求而开展的各项工作，还应包括图书馆的服务理念、服务质量、服务环境以及在图书馆服务过程中工作人员的业务能力、服务态度等。图书馆将丰富的文献信息资源向社会、向读者传递就形成了图书馆特有的活动内容——读者服务。

（二）现代图书馆服务的结构因素

从众人对图书馆服务的各种界定分析来看，现代图书馆服务具有几个共同的结构因素：一是图书馆的服务对象——以读者为主体的社会各种组织和个人组成了图书馆服务的用户，其中某些个人和单位可能还不一定是图书馆文献信息资源的利用者。二是图书馆资源，也可称为图书馆服务资源。它是图书馆开展服务的基础条件，包括文献信息资源、人力资源、设施资源以及其他一切可以为社会和个人所利用的资源。三是图书馆服务对象的以文献信息为主包括其他各种形式的服务需求。四是为满足社会和用户需要的各种服务手段和方式，它是服务实现的前提条件。因此，综合起来讲，图书馆服务就是图书馆为了满足社会和用户的文献信息等多方面需求，利用自身的资源，运用多种方法所开展的一系列服务活动。这样一个定义，既符合目前图书馆服务工作的实际，又符合图书馆服务功能开放性发展的趋势，具有一定的前瞻性。

（三）图书馆“服务产品”

从服务营销学的角度，我们可以把图书馆服务看作一种服务产品，一种可称之为“知识服务”的产品，即以信息知识搜集、组织、分析、重组的知识和能力为基础，根据用户的需求和环境，融入用户解决问题的过程之中，提供能够有效支持知识应用和知识创新的服务。由于图书馆服务大都是无形不可感知的，用户获得服务的过程实质上也是感知和体验服务的过程，具有很强的伸缩性，所以，必须把用户感知到的与图书馆服务的载体联系起来。为此，图书馆“服务产品”这个概念，我们可以从以下4个层次来加以理解：

（1）核心产品：它由基本服务产品组成，就图书馆而言，就是为用户不断地查询、分析、组织文献、知识和信息的过程。

（2）期望产品：它与核心产品一起构成满足需要的基本条件。人们到达图书馆后，除获得文献、知识和信息外，还有一些附加元素，包括简单和方便的办证手续、准确而又简明的导引系统、舒适的等候条件、快速的检索和输出服务等。

（3）增值产品：即得到的产品与其他产品的差别体现。图书馆提供的服务产品有别于其他产品的差别体现在图书馆关注和强调利用自己独特的知识和能力，对现有的文献进行加工，从而形成新的具有独特价值的信息产品，为用户解决他们不能解决的问题。

（4）潜在产品：即用户得到产品所获得的潜在利益和价值。用户在接受图书馆提供的服务产品的同时，其自身的知识积累和文化修养也得到提高，增加了用户感知的附加值。

上面谈到的4种产品中，后三个层次（期望产品、增值产品、潜在产品）统称为边缘产品，有时也叫“附加服务”。

从图书馆服务是指图书馆利用其文献、设备设施等资源为人们的需求开展一系列活动可以看出，图书馆服务是人类社会活动的重要组成部分，贯穿于人类社会发展之中。从古代藏书楼到现代图书馆，随着社会的不断发展，其服务形式、服务内容、服务手段不断变化，但服务本质没有改变，即以文献资源为主体，为社会提供服务。

三、图书馆服务的发展

图书馆服务经历了从封闭到开放，从仅提供一次文献到提供一、二、三次文献服务，从借阅服务到参考服务，从坐等服务到主动推进服务，从信息服务到知识服务，从完全无偿服务到出现有偿服务，从按时服务到即时服务，从在馆服务到多馆服务、馆外服务，从在线服务到全球服务的漫长历史过程。

（一）西方图书馆服务的发展

在西方，图书馆服务可以追溯到公元前6世纪前后。在雅典出土的古希腊一个图书馆的墙壁上曾发现刻有“不得将图书携带出馆外”的阅览规则。但在印刷术发明前的很长一段时间里，藏书只能被少数人拥有和利用，且多限于馆内阅览。到中世纪初、中期，在修道院基础上发展起来的大学图书馆已开始重视借阅工作，但那些稀有珍贵的书籍仍被金属链锁住，以防读者携带出馆外。17世纪，德国图书馆学家G.诺德提出图书馆不应只为特权阶层服务，应该向“一切愿意来图书馆学习的人开放”，服务时间也相应地延长。G.诺德主持的马萨林图书馆1645年起每周开放一次，1648年以后每日开放。约在同一时期，把图书馆喻为“人类百科全书”“一切科学宝库”的另一位德国图书馆学者G.W，莱布尼茨认为:“图书馆头等重要的义务是想方设法让读者利用馆藏，配备完整的目录，延长开放时间，不要对出借图书规定太多的限制。”受莱布尼茨思想的影响，1752年，格丁根大学图书馆明文规定除星期日外每天开放10小时，读者可以自由地利用馆藏。1735年，法国皇家图书馆向民众开放。19世纪上半叶，美国出现了指导读者利用图书馆的服务。1894年，美国丹佛公共图书馆率先开辟了儿童阅览室。20世纪初，美国出现了农村图书馆和流动书库，英国开始使用流动书库并开展邮寄借书，许多国家的大型公共图书馆和大学图书馆设立不同学科的参考咨询、文献检索部门，配备学识渊博的专家指导阅览，开展参考咨询和情报检索等工作。许多公共图书馆还设立讲演厅、展览厅、电影放映室，出借唱片等音像制品。针对图书馆服务问题，许多著名科学家、思想家发表了精辟的论述，对图书馆服务工作的开展起了良好的指导、促进作用。例如，美国图书馆学家M，杜威在长期寻求把书和人联系起来的最有效的方式的基础上，提出任何图书馆都应向读者提供情报，解答咨询。

第二次世界大战以后，随着图书馆事业的迅速发展，图书馆服务的内容和方式日益多样化，影响越来越大，一些国家开始制订图书馆服务方面的法律、法规。其中，具有代表性、影响较大的是美国国会于1956年制订的《图书馆服务法》（1964年发展成《图书馆服务与建设法》）。这类法规对于促进图书馆服务逐步走向法治化、科学化和现代化，更好地搜集、整理、保存和提供人类已有知识发挥了重要作用。20世纪中期以后，许多国家努力实现图书馆资源共享，广泛开展馆际协作，向各类型用户提供深入、系统和便捷的文献和情报服务。

（二）中国图书馆发展过程

1.中国图书馆发展的历史进程

中国的图书馆历史悠久，源远流长。但由于长期受封建社会制度的制约，“保存藏书”一直是其主要功能，很少对外开放服务。尽管明末曹溶曾经在其所著《流通古书约》一书中，提倡用传抄和刊刻的方法扩大藏书的流通和传播范围，清代乾隆进士周永年的“藉书园”和道光内阁中书国英的“共读楼”等私人藏书楼曾准许少量读者定期入内阅览，但影响都不大。真正向社会开放、提供服务的是1904年浙江绍兴徐树兰创建的古越藏书楼和此后的一些省立公共图书馆。辛亥革命以后，中国图书馆的服务对象逐渐扩大，如京师通俗图书馆设置新闻阅览室、儿童阅览室，并在一些县设立巡行文库Q1919年“五四运动”前后，当时任北京大学图书部主任的李大钊强调图书馆的教育职能，提出公共图书馆应向工人、市民开放，实行开架阅览。以杜定友、刘国钧等为代表的欧美图书馆学派，推行西方的办馆思想，也主张图书馆为民众服务，要用各种方法吸引读者，并辅导他们自学。李小缘则强调图书馆发挥“消息总机关”的作用，向社会提供咨询服务。

中华人民共和国成立以后，公共图书馆、高等学校图书馆、科学技术图书馆等各类图书馆分别根据中华人民共和国文化和旅游部、教育部、中国科学院等部门制订的图书馆条例中的有关规定，通过阅览、外借、复制、参考咨询、文献检索、宣传报道、定题情报提供、情报分析等方式，广泛地为人民服务，为经济建设、科学技术和文化教育事业的发展服务。由于代查、代借、代复制、邮寄借书和流动图书馆服务的开展，使远离图书馆的读者也可获得图书馆服务。

20世纪70年代前后，图书馆工作开始计算机化，但主要应用于内部业务，未能从根本上改变图书馆服务的基本架构。随后兴起的信息化热潮，对图书馆传统的一次文献服务形式形成了强烈的冲击。信息服务是以向人们提供有用的显性信息为内容的信息传播过程，其特点和局限性在于信息内容限于显性信息与显性知识以及在信息服务过程中采集、提供的信息，主要是将文献直接提供给用户，如一次文献、二次文献等。计算机网络普遍应用后，文献利用的“场所束缚”、图书馆利用的“时间限制”、文献与利用者的“地理间隔”等问题不复存在。为此，美国加利福尼亚大学伯克利分校图书馆情报学院（现改为信息管理与系统系）教授伯克兰德在《图书馆服务的再设计：宣言》一书中提出“未来一百年将是图书馆员必须重新构筑图书馆服务架构的时代”，他指出，信息技术的发展已经从根本上改变了图书馆世界，一场图书馆革命迫在眉睫。但这场正在进行的革命是一场技术方法的革命，并没有证据说明图书馆的历史使命会有根本变化。他同时认为，整个图书馆服务的架构要发生根本性变化，有必要重新设计，这也就是该书的“宣言”。另外，他还指出了图书馆服务的变化主要表现为：服务的便利性、服务的自助利用和馆外利用等。网络的出现使图书馆界认识到，图书馆的核心能力不在于所拥有的资源，而在于其具备的利用广泛信息资源为用户创造价值的知识和能力。在今后的发展中，图书馆的核心能力将定位在知识服务，即以信息知识的搜寻、组织、分析、重组的知识能力为基础，根据用户的问题和环境，融入用户解决问题的过程中，提供能够有效支持知识应用和知识创新的服务。

2.我国图书馆服务发展的规律

从古代图书馆到现代图书馆的历史演变来看，图书馆服务具有以下发展规律：一是服务对象扩展。图书馆的服务对象经历了一个从严禁到限制到部分开放到全面开放的过程。

中华人民共和国成立前，因为能够对外开放的图书馆数量和藏书极其有限，加上广大工农群众中文盲占大多数，图书馆实际上只能为少数达官贵人和有文化者服务，图书馆服务是完完全全的“精英服务”。中华人民共和国成立后一直到20世纪80年代后期，虽然通过开展扫盲运动，普及教育，广大人民群众的科学文化水平逐步提高，图书馆服务对象扩展到了全民族各个阶层，但服务对象还是受地域、身份等方面的限制。读者必须持有关证件进馆，办理借书证需单位证明和本地户口。到了20世纪90年代，由于人们文献信息需求的增加、图书馆事业的发展，特别是公共图书馆事业的发展，公共图书馆已面向全社会开放。社会成员可以不受地域、身份等方面的限制，可以就近享受图书馆服务。目前，许多图书馆都免费向所有居民开放。无论是本地居民还是外来劳务人员，只要持本人身份证就可以办理借书证，免费借阅图书馆的书刊资料。

二是服务内容增加。由于人类信息需求的扩大，图书馆的服务内容也在相应增加。古代图书馆只是为皇朝政事提供参考、为公私著述提供资料，近代图书馆主要是为人们提供阅览服务。现代图书馆除了为用户提供借阅服务、参考咨询、文献情报检索等服务外，同时为他们提供网络服务，包括全文检索、多媒体检索服务、网络检索服务、网络咨询服务，以及查询咨询服务、休闲娱乐服务等；不仅提供传统印刷型文献资料，还提供数字化的文献信息。服务功能的多样化已使图书馆不仅是单纯的文献收藏中心，而且是社会教育的基地、信息传播中心和民众休闲娱乐的重要场所。

三是服务手段提高。20 世纪 60 年代以前，图书馆各项工作都处于手工操作阶段，图书馆服务效率低下。20 世纪 70 年代以来，随着计算机技术在图书馆的应用，图书馆内部管理逐渐实现了自动化，图书馆服务效率有了显著提高。机读目录的出现为用户提供了更多的检索途径，流通自动化简化了用户的借，还手续。20 世纪 90 年代以后，随着互联网技术的发展，图书馆服务实现了网络化。通过互联网，用户可以端坐家里轻松享受图书馆服务，阅读图书馆数字化的文献资料，并下载自己所需要的信息。图书馆则可以利用互联网建立虚拟馆藏，共享他馆及其他信息机构的信息资源，为用户提供信息服务。

四是服务方式进化。随着社会的进步和发展，人类的信息需求日趋增加，图书馆的服务方式也有了巨大变化。古代图书馆由于馆藏信息资源数量、管理手段及信息需求等方面的限制，一般仅提供室内阅览服务。到近代，图书馆馆藏文献数量有了显著增长，人类文献需求趋于大众化，图书馆除了提供馆内阅览服务外，也向读者提供文献闭架式外借服务。到了现代，随着科学技术的飞速发展，文献信息资源急剧增长，人类的信息需求日趋多样化，封闭式服务已不能满足人们的需要，图书馆乃逐步实现了开放式服务，实现了借、藏、阅一体化，极大地方便了用户利用文献信息资源，也提高了文献信息资源的利用率，最大限度地发挥了资源的效用。随着互联网的发展，图书馆服务已不再局限于馆内服务。通过互联网，图书馆可以提供网上阅读、全文信息传输等多种服务，及时快捷地满足社会大众的文献信息需求。同时，图书馆服务已不再局限于提供纯文献信息，而是提供多种功能、多种形式的社会化服务。

四、图书馆服务的价值——为读者而存在

系统论主张从系统整体出发研究系统与系统、系统与各组成部分及系统与外部环境的关系。如果将图书馆看作一个系统，则图书馆系统包含文献采集处理子系统、文献信息传递子系统、图书馆管理子系统、读者子系统四部分。在具体的图书馆工作中，我们在强调前三个子系统的同时，却忽略了衡量前三个子系统效益标准的读者子系统。一般来说，只有读者子系统与前三个子系统相互作用才能显示出整个图书馆系统的活力，这种相互作用在图书馆工作中便体现在图书馆的服务工作上。一个图书馆对于读者的态度决定着读者服务工作的质量，这一切又影响到图书馆内部工作的开展。从系统的内部来分析，不重视读者工作的图书馆，系统总是处于超稳定的状态，即输入的文献信息总量大于输出的文献信息总量。

阮冈纳赞在图书馆五原则中一直强调图书馆与读者的关系，也认为图书馆作为一个发展的有机体存在必须适应读者不断变化的需求，图书馆的价值最终是为了读者而存在。如果一个图书馆失去读者，其价值体现便失去了依据，而衡量图书馆价值一般是从图书馆服务这方面来说的。我们可以看到，国外图书馆的一个良好传统便是：素来以读者至上。在英国，英国图书馆学术界和图书馆界对图书馆服务的基本观点是：

为读者服务是图书馆存在的最终目的；图书资料只有被人们利用时才会转化为情报；信息时代图书馆的去向最终取决于读者服务的去向。美国学院和研究图书馆学会制订的图书馆标准明确规定：必须经常地教育读者有效地利用图书馆。有了读者，还有为满足读者不断变化的需求而服务的观念，便是完整的、有活力的图书馆系统。

第二次世界大战以后，世界形势发生了重大的变化，科学技术有了新的突破性发展。1946 年，第一代电子计算机诞生于美国，带来了科学史上的重大革命。1954 年，第一台计算机应用于图书馆，带来了信息的自动化，信息论、控制论、系统论等横向学科相继问世，为图书馆学与社会科学、自然科学的结合架起了桥梁。通信技术、自动化技术等在图书馆和情报部门得到广泛应用，文献类型日益增加，文献数量急剧增长，人类社会开始进入信息时代。而信息化时代的根本特征之一是社会化，在社会化过程中，图书馆与社会的政治、经济、文化、教育乃至人们的日常生活联系得更为广泛和深刻。

图书馆的服务观念和服务工作有一个缓慢的发展过程。在漫长的发展过程中，由最初形式的藏书开放，逐步发展到外借、阅览等流通方式；由只为少数学者专家服务，发展到为广大的民众服务；由单纯的流通书刊，发展到宣传图书、指导阅读；由被动地提供文献资料，发展到主动地开发信息资源。这是一个由低级向高级、由简单向复杂、由被动向主动的历史发展过程。每个发展阶段都使读者服务工作向更高的水平迈进。

随着知识经济时代的到来和知识的多元化，读者对图书馆的需求呈现多样化的趋势，信息技术的发展和计算机的应用也使图书馆的工作方式和服务模式发生了质的变化。图书馆联机书目信息系统的建立，为现实馆藏的展示和利用开辟了快捷的服务通道；同时，各种各样的电子文献数据库及网上资源逐渐成为读者获取信息的重要途径，越来越多的读者热衷于通过计算机网络获取信息资源，解决在文献资源使用过程中遇到的各种问题。为了使读者更好地了解和利用图书馆的现实馆藏、虚拟馆藏及各种服务，置于网络环境下的图书馆都在利用其主页，加强自身宣传和对读者的指导，并开始利用现代网络技术展开与读者的交流和沟通；在分析了当前图书馆存在的问题及读者的信息行为的基础上，图书馆利用网络有针对性地构建了新的信息服务机制，按用户的信息需要和信息行为来设计信息服务内容、服务方式、服务推销等，从而改变以往信息服务内容面狭窄、服务方式单一、服务系统不全面的状况；全面提高服务人员的素质，以提高服务质量和水平，定期对网络服务人员进行培训和再教育，使其掌握先进的现代信息技术，不断更新知识结构，提高服务水平。

图书馆服务是图书馆发展的基础，也是图书馆生存的根本。只有做好服务工作，才能充分发挥文献资源的价值，实现图书馆的社会功能，才能有图书馆美好的生存和发展前景。图书馆员的服务不再是传统的书刊资料的保管和外借，而是要面向社会各层次人员，为他们提供全方位、多层次的信息服务。要抛开传统思维定式，从思维方式上快速与知识经济接轨，以适应时代所需。每一位图书馆员应立足于丰富多彩的图书馆实践，通过捕捉、发现实践中的问题，对其加以创造性地研究，为发展和完善图书馆服务增砖添瓦，成为发展和创新图书馆的一支重要力量。

五、图书馆服务的特点

现代图书馆读者服务工作正在凸显出一些与以往不同的特点，特别是网络化的时代，网络技术的发展和应用，使图书馆向数字化、网络化和虚拟化发展，导致图书馆传统观念的变化。随着网络时代的到来，作为人类知识宝库的图书馆正在发生着深刻的变化，它不再仅仅是保存和利用图书的场所，而逐步发展成为人类的知识信息中心。在网络环境下，图书馆的地位将大大提高，图书馆的服务必将成为图书馆建设最为重要的内容。

网络环境下，图书馆的信息服务是一种高效的网络化、数字化服务，是现代信息服务的高级形式，它在服务理念、服务内容、载体形式、服务策略与方式等方面都有别于传统的信息服务。其主要特点如下：

（一）服务理念的信息化

信息服务首先是一种观念、一种认识和组织服务的理念。信息服务理念是开展信息服务工作，确定信息服务策略、方式与模式的思维准绳和理论基础，是信息服务的灵魂。知识经济的迅速发展以及用户在网络环境下呈现出对知识的迫切需要，促使图书馆必须在知识服务层面努力，有效地收集、组织、存贮信息资源，根据用户的需要对信息资源进行深层次开发，挖掘其中隐含的知识，提供解决问题的知识。信息服务的价值主要体现在其为社会经济发展提供服务的知识含量而非简单的信息数量。

（二）服务内容的知识化

服务内容的知识化是以信息用户的需要为目标，将图书馆信息服务的工作重点从文献利用转移到知识运用上，强调信息资源的开发与利用，为信息用户提供的不仅仅是信息线索及相关文献，更主要的是从复杂的信息资源中获取到的解决现实问题的信息知识，将这些信息知识融合和重组为相应的问题解决方案，并将之转化到新的产品、服务或管理机制中。

（三）服务载体的网络化

网络环境以数字化资源为基础，以网络技术为手段，实现了跨越时空的资源的共建共享。图书馆的馆藏不仅包括各类载体的本地数字信息资源，而且包括大量网上的虚拟数字信息资源。互联网的真正价值就在于可以通过四通八达的信息高速公路快速传递信息资源，它彻底地改变了传统的信息提供和获取方式，将分散于不同载体、不同地理位置的信息资源以数字方式存贮起来，并通过网络相互连接，实现了真正的信息资源共享。用户可以根据自己的需要，自由地访问那些适合自己的信息资源，这极大地增加了他们的信息资源的拥有量，进而提高了整个社会的信息获取能力。网络化图书馆的建设，打破了传统图书馆的封闭服务理念。通过局域网、CERNET 和 Internet 互联，实现网上各种数据库资源的共享。通过网络资源的共享，图书馆的服务范围不断扩展，形成服务的无区域化 S 无论国内还是国际，这种变化趋势的进程都在加快。目前，大多数图书馆已经同 Internet 联网-这种变化的最终目标是摆脱图书馆仅为特定读者群体服务的思想束缚，向社会开放，开展多种形式、多种渠道的信息服务，满足社会对信息的需求，更好地为社会各界服务，最终形成“大图书馆服务于大社会”的理念。

（四）服务方式的多元化

网络环境下，数字文献的服务实现了网络化，用户可以通过信息网络同时进行访问、检索和下载，如利用数据库开展定题服务、课题查新或追溯服务等，都是数字图书馆为用户提供服务的重要方式。图书馆在网上发布各种文献资源的消息，不断地向用户提供所需要的信息和知识，用户可以在任何一个地方通过终端以联网的方式查找所需要的信息。数字信息的检索技术不再单纯地采用传统图书馆中惯用的关键词及其逻辑组合的方式，而且可以通过智能式人机交互方式来检索信息。图书馆利用互联网上的虚拟信息开展信息服务，主要包括利用互联网上的各类网站和搜索引擎按学科或专题建立网上学科导航站或学科指引库，并存放于某一网页，引导用户浏览或检索相关信息；利用互联网上的各类网站和搜索引擎按学科或专题搜集、下载、筛选、分析、重组、整合以建立专题数据库，然后向特定的用户提供服务。用户可以通过自己的语言不断地与系统进行交互，逐步缩小搜索范围，最终获取自己所需要的文献资料。

（五）服务中心的转变

这一转变主要体现为图书馆管理上的人性化转变，即图书馆在注重信息服务的同时，开始注重人文环境的建设。信息服务方面，在提供传统图书借阅服务的同时，重点加强网络建设，突破图书馆的时空限制，延长服务时间，拓展服务空间，为各类读者获取信息提供快捷、方便的服务；加强信息的收集、加工、组织，提高网络馆藏信息的数量和质量，为读者提供充分、有价值的信息资源。人文环境建设方面，图书馆应有效利用数字化和网络化技术，减少图书馆的馆藏空间，相对扩大读者的学习空间，创建舒适的学习环境，提供资料检索、查找、复印、装订等自助式快捷服务，同时建立读者同图书馆的有机联系，使读者特别是学生离不开图书馆。例如，澳大利亚的墨尔本大学把学生证与借书证一体化，同时在入学时由图书馆为每个学生注册一个校园电子信箱，为学生提供在图书馆借阅图书的信息。与此同时，学生可以通过电子信箱预约图书。

（六）服务态度的主动化

服务是图书馆的基本宗旨，是图书馆的核心功能。网络环境下，图书馆的服务已经由传统的被动型服务向主动型服务转变，这种转变已经发展成为现代图书馆的主要特征之一。这种转变趋势主要表现在以下三个方面：一是图书馆的服务方式由信息储藏向信息加工和传递转变，使图书馆成为读者获取最新信息和知识的来源；二是主动为科研服务，使图书馆成为国内外新学科、新领域、新课题、新动态、新技术成果的跟踪者和信息提供者，发挥信息的时效性，为读者特别是科研人员提供及时、准确的服务；三是主动参与市场竞争。图书馆发挥自身的信息优势，改变被动服务方式，树立市场观念，主动参与市场竞争，根据市场需求，为社会各部门提供各种信息服务。

印刷文献与电子文献并带光盘图书现已成为许多图书馆在阅览和外借时需要探索的读者服务新问题，一些图书馆已在实践中总结了一些好的做法，如外借时带盘书单独处理等。北大方正较为妥善地解决了图书电子版的知识产权后，其所提供的数以万计的图书正在逐渐成为一些图书馆的服务内容。上海图书馆在“读书月”中开展了主题为“引领网络环境下的学习”的系列活动，其中就包括方正三万册电子图书的网上借阅服务。在一周时间内，即吸引了上百万的点击率，2500 张电子图书码数天之内便登记一空，表现出广大读者对电子图书的热情。而美国提供的 NetLibrary 的西文电子图书经过上海中心图书馆和西安交大图书馆等 12 家机构的联合采集，总共 4000 种左右的外文图书也向读者开通使用。这些信息都反映出现代图书馆服务中文献载体已是印刷型与电子型各具优势、并驾齐驱。

（七）阵地服务与网络服务并重

在传统阵地服务的同时，现在几乎稍有规模的图书馆都有了自己的网页。清华大学、上海图书馆、中山图书馆等都先后开展了网络参考咨询工作，国家图书馆和上海图书馆的网上文献传递工作也与日俱增。而网上借阅、网上讲座、网上咨询、网上文献提供、网上读者信箱等的出现，表明网络已经成为现代图书馆生长着的有机体中的一个不可或缺的组成部分，它连接着被认为是图书馆三大要素的藏书、读者和工作人员，从而使网络服务与传统的阵地服务互为补充，并日益表现出无限的生命力。

（八）突破时间和空间的限制

服务时间的限制、服务空间的限制一直是读者服务不能实现方便读者的跨越式发展的两大障碍。而借助于信息技术的支撑，图书馆已可以向读者提供24小时的“全天候”服务；服务的触角也已延伸至全国以及世界各个国家和地区。读者与图书馆员之间从来没有像今天这样“天涯若比邻”，虽远隔千山万水，但如同近在咫尺，及时的咨询问答等服务方式使远距离的感觉不复存在。人们将可以通过图书馆来实现这样的服务愿景，即任何读者，在任何时间、任何地点，可以利用任何馆藏并与任何馆员联系进行他所希望的个性服务。

（九）资源无限带来服务无限

当数字化技术将传统介质的文献转化为数字信息，在网络通信技术的帮助下使全世界各图书馆以及其他机构的数字信息连为一体时，人们真正感受到了资源的无限以及由此而产生的图书馆读者服务空间的无限广阔。一些馆藏并不丰富但善于利用社会各类信息资源的图书馆在近年来有了惊人的成就，使传统对馆藏数量及建筑面积的追求开始改变，资源共享的理念更加深入人心。

（十）功能拓展带来服务延伸

当代图书馆的发展在其原有的文献典藏、知识交流、文化教育以及智力开发功能的基础上，其终身学校、文化中心、信息枢纽的功能开始显现。虽然这些功能与原有的功能可能有重合的部分，但这些功能却显示出其强大的生命力，使图书馆的读者服务不断得到延伸，服务空间不断得到拓展，服务平台不断得到扩大。以讲座为例，国家图书馆的部级领导干部历史文化讲座、上海图书馆大型宏观信息讲座等都将服务的触角延伸向了社会，在发挥图书馆作为市民的终身学校方面显示出了其勃勃生机。

（十一）个性化服务的需求越来越突出

中国正在全面建成小康社会，社会中的中等收入阶层已经形成并在不断扩大。这一读者群体在服务上就体现出了个性化的需求。网络技术的发展为自主性的读者服务提供了许多的途径和服务内容，而在这样的服务过程中，读者的自主性得到张扬，个性化得到满足。当上海图书馆在庆祝新馆开馆五周年之际与上海有线电视台共同推出“把我的图书馆送入千家万户”的服务时，这种个性化的服务正逐渐成为图书馆界追求的服务新理念。

（十二）便捷服务的要求越来越高

方便快捷是广大读者对图书馆服务的基本要求。信息化时代最重要的就是速度。

为读者节约时间已成为一种服务理念，如有的图书馆提出了为读者的限时服务，尽可能缩短读者在借阅中的等候时间。许多图书馆主动向读者提供了个性化的、快速的、高质量的、标准化和规范化的服务，特别是在第一时间提供了最新的各类文献和信息；同时，在读者导引、空间布局、文献提供、网上咨询等图书馆服务的每一个环节和业务中体现出了效率与质量。

（十三）免费服务的呼声越来越强烈

在图书馆的一般服务中，向读者收取服务费与会员费等只能是权宜之计；而收取一些文献外借逾期费、复印费等也是允许的，但不能太高。国际图联和联合国教科文组织所发布的《公共图书馆服务发展指南》中所阐述的观点已为越来越多的图书馆管理者所认可，而广大读者则按照这样的规定要求图书馆提供更多的免费服务，并对目前的一些收费项目提出了质疑。

六、图书馆服务的原则

在长期的社会实践中，图书馆界根据服务工作的规律，总结出了一系列的服务原则，推动了图书馆服务的发展。图书馆服务工作的原则，是图书馆服务理念的具体贯彻，体现着其用户服务的水平与质量。这些原则贯穿于服务工作的各个环节之中，互相渗透，互相补充，形成了一个有机的整体。

（一）以人为本原则

以人为本通常是指正确认识和处理人与其他生产要素的辩证关系，重视人的智能、创造力及其主导、能动和决定作用，将人作为“活力源”而形成的关于人的科学理念。对于图书馆而言，人、事、物、文献管理、信息开发、用户服务等内容虽然千头万绪，但这一切都是受人的统帅和支配的，是通过人的工作和劳动去实现的。在人与物的矛盾中，人总是起主导作用的，是矛盾的主要方面。

在图书馆服务工作中，坚持“以人为本”，指的是在为用户服务时，不管何时何地，都要“以用户为中心”，要把“为一切用户服务”“一切为了用户”“满足用户的一切合理需求”作为图书馆服务工作的出发点和最终目标。

如果图书馆坚持“以人为本”的管理思想，重视提高图书馆工作人员的思想文化素质和业务水平，增强他们的向心力和凝聚力，他们工作起来就会有干劲、有热情，用户就能从中受益，图书馆也将因此而成为用户满意的图书馆。

（二）主动服务原则

所谓主动服务，就是指图书馆以社会和用户的文献信息及其他文化、教育、休闲需求为核心，以积极的态度和服务精神，采取各种措施和手段主动地为社会服务。主动性服务是积极的服务思想的反映，体现出图书馆员的奉献精神和对图书馆的事业心。

图书馆主动服务的内容有：

（1）图书馆应由文献资料的收藏者转变为知识信息的生产者、开发者。生产、开发有特色、实用、能上网服务的数据库及馆藏资源网上公开查询系统。有实力的大馆可自行建立，小馆可与相关做信息资源数字化的公司合作。

（2）网络资源导航。图书馆工作人员可利用自身收集、综合、分析、判断与整理信息能力的专业优势，开发利用网上资源，拓展图书馆服务，将网络信息分门别类地整理，提供给用户，担负起组织加工、检索导航的职责。具体实践时可立足本单位学科特色、主要研究方向、重点课题及用户特点等进行收集归类。如，中国医科大学图书馆将网络信息分为一般主题指南、医学专业性指南、一般查询引擎与医学查询引擎、免费网址、电子期刊、数据库、国内热门站点、国外院校等，深受用户欢迎。

（3）用户培训。在网络环境下，图书馆的教育职能与情报服务职能可更好地结合，如为用户举办讲座和培训班，普及网络知识和检索技能，介绍上网常见问题及解决办法，推荐优秀网络搜索引擎等。这种服务的结果，就是提高了用户自我服务的能力，图书馆的情报服务职能也因此得以实现。

（4）继续开展传统的主动服务并利用新的技术改善其质量%传统的主动服务形式比如定题服务、新书通报服务、剪报服务、中英文期刊日次通告服务、馆际互借服务等，在图书馆服务中取得了很好的效果，以后仍然要十分重视。在网络环境下，还可借助网络与通信的优势，改善这些传统服务中存在的问题，开展新的更高质量的服务。

（5）追踪用户需求的变化，做好机动性主动服务。倡导主动服务，对图书馆和图书馆员提出了更高的要求。

首先，要从理性上认识到，开展主动服务是图书馆职责所系。为用户服务是图书馆工作者“为人民服务”的具体体现，而主动服务则是达到“完全”“彻底”这一崇高境界的一次升华。在人类社会生活中，人与人之间会形成各种内容、各种形式的服务和被服务的关系。正是这种关系，保证了人类社会这部大机器得以正常运转，保证了社会生活呈现出千姿百态并不断地向前发展。这便是所谓的“人人为我，我为人人”。社会分工的结果，作为人类社会生活这部大机器中的一个组成部分的图书馆，以向人们提供知识信息等服务为己任。任何一个图书馆工作者，不管当初是自己选择了图书馆还是图书馆选择了自己，既然已是这支队伍中的一员，就应该热爱这个事业，并把自己的全部精力和才智贡献给这个事业。由于现在还有许多民众不了解图书馆，不了解图书馆的服务，我们就应该义无反顾地通过主动服务去宣传图书馆，吸引更多的人来利用图书馆。这是我们的职责所系，也是我们自身存在的价值所在。

其次，图书馆服务人员应具备良好的心理素质。图书馆服务的过程是馆员和用户共同参与的过程，也是图书馆与他们之间进行交流和沟通的过程，双方应具有良好的心理和感情的联系，达到提高图书馆资源利用率并确保用户获得良好的利用效果这个最终目的。馆员应与用户建立起相互信任的情理相容关系，充分体现图书馆资源利用人人平等、所有用户一视同仁的理念。只有这样，才能为顺利开展服务工作创造必备的条件与环境。主动服务，意味着在接待用户的过程中，尊重用户的意愿和意见，充分利用现有条件或积极创造条件，开展尊重用户的各种活动；通过日常接待和座谈、问卷等形式，主动与用户进行心理沟通，与他们在心理上进行“角色互换”，从而建立心心相印、相互依赖的牢固心理基础，使图书馆充分依赖与用户的心理联系，深刻领会和理解其需求，主动提供文献信息等资源，促进图书馆资源的开发和利用。

最后，馆员要有较高水平的职业素养。图书馆服务特别是文献信息服务是一种具有学术性、理论性、技术性及创造性的工作。但现代社会和科学技术发展迅猛，人们的需求范围越来越广泛，求知面越来越宽，个人需要的文献信息越来越专业，对图书馆的要求也越来越高。如果图书馆员的水平不高，就不能圆满地解决用户提出的问题，或者不能很好地满足用户的要求，也就不可能深度开发和利用图书馆资源。要主动提供服务，就要求馆员具有广博的知识面，掌握文献信息整理、检索、开发的职业技能，特别是要熟练掌握现代信息技术，适应时代和用户需求的发展。

（三）开放原则

图书馆自诞生之日起，从封闭到局部开放再到全面开放，经历了漫长的演变过程。开放服务已成为现代图书馆的重要特征。开放是服务的前提，开放原则是图书馆服务的首要原则，没有开放便无服务可言。现代意义上的图书馆开放，是一种全面开放，包括资源开放、时间开放、服务对象开放和馆务公开。

1. 资源开放

资源开放是指把图书馆的所有馆藏资源（包括实体馆藏和虚拟馆藏）、人力资源和设施向用户开放。资源开放的内容及要求有：所有馆藏全部开放利用；尽最大努力实施开架借阅；经常进行馆藏宣传（如新书通报）；图书馆之间相互开放资源，实现资源共享；馆内所有设施（如书库、展览厅等）向用户开放；全面展示馆藏，健全检索体系等；实行全员服务。

2. 时间开放

时间开放是指最大限度地延长用户利用图书馆的时间。西方一些发达国家的公共图书馆，不仅保证天天开馆，而且保证从早晨至午夜的开馆时间。我国的国家图书馆和上海图书馆也实行“365 天，天天开馆”。图书馆服务的时间开放要求做到：节假日和公休日不闭馆，“图书馆无休息日”；馆内开展任何公务活动都不影响正常开馆；保证开馆时间的完整性或连续性，避免中断。

3. 服务对象开放

服务对象开放是指图书馆不分国籍、种族、年龄、地位等，向所有人开放。图书馆不仅仅是一个阅读场所，也是人们观光、交谈、休闲、娱乐的场所，是具有综合功能的社会文化中心。图书馆服务在文化层面上具有不可或缺的存在价值，它沟通了人与人之间的感情联系，也提供了人们相互交流的场所。图书馆向社会上所有的人开放应成为现代图书馆服务的最具吸引力的魅力所在。

4. 馆务公开

凡是与用户服务有关的决策（如有关制度、规定、做法等）过程及其结果应向用户公开。馆务公开既是图书馆决策民主化的需要，也是图书馆服务取信于用户的需要。实行馆务公开要做好以下几方面工作：

（1）制订馆务公开制度。对需要公开的事项、公开的时间、公开的方式等，作出明确规定，使其制度化。

（2）建立用户参与管理、参与决策的机制。凡是与用户利益相关的重大事情，都应事先征求用户意见，并在可能的情况下让用户直接参与决策过程。为此，应设立“读者监督委员会”之类的非常设机构。

（3）公开用户监督途径。如公开用户监督电话（首先应公开馆长电话）和 E-mail 邮箱，设立用户意见箱，公布领导接待用户日等。

（4）公开接受用户评价。图书馆服务工作的好坏，主要评价主体应该是用户，用户是否满意是衡量图书馆服务工作好坏的主要标准之一。在组织图书馆评估时，应设有“用户满意度”指标，并使这一指标在整个评估指标体系中占有足够的权重。

（四）充分服务原则

充分服务就是要求图书馆服务工作人员，全面开发利用图书馆资源，最大限度地满足用户需求，充分发挥图书馆为社会服务的职能。由于图书馆资源是社会共同的财富，每个公民都享有充分利用的平等权利，而且文献资源又是一种软资源，它与其他的物质资源有着明显的不同，其最显著的特点就是必须在应用中实现其自身的价值，如不及时应用，则很可能失去其生命力。因而，它是一种活资源。文献信息的使用频率越高，其社会价值就越大，所发挥的作用也越大。充分服务是图书馆事业发展的必然趋势，是社会对图书馆服务工作的客观要求。

要做到充分服务，必须做到以下几点：

第一，要扩大图书馆服务范围，提高文献利用的普及率。图书馆是社会文献信息传播与交流机构，各类型的图书馆，除了向本单位本系统用户提供服务外，还应该向社会开放，为所有的社会成员服务，以扩大文献信息利用的覆盖面。尤其是在市场经济条件下，社会经济活动中的主体成分应成为图书馆服务的主要对象。要采用多种方式，运用公关艺术，尽量扩大用户范围，增加用户数量，提高文献信息利用的普及率。

第二，要做好图书馆资源的开发、利用和宣传报道工作。广泛、深入地展示、宣传、报道文献信息，是图书馆服务工作多层次、多途径开发利用图书馆资源的有效措施。图书馆应加强文献信息的开发利用与宣传报道工作，从大量的文献中开发出符合现实需要的、有用的、重要的文献信息，并及时让读者了解文献信息的收藏及开发利用情况，吸引更多的用户利用图书馆资源，把“静态”的文献内容变为动态的、多方面的、多层次的知识信息，从而把图书馆这座知识的宝库变为人人都能利用的“知识源泉”。

第三，要注重用户需求的发展与变化。用户需求是图书馆服务工作的原动力，充分服务原则的基本出发点，就是要挖掘一切潜力，调动一切因素，千方百计地满足用户需求。图书馆服务必须注重用户需求的发展与变化，尤其是要注重在充分满足用户现实的文献需求基础上，激发用户的潜在需求（包括现实用户未表达出来的文献需求和潜在用户的文献需求）。目前，我国图书馆在用户服务过程中，往往比较注意用户的现实需求而忽略用户的潜在需求，有的在不了解用户需求变化的情况下闭门造车，生产出一些针对性不强、质量不高、实用性不大的信息产品，造成了图书馆资源的浪费。由于图书馆和用户之间缺乏沟通和了解，许多用户有文献需求但求助无门，大量的潜在需求被拒之于图书馆大门之外，而图书馆丰富的资源又无人问津。要改变这种状况，就要深入社会各阶层中去、深入用户中去，及时了解和掌握用户需求的发展与变化，并不失时机地向社会各界大力宣传图书馆的社会职能，包括用户文献需求服务的内容和功能、人才、技术、力量、业务范围等，为用户搭起一座文献信息的供需桥梁，源源不断地向用户输送丰富的知识和信息，从而使大量的、潜在的用户转化为图书馆的现实用户，使用户潜在的文献信息需求转化为现实需求，并以最大的努力来满足用户的这些需求。

（五）区分服务原则

区分服务就是要求图书馆服务人员根据用户的不同需求特点，采取不同的服务方式，提供不同内容、不同范围、不同层次的文献信息，换一句时髦的话说，就是根据用户不同的需求特点，尽可能提供个性化的服务。它是由图书馆服务机构的性质、任务和服务方式的多种功能所决定的，是由多层次、多级别的藏书结构与用户结构决定的，也是由图书馆的各项社会职能决定的。

第一，区分服务要建立在对用户和馆藏资源的基本分析这个基础上。图书馆的馆藏文献资源及其使用，是一个多级别、多层次的动态结构。馆藏文献的内容性质，有不同学科、不同类别之分；馆藏文献的形式，有不同装订和文种之分；馆藏文献的使用，有流通、参考、备查和保存之分。不同类型的馆藏文献，有不同的使用条件和特点，应区别对待。用户及其需求也是一个有层次的动态结构。不同的用户，对图书馆资源的需求不但是多级别的，而且是发展变化的。要针对他们的不同需求，需要分别予以满足。

第二，这个原则是由图书馆服务组织和实施方式的多样性决定的。根据用户的需要和馆藏文献与设备资源的特点，图书馆分别设置了多个服务部门，根据用户不同的需要开展借阅服务、咨询服务、检索服务、复制服务、上网信息检索服务、视听服务、编译服务等，这一切都是为了满足不同用户的需求和同一用户的不同需求。

第三，区分服务的原则是实现图书馆各项社会职能所要求的。从总体上讲，图书馆有收藏职能、教育职能、信息职能、文化娱乐职能等。就教育职能而言，又可分为一般教育、专业教育、技术教育、思想教育、综合教育等。只有区分服务，才能达到应有的教育效果，促进人才的成长。就信息职能而言，可分为教学、科研、生产服务，更快精准地传递文献信息，开展对口跟踪服务、定题服务，实际上就是一种区分服务。就文化娱乐职能而言，从内容到形式，要满足各类型用户千差万别的需要，必须贯彻区分服务的原则。

图书馆的区分服务是图书馆服务深化的结果，是图书馆服务发展过程中必然会产生的，也是图书馆适应社会的新需求而产生新的社会功能的结果。

必须明确，区分服务与充分服务并不矛盾。区分服务是建立在对用户和资源进行系统分析的基础上，根据不同用户的需求开展多样化服务，这正是充分服务的表现。但是，不应该严格按用户的成分（职业、年龄、文化程度等）区分服务，甚至搞所谓对口服务，什么职业用户就看什么专业书，这不仅不利于充分发挥馆藏文献信息资源的作用，而且对于用户阅读需求也因出现某种限制而违反信息平等、阅读自由的基本原则。

（六）省力原则

省力原则又称最小付出原则、方便原则。人们在解决任何一个问题时，总是力图把所有可能付出的平均工作或成本最小化，即人们在解决所面临的问题时，要把这个问题放在他所估计到的、将来还会出现的整体背景中去考虑。当他着手解决这个问题时，就会想方设法寻求一种途径，把解决面前的问题和将来可能出现的问题所付出的全部成本最小化。省力原则描述的是人类的各种社会行为，用户利用图书馆服务的行为自然也不例外。用户在利用图书馆服务的过程中，也会有以最少的付出获取最大收益的心理与行为趋向。

图书馆服务的省力原则具体体现在：馆舍地理位置和资源组织要方便用户，用户辅导要容易获得并通俗易懂，服务设施与服务方式要方便用户，阅览空间要人文化。

对于图书馆来说，重视省力原则，不仅要注意服务的可接近性与易用性，还要进一步深化服务内容，特别是提供多元化的服务项目和准确可靠的信息内容。因为用户利用图书馆服务都是为了满足自己的某种文献信息需求，达到自己的某个目的。图书馆提供的文献信息应尽量满足他们对知识和信息的需求。满足度高，用户就会认为自己所付出的代价值得。

1. 馆舍位置

在网络条件下，“图书馆离我有多远”问题已不那么重要，但是，“去图书馆是否便利”仍是许多人关心的问题，因为亲身感受到图书馆享受恬静、舒适、典雅环境的惬意，是网络环境所不能提供的。既然图书馆是人们向往的理想去处，就应处于便利的位置。美国学者 M. E. 索普通过调查研究得出的结论说，一个信息源在物理距离上越易接近，被利用的可能性越大。可见，图书馆的地理位置是否方便人们到达，是影响图书馆利用率的一个极其重要的因素。

2. 资源组织

文献信息资源组织的用户保障原则要求图书馆按照方便用户检索、利用的原则组织资源。首先，要在馆藏资源的物理载体组织上方便用户利用，这就要求图书馆在馆藏资源的空间布局上最大限度地拉近用户与资源之间的时空距离。其次，馆藏资源的内容组织要方便用户利用。

图书馆要建立一套完善的馆藏文献信息检索体系，力争达到“一检即得”的效果。著名的穆尔斯定律指出：如果一个检索系统使用它比不使用它更麻烦、更费力的话，这个系统便不会被使用。这就说明，检索系统不仅要讲究科学性，还要讲究方便。

3. 服务设施

服务设施要方便用户，首先应在建筑格局和家具摆设上考虑用户利用的方便，要显示出书中有人、人在书海的意境。其次，服务设施的设计要根据人体工程学的原理。最后，服务设施的方便性还体现在要为残障群体用户提供方便。

4. 服务方式

在服务方式上，一要贴近用户，二要从细微处人手。深入社区或街区设立分馆，是图书馆贴近用户、方便用户的有效服务方式；关注并满足用户的个性化需求，也是图书馆贴近用户、方便用户的有效形式；千方百计减少对用户的限制，是方便用户不可或缺的重要方面；从细微处方便用户，要让用户感到方便无处不在；服务方式灵活多样，也是方便用户的重要措施。

图书馆正处在前所未有的变革与发展时期，图书馆所做的一切工作都是为了搞好服务工作。遵循省力原则规划图书馆的服务系统，方便用户利用，满足用户的心理要求，保证用户只需付出最低代价便可轻松享用图书馆的服务，应成为每个图书馆追求的目标。

（七）平等原则

图书馆是体现人类自由与平等理想的圣地。“图书馆面前人人平等”，是图书馆界的“人权宣言”。图书馆服务中的平等原则，要求图书馆服务人员以博爱精神关爱每一个读者、尊重每一个读者，坚决维护读者的合法权益。

平等原则是图书馆服务的首要原则，也是其他原则的基础。平等原则主要表现在两个方面：

1. 平等权利

图书馆的用户有平等利用图书馆的基本权利。例如，图书馆服务社区的公民，不分种族、肤色、国籍、年龄、性别、宗教、语言、地位或受教育程度，均享有平等地成为图书馆用户的权利，享有平等利用图书馆信息资源的权利，用户享有平等地利用图书馆各种服务的权利。这既是人类社会的基本价值观，也是人类社会和图书馆事业发展的必然结果。在一定程度上讲，世界近现代图书馆的历史，实质是图书馆逐步走向公共、公开、共享的发展历史，而公共、公开、共享的发展过程实质上也就是图书馆用户平等利用图书馆权利逐步完善的过程。只有在图书馆用户充分地享有平等利用图书馆权利的前提条件下，图书馆信息资源服务才具有真正的意义，才能得以健康发展。

2. 平等机会

图书馆应该保障用户平等利用图书馆的权利。一方面，图书馆在提供各种服务的过程中不能够有任何的用户歧视，如性别歧视、年龄歧视、种族歧视、地位歧视等，应该不分男女老少、不分贫富贵贱、不分地位高低，一律一视同仁，平等对待每一个图书馆用户。另一方面，图书馆应该为一切用户提供利用图书馆的平等机会，尤其是弱势用户群体和存在各种障碍的用户群体。例如，为在贫困线以下的用户、有健康障碍的用户、有阅读障碍的用户、边远地区的用户等，提供利用图书馆的平等机会。图书馆要保障用户平等利用图书馆的权利，就必须坚持其公共性和公益性，实行免费服务和成本服务，否则，所谓的平等机会就会成为水中月、镜中花，图书馆服务也就会背离人类社会的基本价值观念和图书馆的基本发展方向。

在图书馆服务中贯彻平等原则，表现为对读者权利的充分维护。根据国家的有关法律法规和图书馆的实际情况，图书馆读者应享有的权利至少有以下几个方面。

（1）平等享有取得读者资格的权利。

（2）平等享有阅读的权利。

（3）平等享有个人人格和隐私不受侵犯的权利。

（4）平等享有提出咨询问题的权利。

（5）平等享有参与和监督图书馆管理的权利。

（6）平等享有遵守图书馆规章制度的权利和义务。

（7）平等享有提出合理化建议的权利。

（8）平等享有接受安全、卫生等辅助性服务的权利。

（9）平等享有对图书馆工作进行评价的权利。

（10）平等享有自己的合法权益受到侵害时提出改进举措、提起诉讼等权利。

只有充分维护和保障上述读者权利，图书馆服务中的平等原则才能得到贯彻。“读者的权利不可侵犯”，应成为所有图书馆人铭记的职业信念。

（八）自由原则

自由原则是图书馆服务的关键原则。没有平等权利，就不可能有自由权利，如果只有平等权利而没有自由权利，那么平等权利则不是真正意义上的平等权利。

1. 自由便利

图书馆用户应该享有自由利用图书馆信息资源的基本权利。一方面，图书馆用户应该可以自由地利用图书馆的信息资源，即图书馆用户可以自由地检索和获取各种内容、类型、形式的信息资源。另一方面，图书馆应该充分地保障图书馆用户自由利用信息资源的权利：其一，图书馆不应该对图书馆用户进行各种形式的审查。例如，图书馆用户身份的审查、用户利用信息资源动机与目的的审查、用户利用信息资源内容的审查，等；其二，图书馆应该坚持公共、公开的原则，向用户开放图书馆的信息资源，不应该审查馆藏信息资源，或者自行划分馆藏信息资源的使用等级，以限制用户的自由利用；其三，图书馆应该自觉地抵制各种非法的审查制度与行为，不受制于任何商业压力，如公司企业或者利益集团通过各种形式的赞助来限制或者改变图书馆信息资源的利用方式。

2. 合理利用

确保国家利益和用户利益不受侵害，是保障用户自由地利用图书馆权利的根本前提。任何时候、任何地方都不存在绝对的自由，利用图书馆的自由自然也不例外。也就是说，自由利用必须以合法利用和合理利用为基本前提。其一，图书馆在向用户提供信息资源的过程中必须遵守国家的法律制度，自觉地维护国家的利益，自觉地抵制各种违法犯罪行为。同样，图书馆用户在自由地利用图书馆的过程中也必须遵守国家的法律制度，不损害国家的利益，不危害信息安全，不发生违反法律法规的行为。其二，图书馆应该自觉地保护图书馆用户利用信息资源的隐私权。例如，不泄露图书馆用户的身份信息、不泄露图书馆用户利用信息资源的信息等。同样，图书馆用户也应该尊重其他用户的隐私权。其三，图书馆在提供信息资源服务的过程中应该充分地尊重和保护知识产权，自觉地抵制各种盗版信息资源和盗版信息资源的行为；同样，图书馆用户在利用信息资源的过程中也应该充分地尊重和保护知识产权，不违规复制信息资源，不恶意下载信息资源，不滥用信息资源。

（九）创新原则

图书馆服务创新，包括理念创新、内容创新、方式方法创新等多方面内容。

1. 理念创新

先进的服务理念是创新的基础。当前，图书馆服务创新应重点打造三个方面的理念。

（1）服务是一种品牌。程亚男女士指出：“如果一个图书馆能够通过自己的某种独特性：或一定的规模和馆藏，或某一信息产品，或某一特色服务，在同一行业中形成差别优势，那么，这种优势就是品牌。”日本图书馆界提供的无微不至的方便服务和美国图书馆界的全面开放服务，可称之为具有品牌效应的服务。我国深圳图书馆的剪报服务和上海图书馆的导入 CS（客户满意）管理与服务，也可称之为一种品牌。品牌化服务突出的是服务的特性与特色。特色馆藏、特色服务、特色活动、特色环境等都可形成图书馆特有的品牌。

（2）服务是一种文化。图书馆服务具有其独特的规范和价值观，这些规范和价值观的总和就是一种文化——图书馆文化。图书馆特有的知识底蕴、特有的人文环境、特有的行业规范和特有的价值追求，都衬托着图书馆服务的文化品格。

（3）服务是一种获得。图书馆服务是为了获得知识在传递中的轨迹，是为了获得公民素质提高的价值，是为了获得读者需求被满足的效果，是为了获得人生价值实现的喜悦。图书馆服务赋予图书馆人以高尚的荣誉、真诚的尊敬、奉献的欣慰、清苦的价值和文化人生的伟大。

2. 内容创新

从图书馆服务发展趋势看，其内容急需拓宽。其主要趋势是加大信息服务和“便民服务”的内容。在信息服务方面，主要是加大网上信息导航服务内容。在便民服务方面，应加大为社区服务的力度，其内容包括职业介绍、购物指南、技能培训指南、市政服务咨询、家政服务咨询，等。在文献信息服务方面也要创新，主要是加大参考咨询服务的力度，努力从文献服务向知识服务推进，提高图书馆服务的知识含量。

3. 方式方法创新

方式方法创新就是改变以往单一的馆藏文献的外借与内阅读服务模式，利用现代网络平台，提供各种数据库服务、知识库服务以及多种在线或离线信息服务，如信息推送、知识发现、网络呼叫、智能代理等服务。这些服务方式方法具有较强的智能性、实时性、交互性等特征，能够提供全新的个性化服务。这种能够同时提供实体馆藏与虚拟馆藏服务的模式，极大地丰富了图书馆服务的内容，强化了图书馆服务的能力。

（十）满意原则

读者是否满意及满意程度如何，是衡量图书馆服务质量的最终标准。满意原则是图书馆服务诸原则中的核心原则。

美国宾夕法尼亚州立大学的安达利比和西蒙兹则提出了测度读者满意度的五个命题：感受到的图书馆资源质量越高读者满意度就越高；图书馆工作人员反应性越强，读者满意度就越高；感受到的图书馆工作人员能力越强，读者满意度就越高；图书馆工作人员道德行为越积极，读者满意度就越高；感受到的图书馆设施越好，读者满意度就越高。

读者对图书馆服务是否满意，属于读者的主体评价范畴，即属于读者（主体）对图书馆（客体）所做的评价范畴。黄俊贵先生认为，读者的主体地位一般表现在三个方面：一是读者对文献，即文献是否符合读者需要，必须由读者作出判断；二是读者对图书馆员，即图书馆员的服务态度、服务能力、服务效果必须由读者进行鉴定；三是读者对图书馆工作，即图书馆的各项业务建设、制度规章、服务项目及设施是否反映读者的利益与要求，必须由读者加以评价。

近几年在图书馆界备受青睐的 CS 理论，可以说是对图书馆服务之读者满意原则的极好注释。图书馆 CS 管理建立的是以读者为导向，以追求读者满意为基本精神，并以社会和读者的期待为理想目标的管理模式。它包括三方面内容：图书馆理念满意（MS）、图书馆行为满意（BS）和图书馆视觉满意（VS）。图书馆的理念满意是图书馆的办馆宗旨、管理策略等带给读者的

心理满足感。它的核心就在于正确的读者观，“一切为了读者满意”是它的精神实质。图书馆的行为满意，是图书馆的行为状况带给读者的心理满足状态，是图书馆理念满意思想的外部表现形式，包括行为方式满意、行为规范满意和行为效果满意。工作人员的服务态度是图书馆行为是否让读者满意的最直接表现。图书馆的视觉满意，是图书馆所具有各种可视性的显在形象带给读者的心理满意状态，它包括对图书馆一

切设施设备的性能及其色彩的满意，对工作人员职业形象、业务形象的满意。它传递着图书馆的理念，是图书馆理念的视觉化形式。

（十一）科学服务原则

科学服务就是遵循图书馆服务的自身规律，按照科学的思想，以科学的态度、科学的方法、科学的管理措施，组织和开展图书馆的服务活动。这是图书馆服务工作的基本要求，也是图书馆服务学术性、理论性的具体体现。

科学的思想，是指在图书馆服务工作中，要着眼于全局，善于运用全面的、联系的、发展的观点去认识问题、解决问题，以开发图书馆资源，充分和有效地满足用户的各种需求为依据，加强各方面的联系，做好协调工作，不断解决矛盾。

科学的态度，就是要实事求是，一切从实际出发，讲究实效，不浮夸，不追求表面形式，创造性地将社会的文献信息需求与图书馆的实际条件结合起来进行研究，切实满足各方面的需求。

科学的方法，就是要理论联系实际，采用先进的、实用的、有效的方法，提高工作效率和服务科学的管理措施，它代表着图书馆和用户的根本利益，是顺利开展服务工作的保证。既有原则性，又有灵活性地执行图书馆的规章制度，一切以图书馆服务对象的利益为出发点。在上述图书馆服务原则中，满意原则是核心原则或称最高原则；开放原则是其他四项原则的基础或平台，它体现的是现代图书馆服务的基本方向；省力原则体现的是现代图书馆服务的内在品质；平等原则体现的是现代图书馆服务的人性化方向；创新原则体现的是现代图书馆服务的可持续发展及其动力；满意原则体现的是现代图书馆服务的终极目标。

（十二）资源共享原则

资源共享是当今图书馆事业发展的一个重要课题，也是用户服务工作的基本原则。资源共享是指图书馆与图书馆之间的关系，即图书馆之间相互分享各自的资源，为读者及用户提供更多的服务。资源共享是图书馆的一种工作方式，即图书馆的全部或部分功能为许多图书馆所共享。图书馆资源不仅仅是藏书，其所拥有的人员、设备、工作成果等都是资源，因而也可以以某种方式为许多图书馆所共享。关于资源共享的目的，肯特认为有两个方面：一方面是使图书馆的用户获得更多的文献资料；另一方面是为图书馆的用户提供更多的服务，而且这种服务所需支付的费用比由单个图书馆提供时所需支付的费用要少得多。在图书馆用户工作中坚持资源共享的原则，对单个的图书馆而言，可以变“一馆之藏”为“地区之藏”“国家之藏”以至“世界之藏”，从而更加充分地发挥馆藏文献信息资源的作用。对图书馆事业而言，则可以在尽可能地减轻单个图书馆负担的基础上，充分发挥图书馆事业的群体作用。用群体的集合力量为社会的广大读者提供质量更高、效果更好的服务，从而极大地提高图书馆事业在社会中的地位，更好地发挥其知识宝库的重要作用。为此，不同系统、不同级次的图书馆，都要从为人类文明的进步多做贡献的高度考虑，认真地、积极地加强图书馆之间的联合和合作，把资源共享这个图书馆的重点课题做好。

第三节 公共图书馆的读者类型与服务模式

一、公共图书馆的读者类型

为了更好地发挥公共图书馆作为信息中心的优势，有必要对公共图书馆的用户类型进行研究，分析不同读者的信息需求，从而展开针对性的服务。总体来说，公共图书馆的读者可以分为普通读者和弱势群体读者两大类型。

（一）普通读者

公共图书馆的普通读者主要指在心智、形体等方面均成熟、正常的用户类型，如学生、教师、工人、自由职业者等群体。普通读者用户信息需求较为广泛，公共图书馆针对这类读者可提供文学书籍、专业书籍等文献资源。

（二）弱势群体读者

公共图书馆弱势群体读者用户与普通读者用户相反，是指在心智、形体、生理、文化水平等方面均有欠缺的用户类型，如老年读者、少儿读者、残疾人读者、服刑读者等群体。老年读者用户退休后，生活清闲，业余时间较为丰富，因此老年读者在所有读者中的比例最高，主要热衷于新闻时事。少儿读者是指年龄在 2 到 10 岁的低龄用户群体，喜好漫画书籍。残疾人读者包括视障读者和听障读者，需求的信息资源形式较为特殊。服刑读者自由空间有限，公共图书馆可设分点对这类群体服务，提供一些普法书籍等。

二、图书馆的服务模式

（一）图书馆服务模式的组成要素

图书馆的服务模式大体上可以分为四个部分，分别是服务主体、服务客体、服务内容和采取的服务方式。服务主体即图书馆馆员，他们是服务活动的主要发起者和实施者，根据用户的信息需求，采用适当的服务方法，把符合用户的信息需求的内容以适当的形式呈现给用户。服务客体即社会的广大群众用户，主要作用在于提出信息需求和利用收集到的信息进行信息增值。服务内容即图书馆的实体文献资源和电子文献及数据库资源，这些资源是服务客体的需求对象，目的是解决用户的信息需求。服务方式指的是图书馆通过合适的途径方法，将信息内容传递给服务客体，完成信息服务行为，如信息个性化服务、参考咨询等。

（二）图书馆服务模式的演化分析

图书馆服务模式的四个组成要素相互依存，缺一不可。其中，四个要素之间的相互作用、相互发展也进而影响了图书馆服务模式的演变。根据原上海图书馆馆长吴建中先生的认识，图书馆的发展形态经历了第一代图书馆、第二代图书馆和如今的第三代图书馆。图书馆的服务模式随着图书馆发展形态的演变也经历了三个阶段，分别是第一代图书馆的展示型服务模式、第二代图书馆的推送型服务模式、第三代图书馆的互动型服务模式。

1. 第一代图书馆的展示型服务模式

第一代图书馆实质上是一幢藏书建筑，以“密集书架+阅览室”型结构呈现，最突出的特点是以“展示”为主。展示型信息服务模式是由信息服务主体根据信息服务客体的信息需求将信息内容以一定的形式组合起来，制成信息产品展示给信息服务客体，然后再由信息服务客体选择其中一种合适的产品。展示型信息服务模式是图书馆最基础也是最重要的服务形态，这种服务模式的服务质量取决于信息服务主体收集信息的数量和质量以及制成的信息产品能否满足不同层次主体的信息需求，该模式的特点是要求对信息的收集范围较广、集成度较高。信息客体在获取服务时是较为被动的。

2. 第二代图书馆的推送型服务模式

第二代图书馆在服务方式上较第一代图书馆有了质的提升，以主动推送为特征。推送型服务模式使用了现代的信息技术，使服务方式转向主动服务。该模式只需要信息客体标记好自己的喜好内容，图书馆利用数据挖掘技术、智能推送技术便可将符合用户需求的信息推送给用户。该服务模式的关键在于对信息资源的组织与有效整合程度以及信息推送的用户满足程度，这也对图书馆的信息服务能力提出了严格的要求。相较于展示型信息服务模式，推送型服务模式有了质的提升，原因在于对用户的服务针对性更强，服务更加个性化。

3. 第三代图书馆的互动型服务模式

第三代图书馆是目前已知的图书馆最高级的发展形态，以解决特定信息需求为特征，其间不断地与用户进行互动。互动型服务模式是服务主体与特定需求客体之间进行的相互合作，目的在于解决用户的特定信息需求。该模式需要服务主体和服务客体之间积极合作，并且要求服务主体具备一定的专业知识和学科服务能力，以提供知识密度更为密集的信息产品。互动型服务模式是图书馆信息服务发展的高级阶段，除了平台资源的影响外，还受信息服务双方合作意愿、参与度、服务主体能力的影响，因此服务主体的角色适合由专家学者和技术人员来充当。

第二章　公共图书馆服务的基础理论

第一节　公共图书馆的服务理念

随着科学技术的发展，图书馆正日益面临着文化传播载体和传播方式的变革所带来的挑战和冲击，经受着日益严峻的竞争。在信息社会中，图书馆要赢得竞争优势，提高服务水平和质量，就要树立正确的、先进的、科学的服务理念。

一、服务理念概述

（一）服务理念的概念释义

理念原是西方哲学史和西方美学史中的一个概念，包含广泛的含义，一般可以理解为理性所产生的概念。服务理念则是人类众多理念的一种，是指人们从事服务活动的主导思想。它反映了人们对服务活动的理性认识，是各种服务活动的核心，是服务组织在创造价值的过程中，对客户或服务对象的服务原则、服务态度、服务方式的集中体现，是服务组织规范服务人员心态和行为的准则，也是服务组织提供给顾客能满足其某一种或几种需要的服务的功能、效用。顾客购买、体验某种服务，并不是为了“拥有”这种服务，而是利用这种服务来获得这些功能和效用。通俗地讲，服务理念是指服务组织用语言文字在单位内外公开传播的、一贯的、独特的和顾客导向的服务主张和服务理想。

服务理念主要包括宗旨、使命、目标、方针、政策、原则、精神等。宗旨是服务组织建立的根本目的和意图，使命是服务组织在社会经济发展中承担的任务和责任，目标是服务组织运行和发展预期达到的境地或标准，方针是服务组织在经营管理上总的发展方向或指导思想，政策是服务组织在处理内外关系或配置资源时所提出的有重点、具有倾向性的观点及实施方案，原则是服务组织在其行为中恪守的准则或坚持的道理，精神则是服务组织较深刻的思想或较高的理想追求或基本的指导思想。在服务理念中，“宗旨”和“精神”的思想层次较高，但比较抽象，缺少操作性；“目标”“方针”“政策”较具体，比较容易操作，但思想层次相对较低；而“使命”“原则”的思想层次、操作性介于上述两组理念之间。

服务理念在实践活动中存在外显化与内隐化两种形态。内隐化的服务理念是指能够和实践相统一的服务理念，已经成为一种组织文化，此时“服务”二字深深地扎根于服务组织所有人员的内心深处，虽然不一定能够清晰地意识到，却时刻支配着他们的行动和行为，使其能够和“服务”保持高度的一致，使其能够忠于职守，踏踏实实地为社会和顾客服务。外显化的服务理念是指与实践相脱离的服务理念，是口号式的只说不做的服务理念。实际上，它并没有真正深入服务组织人员的内心深处，还仅仅处于一种很肤浅的表面的层次，并不能很好地支配他们的行动。例如，很多图书馆和图书馆馆员可能都认识到，其职责就是全心全意地为用户服务，但在其实际工作当中，他们却往往置用户的根本利益于不顾，经常作出一些违背用户利益的事情。消费者需求在有形产品中可以转变成具体的产品特征和规格，同时，这些产品特征和规格也是产品生产、产品完善和产品营销的基础。但是，服务产品是不具备这些具体的规格的，因而服务企业需要明确“服务产品”的本质或“服务理念”。

根据赫斯凯特的观点，任何服务理念都必须能够回答以下问题：服务企业所提供的服务的重要组成要素是什么？目标分割市场、总体市场、雇员和其他人员如何认知这些要素？服务理念对服务设计、服务递送和服务营销的作用是什么？在定义服务理念时需要考虑以下方面：

服务最终是由雇员提供的，特别是由那些与消费者发生交互作用的雇员所提供的，所以，服务企业的服务理念在满足消费者需求的同时还要满足雇员需求。从这个角度上讲，服务理念必须包括一套经由多数雇员同意的通用价值观。

服务企业在定义服务理念时还需要在服务设计、服务递送和服务营销方面作出以下努力：保证充足的商品补给；保证商品种类繁多；雇用称职员；将店址选择在交通便利的地段等。很多公司在定义服务理念时都包含了“提高雇员自尊，增强雇员满意度，加快自我发展，提高服务灵活性”等内容。服务企业在要求雇员尊重消费者的同时，应要求雇员提高自尊，增强对工作的满足感。服务企业在定义服务理念时，必须考虑服务理念对雇员技能和雇员性格的要求。

服务企业在定义服务理念时，必须保持服务系统中前台和后台的一致性。单纯地考虑前台的需要而忽略后台要求的服务理念绝不是成功的理念，反之亦然。

除了上述因素之外，服务理念还要能明确地表达出服务企业需要雇员提供什么标准的服务，消费者期望获得什么标准的服务。

（二）服务理念的作用

服务理念在服务活动中发挥着以下作用：

一是有利于服务的有形化。服务组织的服务理念作为一种思想，一般都是以语言文字的形式向顾客公布和传达的，而语言文字是“有形”的信息，“有形”的服务理念有利于无形服务的有形化，而且理念本身正是服务有形化所要提示的主要内容。但如前所述，服务理念的“有形化”本身是不够的，还必须内化在人的思想深处，成为一种自觉意识。

二是有利于体现和建立服务特色。策划、设计出比较优秀的服务理念往往是独特的，有个性、有特色的。

三是有利于发挥服务组织人员的工作积极性和创造性。服务理念的一部分是针对服务组织内的员工，用于激励他们，这就能起到做思想政治工作的作用。同时，服务理念还能统一全体员工的思想和心态，而服务行为正是来源于员工的思想和心态，思想和心态的统一有利于整个服务组织服务行为的统一。

四是有利于监督服务组织员工的服务行为。既然服务理念的一部分是针对服务组织员工的，并且是向顾客公布和传达的，因此服务理念一方面能对员工的服务行为起到某种警示作用，另一方面能引导顾客对员工的服务行为进行监督。

服务理念具有公开性、传播性、一贯性、独特性、顾客导向性五项基本特征和前瞻性、继承性、挑战性、竞争性和深刻性五项一般特征。

服务理念的核心可以归结为顾客导向的观念，即一切服务主张和服务理想都可以和应当归结为最大限度地满足顾客的期望和要求。既然是顾客导向的，服务理念就没有必要隐瞒，应当向服务组织内外公开，让尽可能多的人了解，以体现服务理念的真诚。服务理念既然是公开的，就离不开公开的手段——传播。好的服务理念是适合传播和有传播效果的理念。服务理念的一贯性体现它在相当长时间内是比较成熟的、稳定的，是一贯的主张或追求的理想，不是心血来潮，不是稍纵即逝的思想火花，也不是随意改变的主意。服务理念都是人倡导的，而人是有个性的，这种个性会融合在他所倡导的理念之中，并通过理念的独特性表现出来。服务理念从根本上讲来源于顾客期望，顾客期望的动态性和变化性的特点与服务理念对工作的领导地位要求服务理念必须具备前瞻性，而且服务理念也必须继承传统服务中合理、正确的部分，并在继承的基础上进行理念创新。服务理念是对服务理想水平的一种描述，但理想水平总是高于现实水平的，因而具有挑战性。倡导服务理念的主要目的是指导服务组织在激烈的市场竞争中用更优秀的服务去争夺顾客与用户，因此服务理念是有竞争意义或战略意义的。服务理念是用以指导服务行为的，但服务理念只有深刻，即抓住人心才能打动人心并化为员工自觉的服务行为。

在倡导服务理念的过程中，优秀的服务组织领导人应高度重视身体力行和用自己的言行去感染、带动全体员工，使大家都接受组织的服务理念。

二、图书馆服务理念的基本内容

20 世纪 80 年代中期，我国图书馆界提出了“读者工作是图书馆工作的出发点和归宿”的服务理念，对我国图书馆的服务工作起到了极大的导向性推动作用。进入 21 世纪后，图书馆界又提出了一些新的服务理念并指导着图书馆服务工作的理性发展，如 WH 图书馆实施“面向市场的文化教育功能，信息集散的枢纽功能，信息加工的增值功能和信息营销的市场功能”的理念，SZ 市 NS 区图书馆学习麦当劳作风七原则、小天鹅一二三四五方针，开展“七要”“七不要”，言行规范“一二三四五”，这些都是图书馆服务理念创新的典范。21 世纪图书馆应该具备以下一些服务理念。

（一）“以人为本”“用户至上，服务第一”的服务理念

从哲学的角度看，所谓的“以人为本”，简单地说就是正确认识和处理人与其他生产要素的辩证关系，重视人的创造力及其主导、能动和决定作用，将人作为“活力源”，从而形成的关于人的科学理念。从知识的角度说，“以人为本”符合辩证唯物主义的认识论。作为图书馆来讲，人、财、物、文献管理、信息开发、服务纵然千头万绪，但这一切都是受人统帅和支配的，是通过人的工作和劳动去实现的。

在图书馆服务中，坚持“以人为本”的服务，指的是在服务工作中，不管何时何地，都要“用户至上，服务第一”，要把“为一切用户服务”“一切为了用户”“满足用户的一切合理需求”作为图书馆服务工作的出发点和归宿。图书馆的社会价值是从满足用户需求中体现出来的。一个图书馆办得好不好，其办馆效益、社会价值如何，主要以用户对图书馆的认识去衡量，要看他们对利用图书馆的希望程度，对服务项目和服务标准的信誉程度，对服务人员素质和服务水平的满意程度，对服务效果的认可程度。

图书馆工作以用户为主导，并在三个方面给予充分体现：一是用户对文献信息，

即馆藏文献信息是否符合用户需要，馆藏的信息、知识量度、内容价值必须由用户作出判断；二是用户对图书馆员，即馆员的服务态度、服务能力、服务效果必须由用户来鉴定；三是用户对图书馆工作，即图书馆的各项业务建设、制度规章、服务项目及设施是否反映用户利益与要求，必须由用户加以评价。“用户至上，服务第一”的表述与商业市场提出的“顾客至上”或“顾客是上帝”没有本质的区别。可以说，用户既是“上帝”，又是“主人翁”。为此，国内外许多图书馆将“用户至上，服务第一”作为馆调。为充分体现这一指导思想，图书馆采取成立读者工作委员会实施对图书馆工作的具体指导；定期向读者汇报工作，出版图书馆工作年报，如实反映取得的成绩和存在的问题，接受全社会监督；推行义工制，邀请读者积极分子义务协助图书馆工作等。

“用户至上，服务第一”的理念，还应该体现在尊重读者的阅读自由，不对读者设置不符合政策、不符合人权的障碍；不侵犯读者的著作权，因为任何作者都可能是图书馆的读者，有效、合法地利用和保护他们的著作权，正是图书馆生存、发展的重要条件；用户利用图书馆的合法权益必须得到尊重，要提高服务的文明水平，绝不出现对读者的不恭用语，即使读者出现不轨行为也不能采取“偷一罚十”等惩罚措施。事实表明，图书馆服务工作只有在实际上而不是在口头上确立读者是图书馆的主人地位，才能“一切为了读者”，真正做到全心全意为用户服务。

（二）重视服务成果的理念

服务作为智力劳动必然要产生成果。重视服务成果的观念对于强化服务的目的性非常重要。这具有两层意思：一是不仅要把服务作为一个图书馆的工作过程，更重要的是把它当作一个目的。既然是目的，就得要看重服务成果，这种成果包括服务活动中的工作成果和开发文献信息产品的成果。为此，服务工作自始至终都要具有需求理念，要经常性开展调查研究，并建立长期的反馈系统，不断改善服务，提高工作质量，争取获得最大的效益。而图书馆服务工作人员也务必改变“守门人”终日流于上班下班、不求效益、不思进取的状态。二是要重视服务成果而不异化服务成果。对图书馆服务成果要正确分析、对待，它是一个潜移默化的过程，有一定量的局限，不可能立竿见影，一般都由量变到质变。所谓异化用户的劳动成果，就是将用户自身的努力、创造所取得的成就都归结于图书馆的服务，往往对此广为宣传，并向用户颁发“读书成果奖”“读书贡献奖”等。目前，一些图书馆为显示自己的服务成果，一些用户为获取殊荣及在图书馆得到相应的服务优惠条件，彼此需要的“双向动力”似乎使此项活动异常火热。对服务成果的异化，也是对用户劳动成果的异化，应属“打假”之列，切切不可作为提高图书馆社会价值的举措。重视服务成果必须树立科学、务实精神，以长期不懈的努力，从优质而具体的工作成果和特色而有效的信息产品成果所产生的社会效益和经济效益中显示出来。

（三）竞争的理念

在谈到服务产品的微观特征时，我们曾提出它具有相互替代性。图书馆服务也具有一定的替代性，它与社会其他服务活动关系密切，彼此间相互补充，从而形成了一种竞争。

作为精神文化服务而言，广播、电视、文娱、体育、信息网络正在日益发展、提高，任何人都无法摆脱社会文化的影响和制约，并同时参与文化的活动与创造。当今图书馆的生存条件面临着重大挑战，人们不仅可以享受丰富多彩的广播、电视节目，还可以不出家门利用网络图书馆来获取各类信息，甚至可以通过网上书店购买书刊。在所有竞争对手中，网络对图书馆的冲击最为明显。网络仿佛是一个庞大的图书馆，随时向人们提供无所不包的信息，任何人只要家里拥有一台电脑，连通网络，就可以跨时空、跨地域地漫游信息世界。网络的发展势必削弱人们对图书馆的依赖程度。同时，面对开放式的环境，用户与网络之间是一种人机对话交流形式。这种交流形式没有传统图书馆服务形式中一些人为负面因素的影响，既能较好地满足用户迅速获得文献信息的需求，还节约了人们往返图书馆的时间、交通费用等边际成本。在这种情况下，人们将有对上网或是去图书馆进行选择的权力，若能够在家里“坐享其成”，还有谁愿意花时间和精力前往图书馆呢？

大众传媒及信息网络发展的动力是科学技术与社会需求，但它们对图书馆既构成一种冲击，又提供了一种动力和机遇。纵观精神文化的求乐、求美、求知的总体功能，图书馆作为社会求知的知识载体将永远在精神文化中处于龙头地位，并且日益具有求乐、求美功能。以下的调查数据足可证明，即使在经济、文化相当发达的西方国家，阅读，尤其在图书馆中的阅读，仍然具有不可替代的作用。

另外，网络对图书馆更多的是一种互补的关系。这是因为，一方面，网络上对用户有用的信息资源并不是太多，有些资源还是以商业性质出现的，图书馆的资源优势仍然存在；另一方面，网络的利用毕竟需要有计算机、网络等作为前提，此外，网上阅读还极易产生疲劳，没有传统阅读的休闲和随意。因此有人认为，图书馆真正的竞争对手是书店以及各种形式的社会读书组织。目前，书店越来越多，它们将售书与提供宽松的读书、选书形式结合，阅读环境舒适、自由，尤其是特价书市不断出现，往往其中的顾客大都是阅读而不买书。社会读书组织，诸如书友会、读书社、读者沙龙、读者俱乐部、图书银行等，它们采取会员制形式，以少量的收费，提供互惠借书或优惠购书等，远比图书馆服务灵活、方便，颇受读者欢迎，已构成对图书馆服务工作的威胁与挑战。为此，图书馆应该充分发挥自己的优势，努力克服封闭、保守状态，进一步深化信息开发，加强网络化与数字化建设，提升服务人员素质与服务水平，化被动为主动，力争在各类精神文化服务方面牢固占据自身应有的地盘。

（四）特色服务的理念

在科技、经济、教育迅速发展，社会需求日益多样化的环境下，扩大规模，全面出击，并不是图书馆发展的最佳出路。相反，盲目的外延式发展有可能使图书馆在将来陷入进退两难的境地。企业界对此有许多深刻的经验教训，如一味地产业扩张使企业难以生存，而特色产品和服务却往往能够在竞争中占据优势。现代图书馆没有必要去追求自身规模的大而全，而应树立特色服务的理念，充分利用网络和图书馆资源的优势，开展特色服务，以在激烈的社会竞争中求生存、求发展。

近年来，北京、上海、湖北等地出现的特色图书馆和图书馆特色服务是非常成功的，获得了社会和图书馆用户的一致赞誉。特色图书馆和图书馆特色服务是在改革开放和市场经济这个大背景中孕育出来的具有中国特色的新事物，它的出现给我国的图书馆事业注入了新的活力。从发展的轨迹看，特色服务开始是在图书馆改革实践中从传统的常规服务中派生和发展起来的，表现出“人无我有，人有我优”的与众不同的特性，在长期的工作实践中逐步形成并相对稳定下来，展现出各个图书馆的个性。特色服务之“特”主要有三个方面。

其一，对象上的特色。特色服务的服务对象往往突破了区域界限和用户服务工作常规，适应了“为一切用户服务”的宗旨。

其二，服务方式上的特色。特色服务改变了传统的在出纳台前坐等用户上门的被动服务模式，而是走出图书馆大门，在更为广阔的空间，采取多样的服务措施，体现了“一切为了用户”的宗旨。

其三，服务内容上的特色。图书馆开展特色服务，其资源必然是对一些专题和学科具有相对丰富的收藏，能为用户提供比较专业和专门的服务。

虽然特色服务的形式呈现出多样化的格局，但是，如果我们对图书馆特色服务的内容加以认真分析和研究，不难看出特色服务所具有的共同特点：一是适应社会公众的需要。特色服务项目的设立，充分考虑了社会公众的需求程度和地区环境的特点，因而具有强大的生命力和深厚的社会基础，这是搞好特色服务的先决条件。二是具有专题馆藏资源的优势。图书馆的特色服务必须建立在文献资源特色化的基础上，并以此构成用户服务的基础，为取得较好的服务效果铺平道路。失去了这一优势，特色服务只是一种奢望和空谈。三是采用现代化的服务手段。特色服务显示出现代化的服务特征。如在文献载体上，由单一的印刷型书刊转变为书刊、音像制品和电子出版物、数字文献等多种载体；在服务方法上，改变单纯的借借还为集文献的采集、流通、辅导、咨询以及情报信息服务于一体的新模式；在服务手段上，已不完全依靠手工操作，而是借助于计算机和网络技术进行文献信息的管理开发和利用。

（五）3A 新理念

对于广大用户那些较低层次的文献信息需求，图书馆传统的服务模式和方式已基本可以使其得到满足。然而，如何满足广大用户那些较高层次的文献信息需求，应该说还有很大的研究空间。与知识创新相关的文献信息需求以及与审美、教学、认知相关的文献信息需求极为迫切。于是，一种崭新的用户服务理念 Anytime、Anywhere、Anyway（无论何时、何地、以何种方式），简称“3A 理念”便应运而生。所谓“3A 理念”，就是说，无论用户在什么时间、什么地方、通过何种方式，都能得到图书馆方便、快捷高效的文献信息服务。要使这个理念变为现实，有赖于“虚”“实”两个用户服务系统作为依托。所谓“虚”，就是基于网络的虚拟用户服务系统或称虚拟参考咨询服务系统。所谓“实”，就是基于流通、阅览、声像等业务部门以及遍布各个部门的实体参考咨询台。“虚”“实”结合，使图书馆服务的时间、空间从有限变为无限，服务方式也由比较单一趋向多元化。

（六）协作服务的理念

由于现代科学技术迅速发展，文献数量急剧增长，无论哪一个图书馆都不可能把某一学科文献收集齐全。而现代社会生活丰富多彩，用户的文献信息需求繁复众多，无论在哪一个图书馆都不可能完全得到满足。由于社会分工高度专业化，文献信息服务活动整体化已形成互相依存、互相促进的态势，图书馆联盟的作用将日益凸显，人们愈来愈依赖于行业内与行业间的合作与交流，从而使交流与服务更加多元化。

几十年来，图书馆界为使自身形成一股群体力量，开展协调与协作，取得了一定成绩。但与当今社会发展要求尚有相当距离，特别是文献信息资源“共建共享”工作中存在着论说多、实际行动少，共享的兴趣高、共建的积极性低，目的性不明确，直接为用户服务的社会效益不明显等问题。图书馆服务特别是馆际互借和文献传递服务未得到有效利用，不少图书馆的服务工作局限于本馆的文献信息资源，服务工作组织管理人员缺乏资源共享观念，造成服务拒绝率较高。图书馆协作服务的目的在于提高服务能力与水平，使服务形式更加灵活多样，服务内容更加丰富全面&图书馆协作的组织形式是成立各种各样的图书馆服务联盟。鉴于信息网络已经成为全球化的格局，各图书馆在协作架构中怎样去组织、加工各种传统文献信息资源并有效地利用网络资源是服务工作中不可忽视的问题。

图书馆的协作服务实践要在各馆之间通过充分协调，从用户需求出发，选择关系全局、用户受益比较大的项目进行，除了要确定图书馆的资源建设方向外，还要解决为用户提供什么信息的问题。书目信息是图书馆开展服务、组织文献资源流通的基本手段，是文献信息资源“共建共享”的基础，务必优先集中力量做好其检索工作。因为，知识不仅靠积累，更重要的是靠检索。

图书馆协作服务还应该包括社会团体及用户群，只有把图书馆融入社会，并从中有效地获取、利用智力资源、物质资源等，才能互相服务，彼此信任，良性互动。协作与竞争是对立的统一，为了共同的利益开展协作，从协作中显示自身的实力就是竞争；而竞争又是为了共同的利益、更好地提高图书馆的协作水平。

（七）信息无障碍服务

平等地获取知识信息是最基本的人权，图书馆开展对残疾人的服务是维护残疾人基本人权的体现。19 世纪以来，世界各国图书馆先后开展了内容丰富、形式多样的信息无障碍服务，为残疾人创造了学习和接受教育的良好环境，让残疾读者有获得生活基本因素。如利用图书馆的机会，从而享有包括图书馆所提供的各类服务在内的公共服务。

在工作实践中，信息无障碍服务理念可在以下几方面予以体现：

（1）以无障碍理念来设计图书馆建筑，包括残疾人专用坡道、盲道和相关卫生设施。

（2）从方便读者的角度出发，设身处地为残疾读者着想，开展送书上门服务。

（3）利用现代信息技术，大力发展网络服务和虚拟参考咨询服务。

（4）摆脱传统的图书馆空间和文献资源按文献载体和文献类型布局的模式，改按文献的内容主题来划分，避免读者包括残疾读者的来回奔波。

（5）根据残疾读者的具体服务需求，量身定做，开展个性化服务。

国内信息无障碍服务开展比较早的图书馆如上海图书馆，1996 年在当时新建成的馆舍对外开放时就构建了物理无障碍的建筑环境，并开辟了盲文阅览区。从 2002 年 5 月开始，上海图书馆还与上海邮电局合作，开展了为视障读者提供免费送还书上门服务，其中不仅包括免费邮寄的盲文读物，还包括了正常人也能使用的录音磁带等。

三、图书馆服务理念的创新

（一）图书馆服务理念创新的实质

图书馆服务理念创新，是通过更新观念，使图书馆人员主动为信息用户提供信息服务，是以提高服务质量为标准的更新和创新。创新的实质是“一切为了读者”的推陈出新，主要体现在其服务内容的丰富和完善上。

信息时代，知识更新速度加快，为用户提供的信息内容只有具备了“快”“新”“精”“细”的要求时，才能称得上真正意义上的服务创新。图书馆必须深化信息服务内容，充分挖掘馆藏实体资源和虚拟网络资源的内在价值，传统与现代互为促进，满足不同层次读者需求，这是图书馆服务理念创新的实质内容。

（二）图书馆服务理念的创新内容

图书馆服务理念的创新是相对传统而言的，创新不一定就是对传统的批判或放弃，更不是一味地标新立异，其中更多的应该是继承和发扬光大。图书馆服务理念的创新主要包括以下方面的内容。

1. 自由、平等、博爱理念

自由、平等、博爱是国际社会倡导的社会公益，也是国际图书馆界倡导的服务理念。图书馆界重视人的尊严与价值，包容人的弱点，注意为残疾人和其他弱势群体提供特色服务正是“自由、平等、博爱”精神的体现。自由、平等、博爱在图书馆服务中的体现，更多地表现在“平等”获取知识的权利上。人类之伟大及人类文明之意义就在于，它试图建立一个美好的制度，以此保障每个人生而自由，并且最大可能使社会趋于平等。

随着国家民主政治的大力推行，在社会各界有识之士的共同努力下，图书馆平等服务理念逐步受到重视，知识公平理念逐渐成为行业共识，自由、平等、博爱逐渐被图书馆界接受。

2. 一切用户理念

图书馆服务的本质就是为了利用，图书馆服务以用户为中心的理念，是把社会的每一个人作为图书馆的服务对象或潜在的服务对象，是为了所有使用图书馆的人。对“读者”概念最大的改变是因为网络的出现，网上图书馆的发展，使图书馆用户不再局限于本地，而是遍布天涯海角。一个人无论在世界的哪个角落，只要点击了某一图书馆的网站，就是该图书馆的用户。网络时代，图书馆用户数量不仅包括用借书证统计到馆的人数，还包括访问网上图书馆的人数。用户服务已经突破了传统“读者服务”的人数、时间与空间的限制。

3. 从“读者第一”到“用户第一”理念

对整个图书馆服务来说，读者至上是永远正确的，始终是最重要的，我们必须努力地做到这一点。21 世纪的图书馆不仅仅要考虑“读者第一”，更要考虑“用户第一”，不仅要重视人们对图书馆的阅读需求，还要重视图书馆不只为本地区、本部门的用户服务，而且也要为本地区、本部门以外的所有人服务。有了“用户第一”的理念，就可以反思现行图书馆服务的许多做法，如凭借书证发放座位牌、不准带书到图书馆自习、将不看书的读者赶走等，这种种做法在考虑阅读保障的时候却忽视了用户利用图书馆的权利。图书馆要改善服务，既要改善阅读条件，吸引读者到图书馆来阅读，又要改善其他条件，吸引用户到图书馆来享受图书馆的所有资源。

4. 以人为本，从心开始

图书馆的服务要以人为本，处处把人放在最重要的位置。长期以来，图书馆的服务存在很多非人性化现象，如在馆内设置监视器，每个阅览室有防盗装置等。人性化服务是以尊重人、理解人为前提的，充分考虑人的需求，最大限度地给予人以自由空间的服务。过去强调制度，现在强调人性化。制度是基础，人性化是方向，两者必须结合起来。比如香港城市大学图书馆，它看上去就像一个家：图书馆的门口一侧有一个嵌在墙里的还书箱，进入图书馆，借书、咨询和阅览一应俱全，阅览室里有各式各样的阅览桌椅，阅览桌旁边有沙发，还有小的圆桌，看报纸、看书都行，用电脑也行，每个阅览桌旁边都配有废纸篓，侧面的墙上还有许多挂衣服的钩子，使读者感觉很舒适、很温馨。所以说，人性化服务不是口号，而是具体的行动，是细微处见真情的服务。

泛在智能技术的广泛应用使人们获取信息更加方便快捷，但人们也意识到，虽然技术给人们带来了便利，但也有深深的遗憾，那就是人文环境的缺失以及虚拟交流给人们的心理、生理造成的影响。现代图书馆不仅要专注于利用先进技术提升服务质量，还要更加重视和践行图书馆“以人为本”的服务理念，加强图书馆人文环境的持续构建。

无论时代如何改变，“人”是永恒的主题，无论环境变得多么复杂、多么智能，一切活动都还需要有人来参与，无论人们从事何种活动，都需要从“心”开始。也就是说，人总是在一定情感、意志影响下从事实践活动的。积极的情感情绪会给人们所从事的工作注入新的活力，推动工作向更好的方向发展，反之，消极的情感情绪则会阻碍工作的顺利进行，图书馆的工作亦然。以人为本，最简单的含义就是要关注人的情感情绪，从而促使人在积极的情绪状态下去从事工作。

综上所述，现代图书馆的服务理念就是“以人为本，从心开始”，即图书馆在服务过程中要更加关注用户需求、倾听用户意见，辩证地看待与处理馆员与用户之间的关系。图书馆服务过程中不仅要践行“以用户为本，关注用户需求”的理念，同时要采取相应的措施关注用户的心灵成长，如借鉴一些社会上流行的潜能开发、放松、静心等教练技术对读者实施教育，让读者学习心灵启蒙课程，学会认识自己的心理变化及情绪变化，促进自身成长。另外，图书馆更要给馆员以关怀，满足馆员的物质及心理需求，为馆员营造一种终身学习的环境氛围，激励其敬业精神与创新精神，让他们在工作中找到成就感和职业归属感。每一个图书馆从业者都要明白：图书馆发展的最终目的是在领导与馆员之间、馆员与馆员之间、馆员与用户之间形成一种强大的凝聚力，建立起一种牢固的、相互信任的人际关系，从而使馆员不再是受支配的雇员，用户也不再是馆员所服务的客体，而都是具有主人翁意识的共同创造者，使现代图书馆在追求全体馆员物质与精神两方面幸福的同时，引领用户走上自觉、自知、自信、自强、自胜这样一种心灵成长的道路。

5.用户参与，资源共建

图书馆所构建的丰富的软硬件资源以及所提供的各种类型的服务之所以被用户冷漠地对待，就是因为我们一直在一厢情愿式地构造和付出着这一切。长久以来，我们一直关注的是我们能向用户提供什么，而没有重视用户能为我们提供什么，用户能为其他用户提供什么。我们一直缺少的就是Web2.0所倡导的用户主导、用户参与、用户分享、用户创造这样一种核心理念，而泛在智能的产生和应用使得图书馆以用户为中心的核心价值观有了更加现实的技术基础和环境基础，同时把用户参与和互动作为图书馆资源建设与服务的前提依据。泛在知识环境下，图书馆的发展要将这一理念贯穿到图书馆资源建设与服务的全过程中来，通过应用Web2.0和泛在智能的相关技术让用户付出时间和精力来真正参与图书馆的资源建设，从而让用户开始重视这份投入、开始在乎这份关系，并乐于分享其建设成果。

图书馆邀请用户参与图书馆资源建设不是随意性的，而是有针对性的，其目的是通过用户来了解其他用户的真正需求，让部分用户成为馆员与图书馆用户之间沟通的桥梁&因为，用户在面对用户时能够很容易地理解对方的真正需求，能够给图书馆的资源建设提出很多合理化的建议，同时，让更多专业用户与图书馆馆员合作共建专题信息还可以提高图书馆资源利用率。泛在知识环境的不断发展使得个人正在成为完整的信息收集、接收、处理、发布节点和服务单元，LivingLibrary志愿者的加入也为图书馆的资源建设提供了人力资源方面的支持，这些因素使得图书馆邀请用户参与资源建设的理念更加容易实施。用户参与图书馆资源建设的方式为：图书馆利用MySpace、Feebook，Wiki等构建图书馆用户的交流社群，使分散在不同应用系统间的个人知识产出不断沉淀，为图书馆积累丰富的资源。

在加大用户参与图书馆资源建设的同时，图书馆还要积极与各相关单位合作，共建图书馆资源，以解决各图书馆目前广泛存在的经费紧张、空间有限、技术设备相对不足等问题。具体做法为：各图书馆首先要根据学校学科发展和专业特点合理购买本馆用户所需的纸质资源和数字资源以作为基础保障；然后再加大力度收集网络中与各重点学科相关的网站和各种网络数字资源，建立专题知识库，充实本馆馆藏；最后，通过建立联盟的方式在利益平衡机制的前提下合理购买和共建共享资源，以优化本馆的馆藏资源体系。现代图书馆还要打破物理图书馆与数字图书馆之间的界限，积极利用数字图书馆对信息的搜集、组织、分析、传播的传统优势和泛在知识环境的智能挖掘技术优势建立各类数字资源体系。另外，图书馆还应加强与其他信息服务机构，如出版社和数据库商以及电信部门和网络服务商的跨界合作，达到资源、设备的充分共享，从而满足用户在泛在知识环境下的信息需求。

6.单体联合，实虚结合

全媒体时代，图书馆的“体”不仅包括了图书馆的物理体，还包括了物理体内更小部分的物理体以及它们所分别对应着的网络环境中的虚拟体。也就是说，我们不仅要关注图书馆的软硬件资源配置、环境完善等外在条件，同时要在这种大的物理体之内根据用户的兴趣与需求建立更多小的物理体，如信息共享空间、兴趣学习小组、精品图书导读组、专家咨询组、学科服务组、资源导航组等，并在网络中建立相应的虚拟社区，以实现图书馆“实虚结合”的建设理念。为适应全媒体时代图书馆资源与服务无所不在的特点，图书馆还需应用开源软件、语义网、Web2.0等将图书馆的资源与服务制作成客户端软件的形式，由用户自行安装在自己常用的设备或智能手机上，从而使用户不必访问图书馆网站就可直接获得图书馆相关的资源与服务。

同时，我们必须明确，全媒体时代图书馆各项工作的目的并不仅仅是

为图书馆带来经济利益，更多的是为了将图书馆的信息资源和人才优势与信息机

构的营销手段和资金优势相结合，从而让更多的用户来了解图书馆，对图书馆持有正确的认识，最终愿意接受和利用图书馆所提供的各种服务，并使图书馆的资源与服务发挥更大的社会效益。同时，还需要单“体”联合，即图书馆界内部联合，又与相关的服务机构联合，以联盟的形式为用户提供各种服务。这种联盟绝不是一种简单的联合，而是要打破以往以各馆为单位的联盟，由不同图书馆的馆员组成不同的具有独立领导能力的服务小组，提供灵活多变的服务方式与服务内容。即根据图书馆所服务的用户的类型、目标、兴趣、所在区域等的不同，将图书馆联盟的所有成员按专业、兴趣、年龄、能力等划分成许多独立的服务小团体，用户可自如地融入各个需要他的用户群中去，服务小团体的构建也可视用户需求的变化不断地重组。

7. 树立知识服务理念

知识服务是一种新的服务观念，是注重对信息资源的深层次开发和利用、注重知识资源增值的一种服务。与传统信息服务相比较，其区别在：传统信息服务关注的是为用户提供了什么信息资源，而知识服务关注的是为用户解决了什么问。传统信息服务只需关注用户简单提问，满足用户文献需求；知识服务则是一种逻辑获取服务，通过对信息的分析重组，形成新的知识产品。传统信息服务满足于为用户提供具体文献信息，而知识服务致力于帮助用户寻求或形成“解决方案”。知识服务关注其服务的增值，希望利用自身的知识和能力，为用户提供具有独特价值的信息产品；而传统的信息服务更多的是基于对资源的占有，通过“劳务”来体现自身价值。为此，知识服务需要图书馆馆员努力成为“一专多能”的复合型知识人才，将分散在相关领域的专业知识加以提炼，形成符合用户需要的“知识精品”。

8. 树立竞争意识，提高馆员素质

随着社会文明与技术进步，图书馆形成了多层次的服务理念。不同图书馆服务理念的相继提出，要求图书馆馆员从多角度出发，用更优质的服务来最大限度地满足信息用户多元化的信息要求。为此，对图书馆馆员的素质提出了更高的要求。

在道德上，一是要求图书馆馆员树立正确的职业观。由于图书馆是一个“生长”着的有机体，馆员职业观应随着图书馆的“生长”而演化提升。馆员的职业价值观经过理想主义、个人主义、技术功利主义、新自由主义的演化，逐渐形成注重服务和人文关怀，尊重理性、知识、真理，尊重对知识和真理的追求，热爱图书馆，倡导阅读，主张社会成员享有使用图书馆服务的平等权利，倡导合作和技术创新，倡导宽容、公正的职业价值观。二是要求图书馆馆员要培养良好的职业心态，提升职业认同感。从一定意义上说，图书馆馆员是在为他人做“嫁妆”。无论在传统的手工条件下，还是在现代化的网络时代，只有具备乐于服务、勇于奉献的精神，才会把图书馆工作当成人生的事业来经营，才有可能成为一名优秀的图书馆馆员。三是要求图书馆馆员要有较强的进取心。随着信息社会的到来，图书馆受到其他信息服务机构竞争和读者流失等诸多挑战。面对挑战和竞争，图书馆馆员只有具备较强的竞争意识，有强烈的责任感，才会把更多的精力用在工作上，不断钻研业务，发现工作中存在的问题，寻找解决问题的办法。

在能力上，要求图书馆馆员一是具有信息获取能力、对信息的深度加工能力及传递信息能力。当代科技已广泛应用于图书馆工作，科技的发展、边缘学科的不断涌现，要求图书馆馆员应熟悉当代最新技术，有广博的知识、一定的学术研究能力、灵活的综合反应能力、敏锐的捕捉信息能力，开展深层次信息服务，并运用现代信息技术为用户提供服务，当好信息用户的信息导航员。二是具备信息素养教育者的能力。在信息泛滥的今天，只有全社会信息素养整体提高了，才能真正促进社会的进步。在图书馆服务中，图书馆馆员在不断提高自身信息素养的同时，还应充当信息教育家，“授人以鱼，不如授人以渔”。图书馆馆员通过自身的努力，会促进大众信息素养的提高，促进社会的文明发展。

9. 创新服务理念

在文化传播载体和传播方式不断变革的挑战下，图书馆除了要在硬件上有所提高外，更重要的是不断创新服务理念。只有这样，图书馆才能适应新时代新读者的需求，在日益加剧的信息服务大战中立于不败之地。

创新是当代社会的一个主题，是一个国家的灵魂。在全社会创新的环境下，图书馆服务也要创新，这关系到图书馆服务是否能够适应社会需要、与时俱进，关系到服务质量和水平的提升，甚至关系到图书馆的长久发展。图书馆服务树立创新理念，要求每一个图书馆馆员都要有创新意识和创新思维，大胆提出与实施图书馆服务的新思路和新方法；要求每一个图书馆都有创新服务战略和对策，及时增添新的服务，在服务过程中快速应变；图书馆要努力营造创新的氛围，培育图书馆馆员的创新精神。

网络环境下，图书馆服务的基础发生了根本性的变化，由基于实体馆藏的服务拓展为基于全球信息资源的读者服务。图书馆服务方式发生了极大变化，出现了远程服务、全天候服务、多维服务等服务方式。

所谓“服务理念的创新”，亦即服务理念要不断顺应原有理念赖以生存的条件与机制的变化而变化。在信息技术飞速发展的今天，现代化的服务手段大大提高了图书馆的服务效率，丰富了图书馆的服务内容，确实给读者和用户带来了许多便利。

无论将来科技手段怎样发展、物态化图书馆如何现代化，服务都是贯穿图书馆发展过程的一条主线。但读者和社会对服务的要求会和以前大不一样，服务的理念也会发生根本的转向。服务理念创新必须遵循三条基本原则，即国家指导原则、市场调节原则和图书馆自主发展原则。

从社会机构的分类上讲，图书馆一般是以国家投资为主体的社会公益性事业单位，在遵循市场经济规律的前提下加强国家的宏观规划指导是世界图书馆事业的通则。随着我国社会主义市场经济体制的发展和完善，国家对个体的制约作用将会越来越间接，制约的范围也将大大缩小，即意味着图书馆选择的自由权和自由空间不断扩大，这为现代图书馆服务开辟了更为广阔的空间。图书馆必须走自主发展之路。社会和广大人民的知识信息需求是图书馆赖以生存的基础，这种基础主要不是指体制和制度，而是指图书馆必须把市场规律作为其运行和发展的基本准则。从某种意义上来讲，图书馆现代化的过程是一个建立竞争机制的过程*没有竞争，就没有现代化，也就没有现代图书馆的活动。竞争是图书馆效率与效益的内在要求，是加快图书馆发展的需要。也就是说，在服务层面上一切为了读者是图书馆工作的根本出发点。要有“读者第一、方便读者、服务读者”的理念；在满足读者需求的过程中，要“换位看待”；在开展各项工作时，要坚持图书馆公共性、公益性、服务性的原则，不断提高图书馆的社会效益。

从图书馆服务的发展趋势看，图书馆服务的内容急需拓宽，其重点是加大信息知识服务和方便用户的服务力度。在信息知识服务方面，主要是增加网上信息导航服务和咨询服务内容。在方便用户方面，加大为社区和校外用户服务的力度，其内容包括职业介绍、市场动态信息、技能培训指南、市政服务咨询、家政服务咨询，等。在文献信息服务方面也要创新，主要是加大参考咨询服务的力度，实现从文献信息服务向知识服务的跨越，提高图书馆服务的信息知识含量。网络环境的形成，扩大了图书馆可利用资源的范围。图书馆信息资源不能局限于本馆原有的印刷型文献信息，而要扩展到网络可检索和共享的其他服务器上的信息资源。随着网络的普及，人们的信息意识日益增强，信息需求从单一型、专业型向各行各业及生活领域扩展，形成了全方位、综合化的态势。以往的服务内容，都停留在一般性浅层次加工服务，即提供一、二次文献服务上。图书馆要创新服务内容，拓宽服务范围，必须致力于文献信息的深度开发和充分利用，因此，图书馆要转向对文献资料的深加工，形成有分析、有比较、定性和定量研究相结合的三次文献。

10. 营销服务理念

营销服务需要图书馆全员的共同参与。图书馆领导在细节营销服务中的作用是至关重要的。图书馆领导是否具备营销理念、是否重视细节是图书馆开展细节服务的前提。图书馆领导往往更重视如何去发展，容易忽略已经发展的、有基础的、看似简单却不容易做好的日常工作，然而，它们却是图书馆发展的重要组成部分。因为只有通过各种规章制度将细节制度化、规范化，建立各种“反馈”“激励”机制，才能确保营销服务深入开展。中层管理人员应该将工作重点放在如何让细节不断完善上，还应做好培训工作，营造和谐的服务文化氛围。一线工作人员的工作重点是用心做好本岗位的营销服务，一丝不苟。总之，营销服务只有领导重视、基层执行有力，才能体现其

11. “零服务”理念

“零服务”的理念是从企业管理中提炼出来的一种理念，这个理念本身是要说明没有（不需要）售后服务是最好的服务。后来人们把这一理念用到了服务上。“零服务”理念的具体内容包括“零距离”“零缺陷”“零投诉”服务。从图书馆读者服务角度分析，“零距离”服务是一种体现图书馆服务人员（馆员）与服务对象（读者）之间诚实、信任、贴近而真情、温馨、高效的服务。馆员与读者交朋友，建立起信任关系，让读者在图书馆服务中体会到馆员服务的人情味，进而形成亲和力，提高读者的满意度。“零缺陷”服务就是要求图书馆为读者服务做到尽善尽美，使读者对图书馆的服务无可挑剔。“零投诉”服务是图书馆最高的服务追求，通过卓有成效的服务，减少读者投诉，直至达到“零投诉”。近年来，图书馆虽然改进了服务方式，但在为读者服务的过程中，还存在很多不尽如人意的地方。如有的图书馆馆员和读者之间缺乏有效沟通，甚至因为馆员服务态度的问题致使馆员和读者之间产生一些矛盾。如果不能满足读者的要求，图书馆馆员要耐心地解释原因，诚恳地请求读者谅解，同时想办法为读者解决问题。如有的读者需要某种图书，但该书已被其他读者借出，遇到这种情况，图书馆馆员要细心向读者解释，并向读者推荐其他相关的图书或利用网络为

读者提供该书的电子版。“零距离”“零缺陷”“零投诉”的服务理念用于指导图书馆的读者服务工作，不仅可以满足读者求知的需求，而且使读者享受到愉快的服务。图书馆要推行“零距离”“零缺陷”“零投诉”的服务理念，必须加强馆员培训，提高馆员素质，尽量缩小读者需求与图书馆服务之间的差距，实现图书馆服务的“零距离”“零缺陷”“零投诉”。

12.“精细化服务”理念

精细化服务就是人性化服务，真正做到以客户为中心；精细化服务就是高品质服务，在用户群中有口皆碑；精细化服务就是超值化服务，让客户得到意料之外的价值；精细化服务就是创新式服务，服务方式灵活多变。精细化服务注重细节，强调人性化，以客户为中心，按客户的需求提供服务。总之，精细化服务理念强化对客户的耐心服务，用爱心、诚心和耐心向客户提供超越其心理期待的、超越常规的、满意的超值服务吗。服务方式灵活多变，在细节处显示出对客户的尊重，用真诚换来客户的信任，正确对待客户的抱怨，善解人意，为客户着想，了解客户的心理，热情主动细致，从小事做起，服务到位。在数字化、网络化发展的今天，图书馆服务的硬件设施有了一定的改善，但图书馆服务的软件条件与国外相比，差距明显。如图书馆购买了专业的数据库，引进了先进的知识服务系统，为读者查找资料提供了良好的平台，但图书馆宣传培训工作没有做到位，致使有的读者不了解数据库的使用方法。这说明，图书馆有了好的信息产品，还要提供好的服务。图书馆不但要引进数据库、建立检索系统，而且要大力宣传数据库的作用，做读者培训工作，使读者能通过数据库查找到自己所需的信息。图书馆可通过开设文献检索课，开展新生入馆教育、电子资源使用指南讲座，发放宣传册、问卷调查及通过网络在线问答、主页滚动信息、手机短信、校报、口头宣传等方式，对馆藏资源、馆藏结构和布局、馆藏检索方法、馆藏使用方法、馆内规章制度及深层次的服务项目和方式，如文献传递、馆际互借、科技查新、个性化定制推送服务等展开多层次、全方位宣传。全方位宣传能使读者了解了现代图书馆的服务，在读者心目中树立起图书馆良好的形象，赢得读者的信任与青睐。通过宣传，图书馆日借阅量提高，电子资源的使用率也日渐攀升。可见，图书馆工作做细，可提高图书馆的利用率。精细化服务理念要贯穿图书馆服务的整个流程，让读者真正体会到图书馆服务的人性化。

第二节　公共图书馆的服务组织

新形势下，图书馆服务工作的组织与以往有所不同。要使得图书馆服务工作持续不断地向前发展，必须对有关的组织与管理方式进行变革，由传统面向业务流程的组织转向面向具体任务服务的组织，并随着服务工作的开展而不断变换，随时发挥出组织运转的最大效率。

一、服务组织的概念

服务组织是指为了开展服务活动，根据分工而形成的各个服务部门。服务组织的形式多种多样，有根据社会分工而形成的，如政府机关、医疗机构、运输部门等；有为完成某一项服务职能而在一个服务机构内成立的各个服务部门，如运输机构为了保证运输服务的正常运行，在其内部成立了调度、营运、维修等部门。图书馆为保证服务活动的有序开展，通常会成立采编、借阅、查询和技术等部门。

二、服务组织的性质

服务组织按性质可以分为营利性组织和非营利性组织两大类。营利性服务组织是以经济利益为运行目的，所以又称为经济型组织。其组织形式灵活，多以单个机构为主体，独立运行。非营利性组织又称为公益型服务组织，在组织形式上一般将服务机构分为若干等级，其隶属关系明确，上下关系一旦形成就不易改变。图书馆属于公益型服务组织，所以它的服务主体应是无偿的。目前，我国图书馆事业主要有三大系统：公共系统图书馆、科学系统图书馆和高校系统图书馆。公共系统图书馆和科学系统图书馆内部隶属关系明确，而高校图书馆内部则为平行关系。

三、图书馆组织结构模式的改良

组织结构是组织内部各部门之间相互关系的框架。它通常根据组织的目标与任务、工作流程及管理的责权体系以及信息交流的具体情况来确定，在此基础上建立一个分工合作、协调运作的组织运行模式，以实现相对稳定且逐渐变化的组织体系发展目标。图书馆组织关系的合理与否直接关系着图书馆战略目标的实现，因此具有十分重要的意义。①

（一）传统的组织结构模式

从组织结构形式的讨论中不难发现，我国图书馆通常采用以职能部门化和业务流程部门化为基本管理原则的直线式组织设计。它的最大特点在于注重静态组织的构造，组织权力高度集中，并对组织成员进行等级化集中控制。因此，可以认为传统的组织结构呈金字塔形。金字塔形的组织结构起始于 20 世纪初，由当时著名的管理学家亨利•法约尔亲自设计。在其形成时期，这种组织结构是适应当时的生产力发展水平的。我国图书馆选择金字塔形的组织结构模式也是与当时的社会环境相适应的。处于塔尖的是由图书馆理事会、馆长和副馆长组成的决策者群体，处于中间层的是由图书馆各部门负责人所组成的管理者群体，处于基层的是由不同类型的图书馆馆员所组成的执行者群体。

随着信息技术的发展以及知识经济时代的到来，图书馆需要承担更重要的使命，发挥更大的职能，因此需要提供更丰富的服务。这时，金字塔形=的组织结构日益暴露出其弱点。

第一，部门偏多，效率低下。金字塔形组织有固定的部门设置和多级的职位排列，随着图书馆规模的不断扩大，在管理中容易出现部门和级别增加的情况虽然有馆长的统一领导，但各类读者服务机构和岗位头绪多，缺乏相互之间的横向联系，不同部门或岗位之间摩擦系数大，加大了相互协调的难度，不利于馆长对各个服务机构与岗位部门的领导，很容易造成服务机构臃肿，人浮于事，效率低下。

第二，形式僵化，沟通不畅。金字塔形组织职责明确，分工细致，但缺乏灵活性，过于僵硬，易导致组织内信息沟通不畅。每个职能部门和部门基层的执行者受岗位职责的局限，往往只关心自己分内的事情，只对分支部门的管理者负责。职能部门之间缺乏沟通，容易形成不合作的组织氛围，严重制约了不同文献类型或不同部门岗位之间的沟通、传递与交流，制约了图书馆新服务项目的拓展和服务质量的提高。

第三，服务机构或岗位划分过细，读者利用不便。按照不同文献类型划分设立不同的读者服务机构与岗位，会在图书馆形成过多、功能基本相同的重叠服务机构与岗位。这在一定程度上制约了图书馆整体功能的发挥。例如，流通部和阅览部都是面对读者的服务机构，担负着为读者提供文献信息服务的基本工作职能，分别设置两个部门。这种设置会使读者服务工作支离破碎，导致读者要借阅某个学科的文献资料，必须跑两个部门，接受多个读者服务岗位相同成分和类型的服务或教育，给读者利用图书馆带来了许多不便。

第四，金字塔形组织是一种封闭的、机械的组织结构，一般来说适应于稳定的环境。而在新的信息环境下，用户需求变化多端，这种形式的组织结构就显示出其应变能力差、不利于提供高服务质量的缺点。例如，目前一些边缘性工作和综合性工作常常需要跨部门的合作，而金字塔形的组织结构责任明确，分工细致，导致决策缓慢，容易产生部门之间沟通堵塞的现象，造成服务的滞后。

（二）图书馆组织结构模式的演化趋势

经过对我国图书馆组织结构模式的分析比较，我们发现，近年来我国

图书馆的组织结构模式呈现扁平化趋势。所谓组织扁平化，是指以管理信息的运行作为主轴和中心结构，将原来的管理层次缩减或压缩，把中间管理幅度加宽，职能加以扩展，允许内部组合多样化。扁平化组织结构的目的在于调动各层级管理人员、作业人员的主动性和创造性，使他们对环境反应敏捷，决策迅速。扁平化组织结构的特点是：组织结构层次少；信息获取、传递和运用都十分方便快捷；中间层管理幅度大，可以进行信息的传递；决策权向组织机构下层移动，扩大了员工共同参与组织工作的机会。

信息技术的应用实现了图书馆工作流程的自动化，缩短了信息流转的周期。与此同时，金字塔式的等级型组织结构也日益显露弊端，已经无法适应新的工作与服务的需要。因此，不少图书馆对组织结构进行改革，以提高图书馆对周围环境的反应能力与应对变化的效率。比如有的图书馆进行流程重组，根据工作性质将传统的各部门整合为读者服务中心、资源中心、技术中心、管理中心等。也有图书馆按文献载体类型对组织机构进行重组，设置有图书文献服务部、报刊文献服务部、电子文献服务部等。还有图书馆按照语种和文献载体类型对组织机构进行重组，设置有外文部、中文报刊部、中文图书阅览部、中文图书采编部、中文图书外借部等。

（三）图书馆组织结构重组

1. 图书馆进行组织结构重组的原则

（1）以读者的需求为出发点：为了满足读者对文献信息的需求，现代图书馆服务组织正由封闭型向开放型转变。图书馆要完成这一转变，建立一个开放型的服务组织，就必须了解读者日益增长的文献需求有哪些变化，他们的期望是什么，图书馆现在服务的满足程度如何等。要了解、掌握这些情况，就必须进行社会调查。在很多方面，图书馆的社会调查与有形商品调查的方式是相似的，二者都需要对读者的需求情况、不满意程度和产生的原因作出评价。但由于读者的多样性和需求的异质性，前者要求调查内容具有广泛性。

（2）以提高服务质量为目标：现代的图书馆服务组织应以提高图书馆的服务质量为最终目标，而不是以方便管理为目的。什么样的组织结构能最大限度地方便读者利用文献，最大限度地发挥文献的作用，最快捷地响应读者的提问，就应采用什么样的组织结构。

这里的图书馆服务质量，既是指单一图书馆，也是指在一定范围的图书馆（图书馆联盟）的服务质量。因为随着文献类型、数量的变化，读者需求的多元化，单一图书馆很难满足读者的需求，服务质量的提高也必然受到制约。单一图书馆组织结构的重组能在一定范围内提高服务质量，而在联盟范围内进行组织结构重组，将使服务质量得以最大化地提高。

（3）实现资源效益最大化：现代图书馆的服务组织应能实现各类资源效益最大化。作为一种非营利性服务机构，各图书馆运行经费通常都比较紧张。如何有效地使用这些资金，避免浪费，也是组织结构调整的目的。其资源包括文献、设备设施和人员。

2. 图书馆开展组织结构重组分析

目前，我们要对国内图书馆组织结构进行重组，就必须先对现有服务组织结构进行重组前的分析，找出现有组织结构中存在的弊端。对服务组织结构进行分析就是找出组织结构中存在的影响服务活动的弊端，并进行改造，提高服务效率。对图书馆的服务组织分析应遵循：

（1）效益性：分析的目的是提高投资的效益和服务活动的效果。我们要分析现有服务组织是否能最大化地发挥各级政府的投资效益，是否有利于读者对文献资源的利用。

（2）科学性：分析是为了对服务组织进行改造，使其管理更加科学化，所以分析过程必须遵循客观规律和科学程序。

（3）灵活性：由于图书馆的类型不同，服务的对象、任务也有差异，致使各类型图书馆的组织结构也存在差异。所以，在分析时要灵活对待，区别处理。

根据以上标准，我国图书馆普遍采用的组织结构分析，从宏观上看，各大系统之间呈网状型，系统内部既有的网状型、职能型结构不适应图书馆联盟建设的需求；从微观上看，单一图书馆的职能型结构也不适应读者多元化需求发展的需要。

3. 图书馆开展组织结构重组的方式

服务组织重组中要树立“以人为本”的理念，人包括馆员和读者。要采用科学的方法，准确把握读者的需求和馆员参与程度，将服务组织重组成为一个能提供优质服务的机构。

图书馆服务组织重组是指在服务过程中，服务组织为适应读者需要，对服务结构、服务流程和思维方式等的变革过程。图书馆服务组织重组在其内部是一次服务理念的变革，所以，要以一种全新的思维方式来思考重组中的相关问题。重组的主要特征表现为，以读者对文献信息的需求为终极目标，以充分发挥图书馆各类资源效益为出发点，着眼于馆员个人发展，将权力下放，实行全员参与管理的模式。

（1）宏观图书馆组织结构重组：从我国图书馆事业的宏观发展看，建立图书馆联盟是发展的必然趋势。而对于图书馆联盟的建设，业内人士进行了一些理论的探讨，并在一些区域进行了尝试。如公共图书馆界建立的共享工程等，多限于文献资源采购、编目和利用方面，而在咨询服务、设备的共享等方面则没有开展。所以，就目前现状看，真正意义上的联盟还未形成，就其组织结构而言也还在探索之中。

图书馆联盟是指为了实现整体资源共享、利益互惠的目的而组织起来的，以若干图书馆为主体，联合相关的信息资源系统，根据共同认定的协议和合同，按照统一的技术标准和工作程序，通过一定的信息传递结构，执行一项或多项服务的联合体。它满足了日益激增的读者多样化、个性化需求，因而更具有兼容并包、求同存异性。它既可以理解为馆际的合作，也可以理解为传统图书馆与数字图书馆和虚拟图书馆等的合作。

图书馆联盟是图书馆的未来发展方向，但要保证联盟的建立及正常运行，必须建立行之有效的管理制度，它是保证系统运行过程中各图书馆之间相互作用、合理制约，从而使系统整体良性循环健康发展的规则、规章与制度的总和。图书馆联盟的运行是一个非常复杂的过程，要求有一系列的管理制度来保障联盟的有效运行。

（2）微观图书馆组织结构重组：从微观组织结构上分析，我国图书馆服务组织结构一般都是职能型结构。最高管理层是馆长，中层管理部门和辅助部门是办公室、采编部门、技术保障部门，前台服务部门是咨询服务、阅览服务部门。这一服务组织形式20世纪中期就已在我国图书馆服务活动中形成，至今已延续了半个多世纪。在读者需求相对比较单一、文献学科内容也相对单一的情况下，这种结构模式能够起到较好的作用，但在目前读者对文献信息的需求日趋多元化，文献的学科内容相互交叉渗透的情况下，这一服务结构模式制约了服务质量的提高，应加以改进、重组。

由于图书馆类型不同，其主要服务对象、任务不同，其服务组织结构也应有所区别。以为科研服务为主的科学图书馆适合采用扁平结构服务组织结构，根据读者的需要成立若干服务项目组。项目组既可以是固定的，也可以是根据需要临时成立的，它可由本馆的最高层业务主管直接领导，独立进行文献信息的采集、加工和提供服务。

公共图书馆应根据不同职能采用不同的组织结构。大中型馆，其主要职能应是以为地方经济建设和为地方政府决策提供信息服务为主，以为一般群众提供文献服务为辅，其组织结构应是以扁平型结构为主、以职能型结构为辅的复合型结构。基层公共图书馆的主要职能是为社会提供文献利用服务，它们的信息服务主要应委托上一级馆完成，所以其组织结构应采用T型组织结构。

这里的共享工程建设负责本区域图书馆联盟建设，不直接面对读者。各项目组可以是固定的，也可以根据服务对象需要临时组织。

4.图书馆开展组织结构重组的内容

（1）重组管理理念：管理是指管理者在特定环境下对组织的各类资源进行有效的计划、组织、指挥、协调和控制，以便实现组织目标的过程。处于不同历史发展阶段的图书馆在管理理念上有着不同的内容，但“以书为本”“以藏为主”给图书馆的管理留下了深深的烙印，在网络信息时代，读者日益增长的文献信息需求和相对落后的信息服务方式之间的矛盾日显突出。在当今高度信息化的社会环境中，图书馆以往那种集中管理、高层决策的管理模式的缺点日益凸显出来：一方面，决策者难以快速对馆员和用户上传的大量复杂的信息作出反应；另一方面，馆员由于长期从事简单重复劳动而产生惰性，缺乏积极性和开拓精神，用户也会对图书馆服务失去信心。管理重组理念的两个基本着眼点在于：

一是“以人为本”。在以人为本的管理理念中，既要强调读者第一的服务理念，也要坚持员工为本的管理思想。只有充分调动每个人的积极性、能动性和创造性，图书馆的一切活动才能充满活力。

二是“以用为主”。图书馆的一切馆藏文献的收集、加工、存储和利用都应以方便读者为主。在管理手段上，要充分利用计算机等现代信息技术实现自动化和规范化管理，提高信息的处理能力和对文献进行深层次加工能力，有效地利用网络资源，满足不同层次用户的共性需求和个性化需求。

（2）重组服务理念：“用户至上”一直是图书馆的重要服务理念，这与BPR（业务流程重组）理论中的倡导顾客导向正相吻合。但是，以往“用户至上”可以简单地解释为“尽量符合用户的检索习惯”，是建立在用户获取图书馆信息的技术层面上的一种服务观念。在网络化的知识社会中，信息环境发生了巨大变化，图书馆虽然仍需坚持“用户至上”，但其内容已有了较大的发展：首先，其技术层面由信息拉取技术变为信息推送技术，即面向用户的主动服务；其次，除了符合用户的检索习惯外，还要满足用户对于信息检索速度和检索质量的要求，及时准确地为用户提供优质的信息服务；最后，满足用户个性化信息需求。

（3）重建组织机构：由于现代图书馆对技术的依赖性，图书馆往往被定义为由软件和计算机群基于互联网络链接在一起的高级信息系统，是一个开放式的、集硬件和软件合成为一体的平台，通过对技术和产品的集成，将数量巨大、种类繁多的文献载体数字化并进行有效组织，借助网络提供服务。而从管理学的角度分析，现代图书馆应该是一个存储知识、创造知识的组织。与传统图书馆的藏书使命不同，数字图书馆承载着多层面的服务功能，并受信息技术对数字图书馆组织结构的影响，为了实现图书馆运行的高效低耗，避免人浮于事，必须建立良好的管理运行机制，正是由于这种影响，改变了图书馆的组织结构。

重建组织机构还包括业务人员调整。现代图书馆的核心业务是信息和知识服务，根据业务外包理论，在数字环境下，图书馆其他非核心工作，如文献整理、图书馆管理系统软件设计，甚至包括曾经是图书馆核心业务的文献编目等，可以全部或部分外包出去，优势人才则集中于高层次、智能化的信息产品和信息咨询服务，使图书馆机构的重心向信息服务一线转移，以适应社会对图书馆的需求。

（4）重组工作流程：在网络环境下，传统图书馆原有工作流程会被调整、弱化、合并甚至被取消，同时会产生一些新的流程，并且它们的作用将不断得到加强。如在图书馆的传统业务中，编目工作曾经是最能体现图书馆学专业知识的技术性工作环节之一，在网络环境下的资源共享、联合编目等的冲击下，这项工作的地位和性质受到了空前的冲击与挑战。图书版权页的CIP数据及网上编目数据的下载，使这项工作在绝大多数图书馆已简化成给图书加种次号、馆藏代码等简单工序。采访、分编、典藏这三项工作已经或正在变成图书馆的次要任务，而采访与编目的主要任务将过渡到对文献进行深入揭示并帮助读者更加有效地利用信息资源。又如，图书馆自动化集成管理系统及图书馆网站的建设、自助式借还书系统的推出和应用，既是对馆员的解放，又是对馆员的排斥，势必迫使管理人员寻找新的服务支点，等。

工作流程重组关键也要突出和关注用户服务和“以人为本”，总的原则是简化用户接受服务的流程，甚至简化到可为用户提供机会实现自主式服务。经过业务流程重组的图书馆，许多原本枯燥乏味的重复工作将整合在计算机系统中，这对人的体力和脑力的极大解放。人们可以有更多的时间和精力来从事图书馆的本职工作，现代图书馆工作的重心也将从对文献信息的加工整理转到向用户提供服务这一最终目标上来。

（5）重组人才队伍：人才队伍建设是图书馆建设的关键，关系到图书馆的成效。关注图书馆馆员的主体价值、建设高素质的人才队伍是图书馆 BPR 的核心。在网络环境下，图书馆馆员应当是擅长某一技术且知识丰富的复合型人才。他们既要有扎实的图书情报理论功底，掌握或熟悉一门以上的专业知识，又要具备熟练的计算机应用技能与网络信息的处理能力，还应具备较高的外语功底和娴熟的业务技巧。尽管图书馆工作人员的学历结构同以前相比有所提高，但同整个社会学历层次普遍提高相比，工作人员的学历并没有什么优势。图书馆缺少拔尖的人才，而高素质的人才是图书馆业务流程重组顺利实施的保证。为此，要对图书馆各部门的情况和人员状况进行综合分析，制订切实可行的方案，对传统的人事分配制度和岗位体制进行改革，实行全员聘任制，竞争上岗，评聘分开，细化岗位编制，制定考核指标和监督措施，完善配套奖励制度，使重组后的人员设置适应数字图书馆发展的需要。

随着信息技术的广泛应用，越来越多的图书馆馆员将从后台走到前台，面向广大用户开展自己的工作。用户是一个复杂的群体，他们的信息需求也是多种多样、灵活易变的，这就要求图书馆馆员要知识丰富。他们只有锐意进取，不断学习，不断充实与调整自身的知识结构，才能适应经济全球化、社会信息化的潮流，在激烈的竞争中立足并有所作为，才能全面、充分地发挥自己的创造性，积极主动地去满足用户的各种信息需求。

第三节　现代图书馆服务资源

资源是图书馆开展服务的基础和前提。在新的环境下，重新定义资源的构成，定义图书馆资源建设和资源保障体系，建立良好的资源环境，是搞好图书馆资源配置的关键，也是图书馆生存和发展的需要。随着当代信息技术的发展，图书馆资源的内涵和结构、图书馆获取资源的方式、资源的评价标准、资源保障的方式、资源经费配置等都在发生深刻变化。现代图书馆需要多种载体资源共存，建立“混合型”资源保障体系已成为现代图书馆界的共识。

一、图书馆服务资源概论

服务资源是图书馆开展社会服务的源泉。但过去对图书馆服务资源的认识，往往局限于文献信息资源而忽视了其他资源，对文献信息资源又多限于本馆的馆藏文献，而对馆外文献、网络资源重视不够。当今科技发展日新月异，理应赋予图书馆服务资源以新的内涵，将图书馆服务资源视作是由各类资源有机组成的整体系统。

一般意义上的服务资源就是服务组织具有的、为顾客提供服务体验的。包括有形的物质要素和支持无形的所谓“纯粹服务”的服务组织人员所组成的一切物质和非物质因素。图书馆服务资源是为提供给社会、用户利用而组织起来的相互联系的多种资源的动态有机整体。我们所说的图书馆资源在本质上都是为图书馆服务提供保障的，都是服务资源，因此图书馆资源与图书馆服务资源是同义词。这主要是因为图书馆服务离不开各种类型和形态的图书馆资源，而任何一种图书馆资源离开了图书馆服务，也就失去了在图书馆存在的价值。现在，有人甚至把图书馆资源作为图书馆学的主要研究对象。美国著名图书馆学家切尼克在其专著《图书馆服务导论》中，同样用“图书馆资源”一词替代了“图书馆服务资源”这个概念。

（一）图书馆资源的特性

图书馆资源具有以下几种特性：

1. 可用性

图书馆资源是为图书馆存在的，是为了更好地满足用户的文献信息和其他需求，因而具有可用性。任何资源失去了可用性，也就失去了在图书馆存在的必要。

2. 有序性

图书馆资源应该是有序存在的资源。最显著的理由是，图书馆文献信息资源如果是无序的，无法被人利用，将会成为一堆信息垃圾。这一点，稍有图书馆知识的人都能理解。图书馆的人力资源明显也具备有序性。因为图书馆的人力资源是有序地组织在图书馆这个服务组织之内的，平时对人力资源的管理过程就是一种整合过程。一个图书馆如果不重视对员工的管理，人员处于失控状态，就无法发挥它的最大效益。同样，图书馆设施资源如果也是杂乱无章的，既无法营造一个良好的服务环境，也无法发挥应有的功能。

3. 整体性

整体性是指按一定方式构成的有机体系统中各要素之间相互联系、相互制约，使系统整体呈现出各个组成部分不单独具有的整体功能，体现出整体大于部分之和以及要素与系统的不可分性。图书馆资源各构成要素组成了一个图书馆服务的整体，各要素之间密不可分，其整体发挥的效益要大于各

要素的简单相加，也就是人们常说的“1＋1＞2”效应。当然，随着现代科学技术的发展，特别是计算机技术、网络技术的发展和网络图书馆、虚拟图书馆的出现，图书馆资源的组成要素也发生了一定的变化，但其整体性却始终如一。

4. 联系性

联系性是指系统的各组成要素之间在具有相互作用、相互关联的关系的同时，它们与外部环境之间也具有千丝万缕的联系。图书馆资源各构成要素之间相互依存、相互影响，这种关系决定了图书馆资源要素内部联系的特性。在图书馆开展服务的过程中，各资源要素要紧密合作、互相协助、有序衔接，这样才能保证整个图书馆服务系统正常地运转，满足用户的服务需求。

5. 动态性

动态性是指一个系统随着时间的推移及外部环境的变化，系统的构成要素也不断发展变化。从外部看，随着现代科学技术的发展，图书馆所处的环境已经发生了翻天覆地的变化。图书馆要适应这种变化和不断增加的需求，就必须大力引进人才、技术和设备，以加强自己的服务功能，改进自己的运行机制。图书馆资源从诞生之日起发

展到今天，其外延和内涵正逐步扩大，这种发展变化决定了资源的动态特性。

（二）图书馆资源的构成

1. 文献信息资源

文献信息资源一般也称信息资源。它是图书馆赖以生存和发展的基础，其含义包括图书馆可供利用的所有信息，可分为馆藏文献信息资源、网络信息资源，也包括可共享的其他单位的馆藏文献信息资源。馆藏文献信息资源是指图书馆内所收藏的为用户提供知识信息服务的各类信息资源。网络信息资源是指存在于现代计算机网络系统之中，并以联机方式向用户提供服务的信息资源，包括静态的文献数字化信息和动态的社会信息。共享的社会文献信息资源是指本馆没有收藏但能通过各种方式加以利用的其他单位收藏的文献信息资源。

2. 人力资源

人力资源是图书馆事业发展的关键因素，其含义包括与图书馆相关的各种人员及由人衍生出的管理方法，可分为图书馆馆员、用户资源。其中，图书馆馆员资源又包括图书馆理论和方法、图书馆政策和法规、技术资源，因为这些资源是图书馆馆员的智力结晶。狭义上的人力资源仅指图书馆馆员。近年来，有关图书馆人力资源开发与管理的研究大都是从狭义的人力资源的定义上来论述的，很少把图书馆馆员以外的用户资源纳入人力资源的研究范围中。实际上，让用户参与图书馆管理和服务，将为图书馆事业注入新的动力。如有些图书馆建立的专家顾问团、青年志愿者服务队、学生图书馆管理协会等，都是对图书馆用户人力资源的开发，对图书馆工作本身起了很大的促进作用。

3. 设施资源

这个用词比较妥当，虽与设备资源只一字之差，但其范围要大于设备资源，包括馆舍、设备、用品。其中，图书馆设备是主要的设施资源，它又可分为传统设备（如书架、阅览桌椅等）和现代化设备（如计算机等）。有人将现代化设备称为信息设施，包括自动化系统、网络。在这里，技术与设备已融合在一起，所以有不少人称之为技术设备资源，但从理论上讲，技术与设备应分属于不同的资源范畴。设施资源是图书馆的物质基础，特别是信息技术设备的配置已成为现代化图书馆的标志，因而越来越受到重视。

（三）图书馆资源管理的科学化

图书馆资源管理的科学化是指以管理科学和其他科学知识作指导，遵照图书馆发展的客观规律，合理地组织、最大限度地发挥和使用图书馆的各种资源，提高工作效率，以达到预期目的的管理方法。图书馆资源管理科学化是实现图书馆管理现代化的基础和前提，它强烈要求管理的标准化、自动化、系统化。否则，图书馆就难以适应社会发展和用户需求变化的需要。

1. 标准化

图书馆资源管理的标准化是减少甚至消除文献工作中的无序状态和重复加工现象以达到规范化、系列化，从而促进文献信息交流和共享的重要手段。同时，标准化也是实现管理科学化的重要条件。

2. 自动化

图书馆自动化系统可以分为图书馆资源管理自动化系统和图书馆服务自动化系统。前者是一个基本的管理信息系统，主要针对图书馆内部事务，是面向图书馆馆员的；后者是图书馆利用自己各种类型的文献信息资源向用户提供文献信息服务的过程的自动化系统。

3. 系统化

图书馆资源管理的系统化，是指图书馆资源管理的研究和管理活动都必须遵循系统的原理。图书馆资源本身是一个复杂的系统，它具有特定的目标、特定的功能、特定的管理机制和信息结构。在管理活动中，必须应用系统的观点和系统的方法，借助现代科学技术来研究和实现图书馆资源管理的系统化。

二、图书馆服务资源共享

（一）资源共享的含义

在数字技术和计算机出现之前，资源共享仅限于以印刷型文献为主的馆际互借互赠、书本目录的交换等。现代的文献信息资源共享，是指图书馆机构采用以计算机技术为核心的现代技术，对文献信息资源进行存贮、检索和传递，快速为全社会的用户提供他们所需的本馆或他馆以及全世界各馆的文献信息资料，实现真正意义上的文献信息资源共享。这种含义的文献信息资源共享是现代图书馆的重要特征。如果图书馆不根据用户需求的变化及时调整策略，及时改进自身的馆藏建设，图书馆将会失去众多信息用户，图书馆在信息领域传统的核心地位将会受到威胁。另外，现代图书馆服务资源共享的内容更广泛，它们可以是人力资源，如资深的图书馆馆员，还可以是相关的信息设备，以至于管理资源的共享。如图书馆联盟中的各成员馆可以充分共享专业人才，小型的成员馆可以通过网络共享这些人力资源，为共同的用户提供服务。如联合参考咨询中就充分地利用了人力以及设备的共享，实现了优势互补。

（二）资源共享的对策措施

1. 加强人力资源建设

现代图书馆越来越多地引入电子设备、信息资源和新的应用技术，需要高素质的复合型图书管理人才。应该不断培养具备多学科知识、专业能力强、具有创造力、开拓型的人才，不断更新知识和技术能力，提高综合素质和水平。加强进行学科前沿信息的整理分析、具有地方特色的文献信息的集散研究，建立学科前沿数据库和具有地域特色的数据库等不同类的数据库，为实现资源共享奠定基础。

2. 加强政府宏观调控功能

图书馆实现资源共享是一项整体性的系统工程，在网络、技术、管理等诸多方面，需要进行多学科的优势互补甚至与国际接轨，必须由政府出面来统一规划、组织和协调。通过对图书馆的建设、规划和协调进行导向，进一步建立和健全宏观调控机制，使图书馆的建设能统筹规划、分工合作、互通有无、优势互补，进一步提高我国图书馆建设的水平，减少重复建设，避免人力、物力、财力的巨大浪费。

3. 加强技术标准体系、规范的制定

为了和国际接轨，我们应优先采用或等效采用国际标准和通用规范。数据的标准化和规范化是实现图书馆资源共享的前提和根本保证。图书馆实现资源共享需要多个标准之间的联系和协调，需要建立有关的标准体系，需要多种文献格式的描述标准、元数据的定义标准、各种代码和标识符的定义标准、文献类型描述标准、软件接口标准等。在同一标准要求的平台上进行信息加工，才能保证信息产品的一致性和共享性。

4. 重视特色资源数据库的建设，开创多样化的信息服务

数字化与特色化是现代图书馆必须同时具备的两个方面。失去了特色化，图书馆不仅会浪费大量的人力、物力和财力，而且会在竞争中失去差别优势，竞争乏力。图书馆的信息资源应该是具有高价值、有序、标准的特色文献资源。应遵循特色化原则，选择本馆独有的、具有地方资源优势的馆藏资源进行开发，把握特色馆藏的精华，进行数字化以及建设特色数据库。依靠先进的信息技术建立高效率的电子文献传递服务系统，开发网络环境下的文献传递服务新模式。建立以最终用户为服务目标的新型管理和服务形式，在技术实现上提供专门化、专业化以及个性化的服务，提高用户需求的满意率及馆藏文献的整体利用率。

5. 建立共享的基础

图书馆资源共享建设是一项浩大的系统工程，需要整个国家总体规划，各有关部门和单位分工协作，不仅需要国内各行业、各地区的合作，甚至需要同其他国家的合作。成立跨部门、跨行业、跨地区的组织管理协调机构，采用独立开发、合作开发、联盟开发信息资源相结合等方法，明确利益分配原则，把馆际互借、联合编目、数据库建设等项目统筹起来，使各方的权益得以体现，实现图书馆之间的协商与合作。

6. 加强版权标准化建设和质量管理

加强法律法规、知识产权、存取权限、数据安全等问题的研究，制定相关法律，通过立法来保护著作权人的权益。开发和创立数字版权管理技术。加强政府宏观调控的力度，制定出相应的政策和法规，避免重复建设，避免技术与标准、版权、运行机制等出现失误。

第四节　现代图书馆服务环境

图书馆是为读者提供文献、知识、信息服务的文化教育机构。随着现代社会的迅速发展，图书馆为满足社会需求，除了要具备丰富的文献信息资源和素质优良的馆员外，服务环境的营造也是一个极其重要的方面。服务环境是为了向顾客提供服务体验而建立的物质环境支持系统，包括顾客能以感官感知的有形、无形因素。其概念界定应包含三方面：一是从顾客感知角度探讨服务环境；二是服务环境指物质环境支持系统，区别于人际交互的无形服务；三是服务环境除了肉眼可见的实体建筑、设备外，还包括可触知、感觉的温度、声音、光线与同处在这个环境中的人。

在图书馆，服务环境意味着土地、建筑物、设备，包括了内部装潢、家具和服务供应品等所有的自然和物质因素，以及服务过程中的一些社会因素，如其他用户和服务人员。像一些不起眼的服务辅助用品，如一张数据库使用说明书、一张文摘卡或索书条等，在传统观念中都是微不足道的，不会引起人们的重视，但从图书馆服务心理和环境的角度来说，这些却是图书馆服务重要的有形展示方式。

一、图书馆服务环境

20世纪90年代以来，我国新建的图书馆在服务环境创设上有不少成功的经验，但也有许多图书馆从建筑的规划和设计到日常运作对此都不够重视，或对服务环境的设计和管理缺乏科学的认识和把握，导致图书馆的服务环境无法达到社会的期望、满足人们的需求。设计和营造一个具有合理的空间尺度、宁静的环境色调、柔和的灯光、高雅的艺术装饰、精美的绿化布置，供人学习、研究、休闲的图书馆服务环境是我们工作中一个重要的课题。

图书馆服务环境就是为用户提供各种服务以及用户获得图书馆服务并进行服务体验的环境。它既是图书馆服务的“生产”场所，也是用户体验这种服务的场所，是图书馆服务的重要组成部分。它涉及了图书馆服务系统中所有的四个因素：资源、过程、用户和场所。图书馆服务环境可分为实体环境和心理环境两方面。实体环境是具体的现实存在，用户可用自己的感觉器官看得到、听得到、触得到；心理环境则是读者的心灵感受，它是图书馆服务氛围的一个重要方面。图书馆的服务氛围是建立在服务理念、工作人员的服务态度、实体环境和其他一些因素之上的一种气氛和情调，它是用户或馆员的一种个人感受，常由个人所创造，因人、因时间的不同而相异。图书馆服务环境为开展各种无形服务奠定了有形的物质基础和无形的心理氛围。

环境心理学家把服务环境的构成分为三大类型。第一类为环境条件因素，它是指影响人类潜意识的基本背景要素，如室温、照明、噪声、音乐、气味、色调等。这些环境因素通常被顾客认为是构成服务内涵的必要组成部分，它们的合理存在并不会使人感到特别舒服或愉快，但一旦这些因素不具备或令人不快，就会马上引起人们的注意并引发规避行为。第二类为形象设计因素，是指对顾客较为明显的视觉刺激，如内外部的建筑、色彩、材质、配置和标示等，是存在于知觉最前端的刺激。设计因素有较强的潜力可以塑造顾客的正向知觉和鼓励顾客的趋近行为。它包括美感和功能两部分，美感如建筑、色彩等，功能则指配置、舒适性等，可以同时应用在外部和内部的服务设施上。第三类为社会因素，是指服务环境中的“人”，包括在服务环境中的其他顾客和服务人员。他们的外表、行为和人数，都会影响顾客对服务机构的认知。顾客因素对于必须共享服务设施的服务机构，是一项重要的环境因素。个别晒客的服务经验会对顾客人数有正向或负向的影响。例如，图书馆的流通服务台前大排长龙，会对人的借阅行为产生负面影响，人们可能因不耐烦排队等待而打消借书的念头。相反，参加图书馆利用教育的用户人数，则一般会对用户的参与行为产生正面的影响，人数越多，越会提高用户的学习兴趣和参与意愿。

图书馆服务环境既包括了服务提供过程中所有的物质与设备等硬件环境，又包括了提供文献信息服务过程中所涉及的软件环境。如馆舍建筑的坐落地点与外部环境；内部装修，包括装修格调、外观、质量等；服务设备，包括智能化程度、运转的可靠性；建筑物，如建筑风格、外观吸引力、与环境的协调程度；设施、设备的布局，如服务功能区域的安排、服务路线的展开等。另外，人本管理制度，服务理念，馆员的综合素质和技能，文献信息的管理、借阅制度，服务项目、服务层次及服务质量，馆员与读者的行为和表现等，也将成为图书馆服务环境的有机组成部分。

服务的软件环境尤其重要。它决定着最终的服务效果，即用户能否尽快获取自己所需要的文献信息。良好的服务环境包括以下所有的硬、软件系统：先进的计算机通信网络系统，合理完善的文献信息资源体系，良好的图书馆人本管理制度和以用户为中心的现代化服务理念；馆员良好的道德品质、职业素养、服务意识和服务态度，扎实的专业理论知识和服务技能；科学有序的书刊信息管理方法，开放、宽松的借阅制度；全面细致的服务项目，各种层次的参考咨询服务，包括一次文献的参考服务，二次文献、三次文献的编制、咨询服务；网上信息导航、原文下载、专题信息咨询服务等。而且，无论哪个层次的服务，都必须是高质量的。

良好的图书馆环境，会对读者产生巨大的作用，主要表现在以下四个方面：

第一，提升读者的精神素养。文献是人类文明的结晶，当读者进入图书馆的大门时，优美的图书馆服务环境带给他们的是一种踏入神圣知识殿堂的感觉，会对某些不检点的行为会起到约束和净化作用。在图书馆服务环境的设计和营造中，调动一切对于视觉有效的语言来烘托这种气氛，更可发挥对读者感染、激励并使其产生动力的作用。

在图书馆中，摆放任何一件物品，无论是绘画艺术、雕塑，还是室内绿化植物，都将在特定的环境中给读者以联想，产生超出物体自身意义的效用。比如，在图书馆的大厅摆放一座古老的时钟，钟摆在庄严地摆动，读者从它身边走过时，便有光阴似箭、一去不返的感觉，会下意识地加快脚步，此时的古钟便有了超出指示时间本身的功能。图书馆的庄严典雅气氛也可从很多方面来体现，如摆放雕塑作品，同样能渲染出浓郁的文化氛围。在空间设计上，从装饰材料、灯光的设计、整体色调的烘托及书架的合理排放等，展示出环境朴素、大方的和谐美，这对读者学习、研究均会产生正面的作用。

第二，调节读者的心理活动。不论是阅览室还是开架书库，当人们置身于浩瀚的书籍之中，大面明亮的窗户为他们提供了书本之外的直接与大自然相连的环境。蓝天、白云、树丛带给读者片刻的休息，也调节着读者的心理。图书馆阅览室的环境在视觉感受上多以直线为主，直线给人以简朴、理性的感觉，但也容易造成单调和呆板。如果在墙壁适当的位置挂上几幅艺术作品或以浮雕形式镶嵌上科学家的治学名言，不仅能调节读者的心理，还可陶冶读者的情操，又是对环境的美化。可以试想一下，一句名人的格言或一幅来自艺术家感发而成的作品，其本身就充满了生命力的感召。读者在这样的环境中读书，既可以在名言中思索，又可以在作品的色彩中唤起向往。

第三，带给人们视觉美感。服务环境能带给读者的美感主要有以下几个方面：

一是图书馆建筑的形式美。图书馆建筑作为艺术和技术的综合作品，要有美的造型，要简洁、端庄、新颖和充满活力，而且为了开拓意境，还必须十分注意建筑物与周围环境的关系。二是物理环境和谐美。图书馆的物理环境和谐，景美境佳，能使读者触景生情、赏心悦目、情绪愉快。例如，在图书馆楼前的广场上，如果有一片绿色的草坪，就会同壮美的综合建筑相得益彰；如果在绿色草坪中再设计一尊有象征意义的雕塑，就会产生特殊的效果。再如，在图书馆内部，如果馆藏文献、服务设施摆放井然有序，就可以减少环境对视觉的干扰，增强美感。三是秩序井然节奏美。图书馆内，如果人人遵守纪律、专心致志地读书，会呈现出十分和谐的节奏感，这无疑是一种美的环境。在这样的环境中，读者会感受到人与人之间的和睦友爱，会感受到知识给予人的力量。

第四，有助于减少高科技带来的污染。随着社会的不断进步和科学技术的日益发展，图书馆将应用更多的电子和信息技术设备，可能会带来许多电磁辐射和其他污染，这也要求我们通过美化环境来改变这些由于高度科技化而给人们带来的危害。

二、图书馆服务环境的构成要素

关于图书馆服务环境的构成要素，国内学术界目前尚未达成一致意见。有学者认为，服务环境包括物质和设备；也有学者认为，图书馆服务环境应该包含情境、资源、支持工具、人和服务活动五大要素。综观国内外学术界关于图书馆服务环境的研究成果，结合图书馆的构成要素和网络化、信息化的时代背景，我们认为，图书馆的服务环境应该包括服务资源、服务空间布局、信息技术条件、服务制度和服务活动五种构成要素。

（一）服务资源

图书馆的服务资源主要是指图书馆的人力资源、文献信息资源以及图书馆的设施设备。人力资源是图书馆服务环境中最具能动性的要素。图书馆工作人员是联系文献信息资源和读者的纽带，不仅是文献信息资源的组织者和传播者，还是图书馆服务活动的提供者，在整个图书馆服务活动中起着导航的作用。文献信息资源在图书馆的服务环境中处于基础与中心的地位，既包括现实馆藏，又包括虚拟馆藏。毫无疑问，文献信息资源是图书馆存在的最主要标志，也是图书馆开展各种服务活动的基础和重要保障。图书馆的设施设备主要包括外部环境、馆舍建筑、内部装修、导引标识以及各种电子设备、打印设备、语音设备和为残疾人提供的各种必要设施。这些都是图书馆开展服务活动的重要物质保证。

（二）服务空间布局

图书馆的服务空间布局主要包括图书馆建筑的整体空间设计、各功能区的科学布局、设施设备的布局和摆放等。图书馆一般分设五个功能区，即书刊典藏区、书刊阅览区、电子文献阅读区、读者咨询区和读者休闲区。服务空间的布局关系到读者对图书馆的第一印象，良好的空间布局有利于树立图书馆的美好形象和读者对图书馆的利用。

（三）信息技术条件

信息技术条件主要指与图书馆服务有关的信息服务技术和网络技术。信息服务技术主要指集成平台技术、信息推送技术、信息跟踪技术、信息聚类技术、跨库检索技术以及信息交互技术等；网络技术则包括网络信息平台、网络化图书馆服务系统及网络安全技术等。它们既是当前复合式图书馆提高其服务质量的重要条件，也是构建信息服务平台的重要支撑。在现代社会，信息服务技术显得尤为重要。它不仅标志着图书馆的服务模式实现了由传统被动服务向现代主动服务的巨大转变，还延伸了图书馆文献信息服务的范围和功能。例如，在图书馆 Web2.0 中，RSS 就被广泛地应用于信息推送服务，从而满足了读者个性化的信息需求。作为图书馆开发与利用文献信息资源的重要工具，信息技术条件将发挥越来越重要的作用。

（四）服务制度

图书馆的服务制度主要包括国家机关制定、发布或认可的有关图书馆服务活动的法律、法规及政策，还包括图书馆自行制定的各项服务制度与规定。图书馆服务制度的作用主要在于：第一，指引和规范图书馆服务环境的构建，保证图书馆机制的有序运行；第二，协调图书馆服务环境的各种构成要素之间的关系，提高图书馆工作的效率。总之，服务制度是图书馆服务环境的重要组成部分。

（五）服务活动

图书馆是服务性机构，它的一切工作都是围绕服务而展开的，服务是图书馆的终极目标和根本目的。服务活动在图书馆环境中处于核心地位。有学者指出，图书馆的服务活动主要包括服务管理、服务手段、服务方法、服务交流等。在服务活动中所体现出来的服务理念、服务态度也应包括在内。优化图书馆服务活动应该是一个系统工程，需要全方位、多层次地考虑。以上图书馆服务环境五种构成要素之间的关系是：五种构成要素相互协调、相互作用，共同构成了图书馆服务环境的统一体系*在这个体系里，服务活动始终处于最核心、最基础的地位，它不仅为其他各要素的运行提供了前提，也是图书馆服务环境中最活跃的因素；服务资源是优化图书馆服务环境的重要条件，是图书馆服务活动中满足读者需求的基本保障；空间布局形成了图书馆服务环境的整体框架，为图书馆服务活动的开展奠定了物质基础；信息技术条件直接影响着图书馆的服务质量和现代化程度，为图书馆服务活动的开展提供了技术保障和支持条件。总之，图书馆服务环境的各种要素相互联系、相互作用，形成了图书馆服务环境的有机整体。

第五节　现代图书馆服务平台

知识爆炸及用户对信息需求的多样化、精确化和个性化，对图书馆的知识组织工作提出了新的要求。传统图书馆在服务内容及手段方面已经无法保证人们获得及时、有用的信息，构建新的服务平台已成为每一所现代图书馆面临的实际问题。

一、图书馆服务平台的含义

图书馆服务平台作为新一代图书馆管理系统，应能够解决如下方面的问题：纸本文献和数字馆藏的统一管理；用户界面功能改进；与其他系统的互操作性。另外，图书馆服务平台将充分利用最新计算技术和架构的优点，尤其是云计算技术，以便降低平台维护成本。图书馆服务平台是馆员进行数据挖掘，知识发现，文献内容分析，服务提供、控制、管理和协调的界面；是用户进行信息交流、知识获取、知识利用和知识创新的操作系统；是将知识资源融入知识服务与用户知识利用双向过程的多层次、多功能的服务体系；是直接影响服务效果的因素，也是图书馆系统功能实现的关键。现代图书馆服务平台一般由用户需求平台、用户教育平台、统一检索平台、协调共享平台、技术支撑平台等子平台构成。各子平台通过自身功能，共同构建并实现现代图书馆服务的机制。

（一）用户知识需求平台

用户需求的变化激发了图书馆的服务创新，提供符合用户需求的服务是图书馆追求的目标。用户需求平台通过对用户需求的分析，构建个性化用户模型，从而指导知识服务设计，也为用户教育提供参考。用户的知识需求是用户的检索动机，凡是到图书馆来寻求服务的用户都是带着一定的需求而来的。用户性别、年龄、经验、知识、思维、习惯等的多样性使其知识需求也呈多样化。用户需求的意识状态分为三类：一是用户清楚提出的需求；二是用户模糊意识到的需求；三是用户尚未意识到的需求。

知识服务追求满足用户模糊意识到的或尚未认识到的信息需求，即超越用户需求导向，从而提升自己的服务在价值链中的地位。用户的潜在需求与现实需求之间有着千丝万缕的联系。潜在需求的挖掘应在掌握其与现实需求之间的关联性、目的性、派生性、复杂性、可启发性特点的基础上，通过对接、确认、超越三个过程来实现。需求表达是用户在脑海里把知识需求用一定的语言表达成一种概念。馆员从用户处获得的实际上是需求表达。由于各种主客观原因，用户不一定懂得如何表达自己的知识需求。从知识需求到需求表达是一个递减过程。当前，用户需求平台亟须解决两个方面的问题：一是如何协助用户更好地表达自己的需求；二是如何通过用户需求表达来准确探究其真正的知识需求。

（二）用户教育平台

美国图书馆学家杜威坚信，知识应当战胜愚昧，图书馆应该是造就新一代文明领袖和文明国民的有力工具，是“人民的大学”。按国际图联的权威定义，“开展社会教育”是图书馆承担的社会职能之一。联合国教科文

组织《公共图书馆宣言》（1994）及我国《普通高等学校图书馆规程（修订）》（2015）等亦将“培养、提高用户的信息意识及文献信息获取利用能力和创造力”作为图书馆的核心任务。我国现阶段图书馆用户教育状况不容乐观。以大学图书馆电子资源利用教育为例，通过网络对我国130所大学图书馆的电子资源利用教育的内容、方式方法、对象等方面的调研结果表明：开设电子资源利用课程的占38.10%，开设电子资源利用专题讲座的占62.86%，开展电子资源利用网上教育的占40%，构建电子资源网上检索指南的占78.0%，开展电子资源利用个别化教学的占7.62%，只有个别图书馆开设了类似的用户教育电子论坛。大学图书馆电子资源利用教育存在着不平衡现象明显、缺乏统一管理、教学内容的针对性较模糊、远距离用户的教育亟待解决等主要问题。

在图书馆知识服务模式下，用户知识素质的差异将直接影响知识产品给其带来的收益，因此，对用户进行掌握获取知识能力以及利用知识进行创新能力的教育是知识服务的重要职责。用户教育平台的首要任务是培养用户强烈的知识意识，提高用户通过利用知识产品解决问题的兴趣，让用户享受到通过利用知识产品提高决策的科学性及促进工作效率的好处。其次，通过持续举办培训、讲座等方式，帮助用户提高情报检索技能，培养用户筛选、判断、利用知识的能力及创新能力。最后，更新用户教育方式和手段，充分利用图书馆主页等开辟教育内容具有针对性的用户教育空间，并扩大远程用户教育。

二、国内主要跨库检索平台

（一）清华同方异构数据库统一检索平台USP

清华同方在数字图书馆管理系统中提供了异构数据库统一检索平台USP。USP是一个智能化的网络数据库检索平台，它通过一个统一的用户界面帮助用户在多个网络数据库搜索平台中实现信息检索操作，是对分布于网络中的多种检索工具的智能化整合。

USP 系统的特点如下：

（1）通用性好：USP 系统最大的优点是不受 239.50、OALURL 协议的限制，任何在 Internet 上通行的网络数据库，都是统一检索平台的对象，实现了真正意义上的“统一检索”，无须数据库提供商提供接口。因此，USP 的覆盖面很广，95%以上的网络数据库都可以进行配置。

（2）智能化的网页分析系统：USP 采用的是基于 COM 组件的智能化网页分析结构，可以同时对多个搜索引擎返回的结果进行多线程分析，并以最快的速度将最合理的结果反馈给用户，结果分析正确率达到 99%以上。

（3）个性化的检索结果显示：USP 为用户提供个性化的检索服务，用户不仅可以随时配置自己感兴趣的搜索引擎，而且可以选择适合自己的检索结果显示风格，可以指定每页显示的结果条数，真正地拥有自己的信息检索平台。

（4）对数据库检索结果有多种浏览方式：USP 为了方便用户浏览检索结果，设定了三种检索结果浏览方式。用户既可以分别浏览单个数据库的检索结果，也可以把所有数据库返回结果按返回的先后顺序排列后混合检索，还可以把当前已经返回的结果按照相关度排序浏览。

（5）支持完全由用户配置的数据库分类检索功能：对于被检索数据库数量比较大的情况，USP 提供了数据库分类检索功能。目前，USP 支持国内外几十种主流的网络数据库，如 ABI、INSPEC、El、IEEE/IE、JCR、NTIS、PQDD、CSA、EBSCO、Academic、Nature Springer，中国期刊网、万方数据库、高校学位论文、超星电子书、中国资讯行、方正电子书、中国生物医学文献、国研网、专利全文库等，同时被许多图书馆引入使用。

（二）图书馆跨库集成检索系统（CSDL）

CrossSearch 跨库集成检索系统是国家科学数字图书馆的子项目之一，该系统可以在实体资源分散的情况下实现“虚拟的资源整合”，从统一的检索入口检索多种异构资源，统一呈现结果，从而方便用户使用，节约用户检索时间，因而被许多数字图书馆专家认为是实现资源和服务整合的利器。

“CrossSearch 跨库集成检索系统”已集成 6 类近百种不同来源、不同结构的数据源，包括全文数据库、文摘索引数据库、电子图书资源、网络免费资源、联合目录资源以及国内外重要的 OPAC 资源。该系统已经基本上覆盖 CSDL 所购买的所有网络信息资源，科研人员在家里、办公室，甚至在车上都可以通过这一系统进行信息资源的检索、发现和获取。目前，此系统已在中国科学院文献情报中心、中科院昆明植物研究所图书馆等多个单位引入应用。

CrossSearch 系统特点如下：

（1）检索结果的统一呈现：检索结果显示页面根据检索页面中用户选择的各种参数，包括排序标准、去重标准及每页显示的记录数进行显示。页面上提供了排序、去重、显示级别、每页显示的记录数及分页功能，让用户可以根据自己的需要选择显示的方式，并提供二次检索功能。

（2）个性化的资源定制：跨库集成检索系统面向注册用户和非注册用户提供不同层次的服务功能。注册用户可以建立自己的主题，选择所需要的数据库资源添加到“我的数据库资源”列表。当用户执行检索时，可以从“我的数据库”中选择，从而避免每次检索时重复选择数据源。系统不对非注册用户提供资源、全文字段检索、查看全文等功能，非注册用户进入系统后，只能直接从“选择列表资源”中选择数据源进行检索。但是，CrossSearch 系统无高级检索功能，且目前仍无法实现网络免费资源，如 Coogle 等的检索，且检索等待时间较长。

第三章　新环境下的阅读推广及其发展趋势

第一节　阅读与阅读行为

一、阅读

阅读实质上是从“信息”中获得意义的过程，这个过程的完成依赖于阅读者原有的存储知识、文字材料蕴含的信息和阅读所处环境等因素的相互作用。因此，综合各个领域对阅读定义的理解，可以得出：阅读是指读者主动从媒介所提供的符号信息中获取意义的一种实践活动、社会行为和心理过程。

（一）阅读的基本特征

特征是人们认识事物与区别其他事物的基础标志。就阅读而言，具有以下三个特征：

第一，阅读是视觉感知的活动。读者首先由视觉感知文字信息；其次由传导神经将文字信息输入大脑；最后大脑的中枢神经从中提取所需的信息。人们通过默读和朗读，把无声的文字转变为有声的语言，同时听觉器官感知并监听口读。感知文字符号信息只是阅读的手段，阅读的主要对象是书面语言（文本、数字、图像等），通过视觉的扫描从书面语言中获取意义。感知只能了解读物的个别属性和外部特征，从而获得感性认识。人们的一切认识都是从感觉开始的，感知是阅读的开端，从这个意义上讲，感知能力是十分重要的。

第二，阅读是一种复杂的语言技能活动。阅读是由一系列阅读行为和阅读技巧组成的语言实践活动。阅读技能又可以细分为许多微技能，如字词的识别、语义的分析、提取有关知识、思考推理、归纳等。这些过程在人脑中是同步进行的，只有学会释词断句、撷取重点、归纳中心、查阅工具书等技能，才能把书本上的语言变成自己的语言，把文章所要表达的中心思想通过思考转化成自己的思想。

第三，阅读是个人思维活动和理解的过程。在阅读的过程中，人们通过感官感知文字信息后还必须经过思考、想象、判断、推理等一系列的思维活动，才能将文字信号转换成各种概念和思想。无论是从生理的角度还是从心理学角度，理解文章都是一个复杂的过程。这种过程被一定规律所支配，由人的大脑思维非常独特的特性所决定。理解是人们逐步认识事物的联系，直至认识其本质、规律的一种思维活动，阅读理解的实质就在于以原来掌握的固有知识与读物中的新知识建立必要的联系。理解的过程是对文献进行再加工的过程。在这种过程中，人们通过对文献内容的逻辑分析和综合判断等一系列的思维活动，将文献中的语言进行总结、提炼，变为自己的思想。从而获得阅读的乐趣，从中获取知识。

（二）阅读的主要功能

阅读对人的素质中最基本、最核心的部分——价值观、道德观、人生观和审美观等方面有着深刻的影响。阅读不能延伸人生的长度，却可以改变人生的深度和厚度。通过阅读，我们可以视通四海，思接千古，与智者交谈，与伟人对话，构建起丰富的精神世界。

1. 求知功能

阅读是获取信息和占有知识的重要手段，是一种不受时空限制的受到人们普遍接受的行为方式。人们获取知识的主要途径除自身实践外，还要靠阅读。阅读实际上就是挖掘知识的过程。阅读的材料越多，获取的信息、占有的知识也就越丰富。人们掌握了丰富的知识，方能达到认识世界和改造世界的目的。

阅读是人们的终身活动，不论对儿童、少年、青年、中年或老年人，都具有增加知识的作用。“学会求知”在某种意义上就是学会阅读。通过阅读，既能接受前人探索自然、观察社会的成果，从中吸取经验和教训，也能通过报刊、书籍和网络搜集需求的最新信息，阅读是读者认识客观世界的向导、桥梁。

2. 审美功能

人类追求的最高价值是真、善、美，其中，“真”属认识的价值，“善”属道德的价值，“美”属艺术的价值。阅读的审美价值即指读物和阅读活动本身对读者产生的美感陶冶作用。阅读可以增强读者的审美意识，培养读者的审美能力，激发读者的审美创造精神。阅读的审美价值来自读物内容方面的思想、哲理、品质、情操、意境美与读物形式方面的语声、结构、形象、节奏美。阅读是复杂的心智技能，阅读审美价值的实现依赖于读者对读物内容和形式美的体验、鉴赏和评价。读者在阅读活动中能陶冶高尚的审美情感；能熏染健康的审美趣味，从而完善读者的审美心理结构。

3. 开发智力、锻炼思维功能

智力指人认识、理解客观事物并运用知识、经验等解决问题的能力，包括记忆、观察、想象、思考、判断等。这个能力主要包括：理解、计划、解决问题，抽象思维，表达意念以及语言和学习的能力。其中思维能力是最主要的智力因素，处在智力因素的核心地位。阅读过程从本质上说也是思维过程，当阅读者聚精会神地阅读时，即是在不断地思索、想象、判断、推理和评价。

广泛的阅读能不断促进知识的积累和技能的增长。一个人的知识越丰富，对事物的观察就越敏锐、深刻，而在诸多能力中起决定作用的思维活动就能在广阔的领域中进行，就能对事物的判断和推理更准确，更富有想象力和创造力。

4. 培养品德、陶冶情操功能

陶冶情操，培养品德，除了依赖于社会实践之外，善于阅读也是重要的途径之一。阅读有助于人们深刻地了解人与人、人与社会之间的关系实质，而这正是科学地对待人生、树立高尚道德情操的必要基础。阅读有价值的读物会使读者的心灵得到净化，性情得到陶冶，甚至影响读者的人生道路和人生观。

总之，阅读作为人们精神生活的基本内容和精神交流的重要渠道，其促进社会发展的作用是不可替代的。

（三）阅读的研究内容

阅读涉及人、阅读对象、阅读环境、阅读过程等多个方面，每一方面又包括诸多内容，归纳在一起，阅读研究包括三个方面的内容：阅读主体、阅读客体、阅读本体。

1. 阅读主体研究

阅读活动的主体主要是指与查找、选择、阅读和利用文献有关系的人。它包括两个方面的社会成员：一方面是对文献信息有着现实需求的读者；另一方面是文献信息的提供者和服务者（包括文献的作者与图书馆工作人员）。

作为阅读主体的读者，广泛存在于社会的各个行业和阶层之中，一切具有阅读能力并从事具体阅读活动的人，都属于读者的范畴。一个人成为阅读主体应该具有三个条件：一是有阅读欲望；二是具备一定阅读能力；三是从事阅读活动。三者兼备，才是真正意义上的阅读主体。

2. 阅读客体研究

阅读活动的客体又称阅读的对象，是阅读主体（读者）依据一定的时境，采取一定的手段所指向的对象。阅读客体不仅包括阅读对象（读物），而且包含阅读环境、阅读时间、阅读工具等基本要素。

（1）阅读对象：阅读对象是以文字为主体符号、固定在一定物质载体上并被读者所认识了的精神产品，简言之，即读物，它是阅读客体中的第一要素。根据不同的分类标准，读物有不同的类别。从符号看，可分为文字读物和图画读物；从载体看，可分为无声读物和有声读物；从地域看，可分为中文读物和外文读物；从内容看，可分为人文读物和自然读物，等。阅读的客体或对象只能是文本（包括超文本，即数字化文本）。对阅读对象的非文本化超越只能是对科学阅读概念的解构。

①文本的含义：第一，文本译自英文的text，是文学理论中的基本术语之一，是书面语言的表现形式，从文学的角度说，通常是具有完整、系统含义的一个句子或多个句子的组合。一个文本可以是一个句子、一个段落或者一个篇章。第二，计算机的一种文档类型。该类文档主要用于记载和储存文字信息，而不是图像、声音和格式化数据。常见的文本文档的扩展名有txt.doc.docx，wps等。第三，指任何文字材料。如基本由词汇组成的思维导图、广告材料笺，也可以看作是文本。

②文本的特征：根据文本形态来看，从历史上的甲骨、青铜器、莎草纸、羊皮、竹简、木版、纸张到今天的胶片、磁带、光盘、电脑网络等都是阅读的文本。总体来看，文本经历了从简策到纸本，从抄本到雕版印刷再到机器印刷，再从印刷型到电子本的发展过程。然而同一发展阶段存在多种文本并存的现象。某一时期文本的选择，受当时文献发展的客观需要、社会生产技术提供的现实性、读者个人的阅读兴趣等多种因素的制约。

（2）阅读环境：阅读环境被称为仅次于阅读对象的第二信息源，有主观和客观之分。主观环境指阅读的精神状态，包括读者的心理状态、学术观点等。客观环境指阅读的物质环境，包括自然环境和社会环境。

（3）阅读时间：阅读时间和阅读工具也是阅读客体中不可缺少的因素。任何阅读活动都是在一定的时间链条上进行的。科学地管理和运筹时间是提高阅读效率的保证。阅读工具是联系阅读主体与阅读客体的中介，是读者在认识把握读物过程中运用的手段。阅读工具包括各类工具书籍、器具以及各种阅读工具学科和工具语言。任何阅读实践，除阅读主体、阅读客体、阅读环境之外，都离不开阅读时间和阅读工具。

3. 阅读本体研究

阅读本体指的是读者（主体）阅读某一读物（客体）的实践活动。阅读活动，实际是读者与读物连续和反复相互作用的过程。阅读活动的本质，是与阅读相关的物质过程与精神过程的统一，是个人行为与社会活动的统一，也是现实行为与历史记录的统一。因而，从广义上说，阅读是一个开放的系统。在具体研究层面，读者、读物与阅读本体是一个相互关联的整体，对读者阅读行为的研究需要结合各个方面因素综合考虑。

二、阅读行为的特性与影响因素

读者行为学是一门研究读者行为规律的学科，阅读行为是读者行为的表现，而读者行为是指读者在信息需求的支配下，查找、选择、阅读和利用信息资源的行为方式，是一个从需要到行动的过程，是对外部环境和心理环境的外显反应。因此，研究读者阅读行为规范，就要对读者在其阅读需要、动机、阅读能力、阅读目的等方面进行分析和总结，寻找其规律。

（一）阅读行为的特性

阅读行为是阅读中读者在生理和心理过程的表现形式，是阅读情境中的一种能动反应，它是实现阅读活动的内容、目的、效果的手段。阅读行为包含读者、读物和阅读时境三大要素。阅读行为的实现过程，是人们对媒介信息符号的感知过程。在阅读过程中，读者是阅读行为的主体，是阅读行为产生的前提，媒介所提供的信息是阅读行为的作用对象。读者通常是对文本形成初步的看法，然后搜索自己关注的信息，并根据阅读的目的和情境调整阅读策略。

尽管读者的阅读行为会因为个人的需求、动机、能力、文化阶层等不同而异，但总体而言，读者的阅读行为有其共性。

第一，阅读行为的广泛性。当今，在知识主宰人类生产和发展，主导整个经济社会进步的信息化时代，任何有阅读能力的读者都会以各种阅读方式广泛阅读，汲取知识，丰富自身的知识结构，全民阅读已经成为社会发展的必然趋势。

第二，阅读行为的多样性。社会实践产生阅读需求，阅读需求决定阅读动机，阅读动机引起阅读行为，因此阅读行为是一个从需求到行动的过程。阅读行为受外在环境和心理因素的影响，是读者对阅读环境和心理环境的外在反应。这种反应的复杂性，构成阅读行为的多样性。对阅读地点、阅读内容、阅读形式、阅读时间的不同选择都体现着不同的阅读行为。

第三，阅读行为的目的性。阅读是一种目的性、动机性很强的心理活动过程，阅读目的在整个阅读活动中的意义是不言而喻的，目的越明确，阅读的效率就越高。阅读行为的目的性是读者阅读行为的显著特点之一，没有阅读目的的阅读行为是毫无意义的行为。每个读者都是为了获取某一方面的知识而去阅读，这是自觉的，有目的的阅读行为。

第四，阅读行为的阶层性。由于人们在经济、政治、文化等方面的条件不同，从而形成了不同的社会层次。不同层次的读者反映在思想、行为和社会地位等方面也有很大程度的差别。他们在文化程度、兴趣、个人修养方面存在着差异，因而在阅读需求、动机、理解深度、阅读方法及阅读目的方面有较大差别。同一阶层读者的兴趣、爱好相近。其阅读内容相对较为接近，阅读能力、方式也较集中和相似。如知识分子读者、学生读者、工人读者、干部读者，其阅读行为明显带有各自的特点，存在着差异，这体现出读者阅读需要在阅读内容和阅读推广读水平上的层次性。

第五，阅读行为的社会性、环境性。阅读行为总是不能脱离一定的外部环境，包括阅读者个体的社会文化背景及阅读发生环境，阅读者文化背景的差异必然导致他们认知习惯、学习方法和思维方式等方面的差异。就跨文化阅读来说，文化背景差异势必影响到阅读者的解读方式和理解水平。只有历史地、具体地研究读者，把读者放在特定的时代和社会环境中加以考察，才能认清读者的社会性特点。

第六，阅读行为的连续性。阅读是一个循序渐进的知识积累过程，更是潜移默化的人格修炼过程，读者的阅读行为表现为一种连续不断的过程，即阅读需求一阅读动机一阅读目的一阅读行为一阅读目的实现一新的阅读需求一新的阅读动机一新的阅读行为，如此循环往复。

（二）阅读行为的影响因素

虽然读者阅读行为的表现形式是千差万别的，但只要把握住影响读者阅读行为的各种因素，就可以掌握他们的行为规律。人的心理、人的行为取决于内在需要和周围环境的相互作用。当人的需要未得到满足时，会产生内部力场的张力，而周围环境因素起着导火线的作用。人的行为动向取决于内部力场与情境力场（环境因素）的相互作用，而主要的决定因素是内部力场的张力。人的行为是个人与环境相互作用的函数或结果。

阅读活动是社会发展的产物，根据勒温的理论，影响读者阅读的因素不外乎有两种，即P（个人）因素和E（环境）因素。因此，读者阅读行为除了受自身知识水平、职业特点、思维方式及个性心理等个体因素影响外，还受到社会政治、经济、文化、科学技术的发展及读者所处特定环境等社会因素的影响。从勒温的理论可以看出，行为与环境之间具有密切的内在联系，环境会制约和影响人的行为。读者行为又会随着影响后的社会因素与个体因素的变化发展而变化发展，从而处于一种动态过程。来源于读者自身的影响阅读行为及阅读需求的均属于P（个人）因素。主要包括五个方面：

1. 环境因素

读者的阅读活动不是孤立存在和发展的，都要在一定的环境中进行。环境是阅读活动不可或缺的重要的外在条件，阅读活动是“读者一媒介一环境”三者相互作用的关系，凡是来源于外在的，影响读者阅读需求及行为的均属于E（环境）因素。

2. 自然环境因素

社会发展在一定程度上依赖于自然环境，环境必然对读者的阅读需求及行为产生影响。这种影响表现在不同的自然资源状况形成不同的产业结构和就业环境，导致读者对社会产业阅读需求的差异。一个国家或地区的地形、地貌、位置等地理条件所决定的社会活动和建设，直接影响读者对知识信息的需求。不同的社区环境形成生活方式、经济结构、文化氛围以及自然资源利用和再生的不同水平，这种差异又造成居民在知识信息需求的广度、深度、形式和途径方面的不同特点。

3. 文化水平因素

读者的接受能力、理解能力，主要受其生活经历、教育程度、知识结构、思想水平等因素的制约。不同文化程度的读者表现出不同的阅读能力和行为，其利用和理解阅读媒介的语种、类型、类别、等级存在较大差别。在知识结构相同的情况下，读者的智力发展状况也严重制约其阅读需求。比如知识分子（包括教师、科研人员、律师、作家、医生、艺术家等），他们是具有一定文化科学知识的脑力劳动者，从事的是以知识为工具的精神生产工作，阅读是他们生活中不可缺少的一部分，因此他们大都表现出强烈的阅读意识。而工人属于体力劳动者，从事的是简单的机械劳动，不要求有很高的文化水平，阅读对他们来说不是必需的，因而阅读意识不是很强烈。特别是由于他们接触社会实际，阅读上容易受各种社会潮流的影响，容易形成流行性阅读现象。

4. 社会环境因素

阅读是人类社会生活中一种特有的、必不可少的精神活动，是自有文明以来人类接受文字信息的一种社会行为。社会是人类生存的直接环境，阅读产生于社会，又服务于社会。社会成员的阅读活动与社会环境存在着必然的、直接的相互作用、相互影响的关系。每一个社会成员都不可避免地受到各种社会因素的影响。社会因素不仅影响人们的需求和态度，而且左右和控制人们的思想与言行。不同社会发展阶段，不同社会制度，在政治经济、文化教育、科学技术、宗教信仰诸方面的影响下，读者的阅读行为也在发生着变化。对图书馆读者行阅读推广为的研究，从社会发展总体背景的联系进行分析，能帮助我们对读者丰富多彩的行为表现作出深层次的研究。影响读者阅读的社会环境因素包括六个方面：

（1）政治环境：阅读离不开政治，不同的政治制度，有着不同的思想文化政策，对阅读也产生着不同性质的影响。政治干预一切社会生活，自然也要干预阅读活动。在任何时代，读者都不可避免地受到各种政治因素的制约和影响，政治因素控制着阅读内容的取舍，规定着阅读发展的方向，调节着社会对阅读的需求，调整着阅读活动的社会关系。良好的政治环境、道德风尚是阅读行为健康发展的客观要求和有力保证。

（2）经济环境：属于精神生活领域的阅读首先要以物质生活为基础，阅读的发展总是与经济的发展相适应的。经济发展状况对于阅读有很大影响，社会主义市场经济体制的确立和发展，导致人们的思想观念发生了重大变化，经济价值观、经济伦理观和经济效益观日益深入人心。与此相适应，广大读者的需求，已从以往比较单纯的科学技术领域向经济信息、市场信息、金融信息、管理信息、大众信息等方面转变。

（3）教育环境：社会教育是提高生产者文化水平和生产技能的重要途径。教育越发达，社会文化教育普及程度就越高一个国家的教育水准直接提供读者阅读能力的保障，决定着社会的智力结构。而社会文化教育普及程度直接反映在社会具有阅读能力的人的数量上，全民族文化水平的提高，高学历人员比例的增长，为知识传播与交流繁荣提供了可靠的保证。

（4）文化环境：文化不仅影响着读者的具体行为，也影响着一个社会、一个时代的阅读行为。由于文化以强有力的、渗透的、不知不觉的方式影响着人们，因此人们的行为无不打上了“文化”的烙印，表现出一定的文化色彩，处在不同社会环境中的个人，受到不同文化的影响，会表现出不同的文化色彩。长期受某种文化熏陶的个人会表现出明显的文化特质，并区别于受其他文化熏陶的个人。所以人类行为常常是带有某种文化倾向性的行为。同样在读者行为中，也表现出不同的文化倾向性。

（5）物理环境：阅读的物理环境指从事阅读的外界客观条件，指阅读的具体处所及其周围的境况，如教室、图书馆、文化馆、宿舍及家庭等。它一般和阅读内容不发生直接的联系，而是多作用于阅读主体的身心情绪，从而影响阅读的效果和质量。

（6）技术环境：现代计算机技术、网络通信技术的飞速发展，给社会生活的各个方面带来了强烈和深远的影响。以多媒体网络技术为标志的信息技术已在各领域得到广泛应用，它使传统的阅读方式得到了全新演绎。读者阅读率高、低和技术环境的互联网基础设施发达与否有着直接的关联；技术既根植于机器和机械设备，同时又包含了阅读者的知识和技能，从而导致不同层次读者阅读行为的差异。

5. 生理、心理特征因素

心理特征是指读者心理活动特征的综合反映，由于读者的性别、年龄、性格不同，他们表现出来的心理素质和智力状态对阅读的心理和行为有很大的差异，所从事阅读活动的心理倾向或状态也有很大的区别。读者个性的心理倾向包括阅读动机、阅读兴趣、信息意识以及读者的信念、理想等因素。而读者行为过程中的态度，所表现出的能力等，这些心理因素对读者行为有着极其重要的影响，个人爱好和个性特点往往引发读者个体特殊的阅读需求，影响其阅读吸收的能力。

人的行为总要受动机、兴趣、理想、世界观等因素的制约和影响，使人以不同的态度和积极性去组织自己的行为，有选择地对客观现实作出反应。读者的阅读动机可影响阅读行为，比如青年读者世界观刚开始形成，这时期思想活跃，情绪波动不定，易冲动，较容易受外界新思想、新观念的影响，阅读兴趣、方向比较广泛；中年读者随着个人经历、年龄的不断增长，气质和个性心理日趋成熟、完善。他们往往把阅读兴趣和职业特征结合起来，为工作需要而阅读；老年读者随着退休生活的到来，生理和心理都发生了巨大的变化，地位和角色与从前有很大的不同，这些都会影响他们的阅读行为，他们主要是为生活、健康而阅读，关心一些养生益寿、健康咨询等方面的知识。

三、阅读动机与需求行为

（一）阅读动机

人的行为离不开需求，而需求是通过动机来激起和推动行为的。读者的动机对其阅读行为具有直接的推动和调控作用。阅读动机是直接推动人进行阅读活动的心理动因，它是在阅读需求的基础上产生的，当阅读需求达到一定强度时，成为了一种非阅读不可的内心紧张状态，有力地推动人去进行阅读活动，就变成了阅读动机。

读者的阅读动机是引发、维持其阅读行为并将之导向一定目标的心理过程，是激励读者去阅读的主观原因，是读者内部愿望的表现，它萌生于阅读的准备阶段，是属于阅读的“始动力”。从心理学的角度来看，人的行为规律是需求决定动机，动机支配行为，行为指向目标。动机的范畴分为意识动机和无意识动机两种，意识动机是一种自觉性动机，指兴趣、信念、意图等，在行为动机体系中起长久的主导作用；无意识动机是一种无明确意识的需求，指定势、意向等，在行为动机体系中起暂时的诱发作用。阅读动机反映读者的阅读需求，引导读者的阅读行为满足读者阅读愿望的内部动力。

1. 阅读动机的基本类型

由于阅读动机由阅读需要转化而来，因此它与阅读需要之间存在着大体上的对应。

从阅读动机与阅读需要的联系分析，可以把阅读动机分为下列三种类型：

（1）学习动机：这是读者阅读动机中最重要的动机，是直接推动读者进行阅读的一种心理力量或意向。其阅读目的主要是通过学习掌握必须具备的科学文化知识，扩大知识面，丰富思想，了解人生和社会，使个人的文化素质和学识修养达到较高的层次。阅读的盲目性小，选择性大。它产生于读者的求知型阅读需要，表现为学习的意向、愿望和兴趣等形式，对读者阅读行为起着巨大的促进作用。学习动机所导致的阅读行为是多方面的，如为了提高业务水平，为了扩大知识面，为了升学考试、文化考核、晋升专业技术职称等。

（2）解疑动机：解疑动机指读者在工作、学习、科学研究、生产实践及社会生活中，遇到了各种疑难问题，需要寻求具体知识或办法，以解决实际问题而产生的阅读动机。这类读者对新学科、新知识的兴趣以及对外部世界的求知欲很强，他们的阅读动机表现形式多样，专指性强，表现出的阅读行为多种多样，其对阅读内容的需求也是多方面、多主题、多层次的。

（3）娱乐动机：娱乐动机产生于消遣性的阅读需要，是一种十分广泛而普遍的阅读动机，任何层次的读者都有这类动机。读者阅读的内容广泛、形式多样，广泛性地阅读文艺、体育、社交、旅游等，是人们精神文化生活的组成部分，

在紧张的工作学习之余调剂文化生活。

2.阅读动机的主要作用

阅读动机对读者行为的产生和发展起着至关重要的作用。具体表现如下：

（1）引发和唤起读者的阅读行为，强化阅读认知过程。由于阅读动机是引起、维持和推动读者进行阅读的内部动因，是决定读者阅读效果的重要因素，所以读者的阅读行动及阅读活动方向都是由一定的阅读动机所驱使。它是社会需要和读者行为之间的心理媒介；它激发和引起读者个体的阅读活动，对阅读行为具有推动作用。

（2）阅读动机具有强化阅读过程的作用：阅读动机是推动读者产生阅读行为的直接原因。在读者具有的各种阅读动机中，优势动机和主导动机能够使读者产生自觉的文献选择行为，即使遇到困难，读者也会在强烈的动机驱使下避开障碍，尝试用各种不同的方式和通过各种途径，如改变实现阅读目的的手段和方法来最终达到目的，实现对文献的利用。所以阅读动机能够强化读者行为，进一步激发读者阅读活动的积极性。

（3）阅读动机具有提高阅读效率的作用：阅读动机一经产生，便会引导并维持读者去争取某种目标对象，以实现其志向和愿望。只要读者的阅读动机没有满足、转移或消亡，读者的这种努力就不会停止。因而阅读动机在阅读行为中能够引导读者活动朝着一定的目标进行，对阅读行为具有定向作用，使读者通过各种途径关注阅读信息，提高阅读的效率。阅读动机的作用是引发和唤起人的阅读行为启动阅读认知过程；推动阅读行为向某一目标进行以获得学习效果；增加和维持阅读认知过程的力度，提高阅读的自觉性和积极性；使读者集中注意力，排除干扰，集中精力于所学的对象。

（二）阅读需求

众所周知，人的行为总是伴随着人的需求、情感、意志的，人的活动总是由某种需求、目的来引发的，阅读活动自然也不例外。阅读需求是人们进行阅读活动的动力

源泉，有了阅读需求，才会为自己提出阅读的目的，形成阅读动机，从而产生阅读行为。读者的阅读行为通常是在两种情境下发生：一是读者有某种需求，通过各种途径或手段去寻求阅读对象，从而产生阅读行为；二是读者并没有明确某种阅读需求，只是由于处于外界某一情境下而产生阅读行为。因此，研究读者的阅读行为必须先了解他们的阅读需求。

1. 阅读需求的特征

任何具体的阅读行为总是和一定的阅读需求联系在一起，而阅读行为的实施也是以获取能够满足阅读需求的目标对象为目的。在读者意识活动中，阅读需求是最本质的，起主导作用的方面。它制约和影响读者其他的意识活动，诸如动机、情感、认知、兴趣、意志、态度等心理过程的发生和进行，是决定读者阅读行为的根本动力。要认识和掌握读者具体的阅读行为，必须先从了解读者的阅读需求去寻求答案。尽管读者性别、年龄、职业、民族、阶层、兴趣爱好、能力、动机不同，他们的阅读需求反映了不同的社会实践内容及读者自身特征的变化，但总体而言，读者的阅读行为有其共性，从宏观上分析，阅读需求有如下特征：

第一，阅读需求的多样性。不同年龄、性别、民族、职业、文化水平、个性心理及购买力等方面的因素决定了读者表现出不同的阅读动机、目的。读者需求的多样性，既表现为对阅读媒介内容上的要求，也表现出各类读者对媒介的选择，购买具有多种多样的指向和特点。所有这些，都证明了读者阅读需求的多样性。

第二，阅读需求的可变化性和发展性。随着社会的前进、发展和科学文化知识水平的提高，读者的阅读需求也在不断变化。一种需求欲望满足以后又会不断产生新的更高的需求，或这一需求向另一需求转移，潜在的需求转变成现实需求，微弱的需求转为强烈的需求，强烈的需求转向微弱的需求等，都是经常发生的。另外受各种社会因素的左右，以及个人兴趣变化的影响，读者阅读需求大都不会固定于某一方面，满足某一要求，而是不断变化发展的。

第三，阅读需求的时代性。人是环境的产物。读者阅读需求也是特定时代的产物。读者阅读需求常常受到时代精神、风尚、环境等的影响，表现出很强的时代感。受社会环境变化的影响，社会提倡什么，一度流行什么，都会强化读者的阅读欲望，使之产生迎合某种时代风气的阅读倾向。

第四，阅读需求的可调节性。读者的需求是可以引导和调节的，并不是一成不变的。这就是说，通过各种宣传渠道能够引导读者阅读需求发生变化和转移。读者的潜在阅读欲望可以变为明显的行动，未来的阅读需求可以变为现实的阅读需求。

第五，阅读需求的多元性。随着计算机技术、网络技术、多媒体技术的发展，读者对阅读的需求日益增长，读者以多种媒介方式阅读成为可能。如传统的阅览、计算机索取、网上索取、超文本索取等，传统方式与现代方式并存，阅读呈多元化趋势发展。需求内容也将向有序性、复杂性等方向综合发展。

2. 阅读需求的类型

读者在阅读活动中表现出来的兴趣和需求是多种多样的。从不同的角度和标准出发，会看到各不相同的读者需求类型。曾祥芹、韩雪屏在其主编的《阅读学原理》一书中，根据阅读的目的、对象、方式和素质给阅读做了详细的分类：按照阅读的目的，可以把阅读分为学习性阅读（积累性阅读、理解性阅读、发展性阅读）、欣赏性阅读（审美性阅读、消遣性阅读、娱乐性阅读）、研究性阅读（评价性阅读、专题性阅读、校勘性阅读）、创造性阅读；按阅读对象，可以把阅读分为白话文阅读与文言文阅读、文章阅读与文学阅读、哲学社会科学的阅读与自然科学的阅读；按照阅读方式，可以把阅读分为朗读与默读、精读与略读、全读与跳读、慢读与快读、个体阅读与群体阅读；按照阅读者的素质，可以把阅读分为幼儿阅读、青少年阅读、成人阅读、基础阅读、职业阅读、专家阅读。

（1）根据阅读的目的划分。

第一，求知型阅读。这是读者阅读中最具有普遍性和重要性的需求，是直接推动读者进行阅读的心理力量和意向。这种求知型阅读的最大特点是如饥似渴，“求知欲”极端旺盛，他们对自己所要阅读的知识有一定的计划性，都是有步骤、分阶段进行的，在阅读活动中能集中而又强烈地体现出来。这类读者的阅读需求是为了掌握科学知识、提高文化水平和学识修养，充实学习、工作、生产上的基本知识和技能。这种以获取知识为特征的需求，涉及阅读内容范围广泛，现代人称这种阅读为“充电”。此类读者的阅读需求十分具体、直接，具有急、短、专、快的特点。

第二，实用型阅读。这类读者的需求是从实用出发，为解决实际需求，包括理论、科技、教育工作者及技术人员、工人、农民和学生等。读者阅读的过程，就是带着问题探求具体答案，解决实际问题的过程，他们阅读的内容大都和现

实生活中的具体问题以及手边亟待解决的实际问题有关，阅读需求十分具体。由于实用型阅读需要与人们的实际生活联系密切，因此各层次、各类型读者都具有这种阅读需要。随着物质生活水平的不断提高，一般读者对生活方面的阅读需求不断增多，为满足家庭和个人生活方面的需求，阅读一些如家居、服装、家电、美容、园艺、育儿、保健等方面的知识。

第三，消遣型阅读。消遣型阅读是指在工作或学习之余，利用闲暇时间随意进行的一种轻松自在的、以消遣休闲为目的的阅读，是人们生活中广泛存在的一种阅读，读者把阅读当作精神生活中的娱乐、休闲活动。消遣型读者阅读的动力是兴趣，这类读者的阅读没有明确的目的要求，只是为了休闲、调节和丰富精神生活，满足娱乐享受。读者往往凭自己的兴趣选择阅读材料，它是一种无强制性的阅读，阅读的内容具有较强的可读性、新奇性、趣味性、通俗性和娱乐性，并有明显的档次区别。通过阅读，可以开阔眼界、陶冶情感，得到精神上的享受，并获得生活、社会、自然等多方面的知识。

第四，研究型阅读。研究型读者与所从事的专业和所研究的项目密切相关，他们的共同特点是，具有较专深和较全面的专业理论知识，有一定的学术水平和研究能力，担负着一定的科研任务，有一种强烈的责任感和紧迫感。研究型读者对阅读的需求往往具有专、深、新的特点。阅读的内容专业性强，具有一定的深度和前沿性。这类读者研究目的明确、专业性强，阅读时带着问题去阅读。他们的心理特征表现为求速度、求专深、求新颖、求准确。他们的研究欲、创造欲是成就动机的表现形式。研究型阅读的读者不以接受为目的，这类读者阅读不仅需要对阅读的内容有全面、透彻的了解，还要清楚阅读内容对自己的研究是否有价值，能否解答自己所关注的问题；同时还对

新知识、新发现、新技术、新信息充满渴望和追求。

研究性阅读是形成独立见解的阅读，没有形成自己见解的阅读就不是研究性阅读。研究性阅读是一种超越作者本意，产生创造性结论的阅读，为了达到研究的目的，研究型阅读的读者经常采用专题阅读和比较阅读的方式。

(2)根据阅读主体素质划分：阅读主体通常指具体阅读过程中从事阅读活动的人。在阅读过程中，阅读者是阅读行为的发动者和操作者，自始至终决定着阅读的目的、任务、方式和效果。阅读者始终处在一个积极的主动的地位，因而成为阅读过程中的主体。对图书馆而言，整部图书馆史是一部读者史，具体说就是阅读主体、认知主体、价值判断主体的发展史。作为阅读主体的读者，广泛存在于全社会的各个阶层和行业之中。读者类型研究，应根据读者群体的性质来分析，可以按年龄、职业、文化层次来划分读者类型。

根据职业、年龄、文化层次进行划分。这种划分比较简单，也是最常见的一种划分法。职业、年龄、文化层次这些属性在不同的阅读者身上表现得比较明显，对阅读影响较大。由于各种类型的读者所从事的职业、生活方式、文化教养不同，导致读者阅读的内容、目的、方法有很大差异。

按职业可以将读者划分为知识分子读者、干部读者、工人读者、农民读者，按年龄可以将读者划分为少儿读者、青年读者、中老年读者，按文化层次可以将读者划分为小学生读者、中学生读者、大学生读者、专家读者。

第二节　阅读推广相关概念与理论综述

阅读不管是对个人来说还是对于一个城市来说，都具有十分重要的意义，它能有效地提升人们的知识、改变人们的思维模式，有利于一个城市的品位提升和国民综合素质的提高。阅读能有效地促进国家的繁荣和昌盛，所以，全民阅读社会也是一个重要的强国措施。

一、阅读推广的主要功能与基本原则

（一）阅读推广的主要功能

功能是指的效用和功效等。阅读的功能也决定了阅读推广的功能。人类阅读可以带来政治上、文化上、社会上以及经济上等方面的积极作用。从个体的角度来说，事业成功、品行修养、身心愉悦、智慧提升等都离不开阅读，这也正是古人思想中诚意、正心、修身以及致知的体现。社会的基本单位是人，所以，社会的整体发展是建立的个体发展基础之上的，这也是民众教化、创新改进、助力生产以及文化传承等主要的社会功能的体现。作为推广阅读文化的一个组成部分，阅读推广主要有以下四个主要功能：

(1) 传承文化：文化传承必须通过阅读来完成。人类文化的承载主要是通过书籍来体现，不管是个体还是群体掌握的书籍，只有通过阅读，才能产生作用，文化不可能自动地进行传承。

(2) 教化民众：自古以来，教化功能就是图书最关键的功能，这也需要通过阅读

才能达成。亚里士多德是古代著名的科学家和教育家，他认为，官府藏书也好、私家藏书也罢，都需要向对外开放并用于教学，这样才能产生积极的作用。梁启超是我国近代著名的改革家、教育家以及思想家，他在中国还未引入图书馆这一新生事物时，就于1895年和康有为一起成立了“强学会”，并为达成“群中外之图书器艺，群南北之通人志士，讲习其间，推行于直省”的目标而努力着，强学会书藏这一新型的图书机构也是由其创办的，这是一个开放性的、以民智启迪和新学普及为责任的新型机构。不过，受当时条件和社会制度的限制，国民对图书馆的利用是非常有限的。所幸的是，这一优于常人的理念和思维也是非常具有感染力的。这一行为和现在的阅读推广具有异曲同工之妙，也是阅读推广对民众教化功能的一种体现。

（3）保持创新：人类进步和社会发展是建立在不断创新基础之上的，而创新则需要以阅读为基础。人类的创新并非异想天开，天马行空，而是需要一定的基础和理论支持，这便是前人知识和智慧的重要作用。毫无依据的创新是不可能实现的。需要对先人的成果和成就予以继承，并进行一定的创意和发展，从而形成创新。而且，创新成果的推广也需要借助阅读的力量。

助力生产。随着知识经济时代的到来，社会第一生产力毫无疑问就是科学技术，它代表着先进的生产力。创新作为科学的本质内容，人才是不可或缺的重要组成因素，人才的形成离不开教育，而教育是建立在阅读基础上的。而且，只有阅读，才能发挥书籍的积极作用。所以，从个体的角度来说，只有阅读才能使之更加卓尔不凡，从国家和社会的角度来说，阅读推广则是促进国家繁荣昌盛的重要手段。

（二）阅读推广的基本原则

1. 社会公益性原则

国家和社会的未来发展都受阅读能力的制约。个体通过阅读能够加强自省、促进自我价值的实现，而从社会来说，阅读有利于知识的普及和延伸学校教育，是个人和社会相融合的一个重要途径。由于阅读具有这一功能，因此造就了阅读推广的社会公益性的本质内容。

从全球的阅读推广工作来看，其吸引了大量的政府组织、国际组织、图书馆界以及各个传媒机构和出版机构的参与。而且，作为阅读产品的制造者和销售者，出版和传媒机构是从自身的利益出发来进行阅读推广的，但同时也起到了较好的阅读交流的促进、阅读影响的扩展和阅读读物的丰富化发展等作用。和出版与传媒机构不同的是，国际组织、各国政府以及图书馆界的阅读推广活动的中立性、公益性和客观性更为明确。全球性的文化机构包括了国际图书馆协会联合会、国际阅读协会、国际儿童读物联盟以及联合国教科文组织等，它们在世界性的阅读推广活动中都发挥了积极的作用，有利于全人类文化素养的提高。各国政府在阅读推广活动中承担着制定者、阅读经费的提供者、倡导组织者和实施者的身份，也是阅读推广中不可或缺的重要因素。

在社会文化传播过程中，图书馆的作用是非常重要的，而且有效地促进了全民阅读的进程。在教育儿童、加速社会发展、扫盲识字和促进社会公平和稳定上来说，民间阅读推广的作用也是至关重要的。

2. 服务专业性原则

最近这些年，一种新型的图书馆服务，即阅读推广，发展势头非常迅猛，这是在专业理论和专业人员的共同支持下而产生的。

第一，从理论的角度来说，之前图书馆学理论并没有很重视和过多关注这一服务内容，因此在阅读推广理论上来说还是比较缺乏的，所以需要有足够的阅读推广相关的基层理论和实操经验予以支持。

第二，从实践的角度来说，活动是阅读推广服务的主要形式，而前期调研、内容策划、项目宣传组织实施和效益评估是一项活动的基本环节，这对专业技能人员的要求比较严格。像进行前期调研工作时，需要大量的推广人员制作问卷、掌握调查方法并具备统计数据的技能等；进行宣传工作时，要对宣传途径以及宣传效果进行把握；实际实施时，需要能够顺利完成分解任务、组建团队以及安排进程等任务；之后还要具备分析和挖掘数据、整理和收集资料等效益评估能力，如此才能使得活动顺利展开。

一般来说，一个具有职业精神的人最基本的条件就是具备创新能力、社会资源调动能力以及工作自主性等，而这也需要通过一定的努力才能获得。所以，只有对阅读推广人才进行评估、激励以及培养，才能更好地促进阅读推广服务的专业化发展。为了凸显阅读推广活动的高度专业性，中国图书馆学会也开展了“阅读推广人培育”活动。

3. 人文价值性原则

“人文”是指的人性文化，“以人为本”也是对人性的充分尊重，因此阅读推广的人文价值就是指需要以人性为基础开展阅读推广活动。阅读推广工作需要以人的阅读主体性为基础来进行，人是进行一切推广活动的前提条件。阅读推广的人文价值需要从以下三个方面进行体现：

第一，关注人，要培养爱阅读的习惯。从全球范围来看，崇尚人文精神的国家都具有良好的读书习惯。

第二，发展人，要培养人人会阅读的能力。三个重要挑战是信息时代阅读不得不正视的问题：首先表现在读物的无限大和时间的有限性的矛盾；其次是高增长的信息量和低效率的阅读能力之间的矛盾；最后是新知识和传统观念之间的矛盾。所以说，分众阅读推广和分类读物推荐也是全民阅读推广中的一项重要措施。例如，古今文学佳作可以针对儿童进行推广，中外人物传记可以主要针对青壮年进行推广，这样才能使得读物结构更为合理，也有利于好书佳作和经典名著的推广和传承。

第三，尊重人，要保障特殊人群的阅读权益。在《公共图书馆宣言》中就明确指出：公共图书馆的服务以平等利用为基础，不分年龄、种族、性别、国籍、语言或社会地位，为所有人提供。公共图书馆须为不能利用常规服务和资料的用户，如小语种民族、残障人士、住院人员或被监禁人员，提供特殊服务和资料。

二、阅读推广的重要理念

（一）服务理念

阅读推广属于服务的范畴，不管是采取读书活动的组织还是导读书目的编制等手段，都是为了达到促进读者阅读和为读者提供阅读服务的目标。推广的本质是一种沟通和干预，而其目的是促进读者进行阅读、喜欢阅读，并不是为了对读者的价值观和品行进行评价和教育。虽然推广也具备一定的教育性质，大部分人也将推广当成一种教育方式，认为其是对读者的阅读形式、阅读习惯和阅读内容进行教育的一个过程。

但是，这仅仅只是针对小部分阅读人群，如不会阅读、不爱阅读甚至有阅读障碍的人所产生的，而对于大部分的读者来说，它仅仅只是所提供的一种服务。

阅读推广属于公共文化服务的一种，从其本质来说，它必须具备服务的公平性，才能确保阅读推广过程中的公益性和非排他性特征的实现。哪怕是以教育职能为主的图书馆，也要突出图书馆员仅仅承担传递文献或咨询服务，不介入读者挑选文献的过程，不指导读者阅读，将知识与信息的选择权完全交给读者，甚至保守读者秘密，不让他人知道读者阅读的内容；图书馆之所以被阅读者所认可和赞许，就是因为其中立的服务价值观念，这也是社会民主制度的一种体现。目前，图书馆最主要的服务方式就是阅读推广，虽然这种方式具有一定的介入性和活动性，但是却也是在包容、专业以及平等的服务理念下进行的，因此，也不能违背图书馆的核心价值体系，即“开放、平等、包容、隐私、服务、阅读、管理、合作。”

（二）权利理念

现代公民具有阅读权利，这是不容侵犯的。在阅读推广过程中坚持权利理念则是要求阅读推广主体不管进行什么样的阅读推广活动，都需要建立在公民阅读权的保护基础之上。每一个公民依法享有进行阅读的权利和利益则为阅读权，其阅读权的主要内容包括了自尊、自由和自主等，读者可以根据自己的个性需求等进行选择。

全国各地如江苏、湖北、辽宁、四川以及深圳等都为公民的阅读权利保障进行了相关的地方性阅读法规的制定。在各地立法中也频繁出现了如规范基金经费、指导公共服务、细化新闻出版方面的职责、设立全民阅读组织或机构以及关照特殊群体等词汇；而且作为全民阅读推广的主干和枝节，不管是组织架构还是基金经费，也不管是公共服务还是部门职责等，都在阅读法规中进行了详细的论述。这也可以表明，公民阅读权利已经获得了法律上的保障，并对推广主体的职业权利予以保障，这是一个国家文化梦想和追求的必要措施。

（三）创新理念

阅读从本质上来说具有私密性和个性化等特征，全民理念、服务理念、权利理念以及自由理念也是阅读推广所必须遵循的原则，而且需要在自愿的前提下进行阅读推广；就是进行阅读立法，也只是为了从法律的角度来保障公民的阅读权利，而非强迫和限制公民阅读。所以说，吸引读者也是阅读推广方式中最为有效的手段。创新也是现代阅读推广过程中需要重点关注的，既要体现温故知新，更要追求推陈出新。而且为了更好地对读者形成吸引力，完成图书馆的工作，就必然要开展一定的阅读推广活动。近年来，图书馆学界和业界对如何进行图书馆服务空间的设计，如何提供服务场所的设备和服务水平等问题都进行了高度关注。同时，对阅读推广服务工作人员的创新意识和服务能力的提升也有了更高的要求。

只有具备三项基本素质，才能算是一个合格的阅读推广人：首先，要具备工作的自主性；其次，要具备较好的创新能力；最后，还要能够具备一定的社会资源的调动能力。当然，这都需要经过一定的培训才能达到。同时，阅读推广团队的建立更有利于这三项素质的提升。所以，为了将推广创新理念落到实处，阅读推广人的培训和阅读推广组织机构的设立等工作也在如火如荼地进行中。

三、阅读推广的项目分类与策划

（一）阅读推广的项目分类

阅读推广项目的标准不同，其分类也不同：

1. 从目标群体的角度主要可以分为：

（1）儿童阅读推广项目。

（2）青少年阅读推广项目。

（3）成年人阅读推广项目。

（4）老年人阅读推广项目。

（5）农民工阅读推广项目。

（6）盲人阅读推广项目等。

2. 从项目举办情况的角度

主要包括了以下两类：首先，常规阅读推广项目。主要是针对那些图书馆长期开展的阅读推广项目而言的。阅读习惯的养成需要一定的时间和持续性，所以常规阅读推广项目也是必不可少的，需要长期坚持开展。而这一项目的间隔时间则可以由图书馆的实际情况来定，一周、一月、一年都可以，不过需要其举行时间具有规律性。图书馆的常规阅读项目包括了儿童的故事时间、书目推荐活动等。

其次，主题阅读推广项目。这不同于常规项目，它是为了达到进行图书馆阅读推广影响力的扩展目的而进行的。一般在节假日或者阅读活动周开展的项目都属于这一类型。当然，还包括了一些专题性质的活动，像天津市和平区图书馆曾开展读书漫画大赛，它是通过结合读书和漫画来进行阅读主题漫画作品的征集、评选和展览的一种阅读活动。

（二）阅读推广项目策划的原则

1. 目标群体明确原则

对读者群进行明确是阅读推广项目策划的首要工作。确定读者群是每一个阅读推广项目的前提条件，若是没有明确的读者群，就会限制项目的实施效果。不管阅读推广项目有多小，都要先明确好读者群。若是将大学生确定为图书推荐的阅读群，那这种定位就具有不明确性。这是由于大学生各有不同的特征，这会使得书目推荐的针对性较弱。所以，可以将大学生再进行细分，例如针对大一学生进行大学生适应性培养的书目推荐，也可以针对大四学生求职需求进行书目推荐等，如此就使得书目推荐的针对性更强。

2. 角色多元化原则

在阅读推广中，图书馆具备多元化和立体化的角色特征，详细来说分为以下层面：

（1）资源提供者和推荐者：为用户进行阅读资源的提供和推荐是图书馆的一个主要职责。

（2）阅读活动举办者：进行阅读活动的开展。

（3）资源组织者：图书馆作为资源组织平台，需要对资源进行组织。即在图书馆这个平台中进行各种资源的组织，以便阅读推广项目的顺利开展。例如，可以组织一定的读者资源，从而将读者的智慧组织起来进行阅读推广项目的开展。像郑州大学开展的“读书达人秀”阅读推广项目的创意就是由读者所提供的。

（4）指导者：图书馆作为一个专业化的阅读推广组织，需要做好相应的指导工作。

若某个省或者某个地区具备比较丰富的图书馆阅读推广项目经验，就应该及时地总结这些经验，并进行阅读推广指南的编制，为其他学校、工会和公司提供参考借鉴依据。例如，美国教育协会主办的“读遍美国”项目组为学校开展阅读推广活动提供了详细的指导，其中包括精心设计的阅读主题日历。在日历中列出了每个月份应该做的事情供教师参考，如一月帮助学生建立一个读书角，二月动手装饰一个阅读寻访车，三月将阅读活动的照片等上传分享阅读体会，四月庆祝地球日，鼓励学生将环保理念带到街头巷尾和各种大众传媒等。

（三）阅读推广项目内容的策划

1. 选择读者群、

（1）读者类型的细分与选择：分析读者需求是图书馆的首要任务，可对读者需求的优先顺序进行排列，并从本图书馆的实际情况出发，进行阅读推广项目的确定。由于很多图书馆的工作人员有限，人力不够的情况下，还应该基于本馆的服务人群和工作重点情况等对重点读者进行确定。

儿童和老年人是公共图书馆的重点服务对象，学生是图书馆的重点读者，并在这一基础上进行不同兴趣和不同年龄的划分。可以针对 0～1 岁、1～3 岁、3～5 岁、6～9 岁等来细分儿童读者，还可以针对儿童的兴趣和爱好进行划分：如喜欢汽车绘本的、喜欢动物小说的、喜欢科普内容的等。可以将老年人读者划分为两类：一是高知老年读者，二是普通老年读者，或者按爱好烹饪的老年读者和爱好音乐的老年读者等兴趣进行划分。相对来说高校的读者群体就较为简单，即为大学生。可以将大学生读者分为大一、大二、大三、大四等几个类型，也可以根据其喜好和特长来划分。

对读者群体进行明确后，阅读推广工作重点的确定要依据图书馆的工作规划来进行，从而对读者群进行选择。需要从两个层面来进行选择：

首先，图书馆应该根据资源的特征和限制进行相应的读者阅读推广服务的提供，这是选择之一。

其次，要选择合理的阅读推广时间，像大一新生入学、新学期开始等，都可以以更好地促进大一新生的适应性为主题进行阅读推广；或者是入园时期，针对小朋友的分离焦虑情况等进行有关的绘本阅读推广，让小朋友更快适应幼儿园的生活和学习。

（2）分析读者群特点的方法：为阅读推广确定好准确的读者群后，就应该详细地分析和研究此类读者群的特征，如此来对阅读推广的主题和方式予以确认。例如，英国的一个阅读推广项目就将读者群锁定为不爱阅读的男孩子，分析这类男孩子的特征发现，他们对足球都比较热衷，所以可以将阅读结合足球话题来进行主题的确定，将有关于足球方面的书籍推荐给这类读者群，并将一些有关的足球礼品如签字笔、徽章等作为奖励发放给认真阅读的男孩子等。若是将 3～5 岁的儿童确定为阅读群，图书馆就应该针对这个年龄段儿童的心理特征予以了解和分析：这个年龄段，儿童都开始形成合作的观念，有了自我意识的萌发等。若是高校图书馆想要针对大一新生开展一次阅读推广活动，就应该先把握好大一新生面临的最大问题——因大学阶段的学习和高中阶段的差异性而出现较大的不适应性。需要特别引起注意的是，图书馆无论针对哪个读者群体开展阅读推广活动，都需要先对读者群体的特殊性和特征进行分析。可以从以下途径去对读者群体的特点进行了解和分析：

第一，文献法。图书馆馆员为了更好地对某个读者群体的特征信息和知识进行了解，可以通过专著、论文以及相关教材等途径去获得，如去关注一些儿童发展心理学方面的论文和著作有利于对3～5岁儿童的心理特点进行了解；若是针对老年人开展阅读推广，则可以适当地阅读一些有关于老年心理学的资料，这样就能有效把握特定读者群的一些整体特点等。

第二，调查法。当然文献法并不能确保对所有的读者群特点进行了解，因此有必要结合一些其他的了解方法。如问卷调查法就是一种普遍采用的方法，这有利于较为准确地对读者的特点进行把握，此外还能掌握读者的有关特点信息，甚至可以和馆里的老年人聊聊他们感兴趣的内容和知识。当然，这种方法只能针对到馆的读者，为了更好地对未到图书馆的读者特点进行了解，也需要采取其他方法进行相应的调查。

第三，流通数据分析法。读者使用图书馆资源的情况都可以通过流通数据来获悉，为了对读者的兴趣和特点等信息进行更好地把握，可以通过分析流通数据来获得。例如，对流通数据进行分析后，可以对本馆的大一学生、大二学生或者文科生、理科生都比较喜欢阅读哪一类型的书籍进行了解。并可以获得具有相同阅读兴趣的人群，有利于阅读分享活动的策划等。

2. 明确阅读推广的目标

经过以上两步工作后，就应该对阅读推广项目的目标进行确定了，此阶段应该遵循可评估性和可明确性两个原则来进行。从大的方面来看，包括了两个主要的阅读推广目标：首先，是为了让读者的阅读兴趣得到提升；其次，是为了让读者的阅读能力得到有效提升。当时，不能将提升阅读能力和阅读兴趣作为一个阅读推广项目的目标，这就违背了以上两个主要原则，因此不具备适用性。像英国的一个为提升成年人读写能力的阅读推广项目的目标就是：针对这些读写能力不佳的成年人，督促其在3个月时间内进行6本书的阅读。如此一来，这个目标就是非常明确的，且具有可评估性。

3. 确定阅读推广的方式

（1）常规性阅读推广方式：

第一，馆藏推荐。阅读推广的一个基本方式就是书目推荐，某个领域的哪些图书和期刊比较优秀，于读者来说是不清楚的，因此图书馆进行相应的推荐工作就很有必要。图书馆应该基于馆藏进行推荐，不过并非要限于馆藏资源。此外，推荐的可以是图书书目，也可以是电影、游戏或者是杂志等。通常情况下，图书馆包括以下方面的馆藏推荐：

借阅排行：图书馆最为普及的一种方式就是借阅排行。包括了按月、按季度和按年度的借阅排行榜，也可以分为文学类、经济类等按类别进行的借阅排行等。

新书推荐：图书馆还经常采用新书推荐这种阅读推广方法，即先进行新书暑假的设置，然后开展定期巡展，或者通过网络进行推荐等。特别要引起重视的是，一定要选择性地进行新书推荐，不然这种推荐就不具备适用性。

编制主题书目：图书馆出于需求进行某一主题资源的宣传活动称之为编制主题书目。这一书目不但包括了图书，还有数字馆藏和报纸等资源。像首都图书馆之前进行过一个关于风筝的主题节目活动，浙江师范大学也做过关于毕业季、莫言的主题编制主题书目推荐活动。

馆员推荐：图书馆员对馆藏资源的了解较为全面和系统，因此，馆员推荐也是基于这一条件而进行的一种方式，这不但充分利用了馆员的资源优势，也有利于其工作热情的激发。目标用户群的特点是馆员推荐的前提和基础，而馆员推荐的主要作用是为了激发读者对书本的兴趣，而非是展示馆员的文采，因此目标用户的特点和需求才是重点。

读者推荐：读者是图书馆不可或缺的资源，因此，对读者资源的有效组织也是图书馆的一项重要工作，并应该在阅读推广中充分利用这一资源。读者推荐的方式是非常丰富的，像苏州独墅湖图书馆就将图书推荐圣诞树放置在了阅览室，供读者进行书目的推荐和理由的阐述。需要特别注意的是，应该基于读者群体的特点来选择合适的推荐方法，像针对儿童进行推荐，可以考虑采用卡通形象的推荐卡来吸引儿童的注意力，让其进行填写。并非要写推荐语才能进行书目推荐，还可以使用绘画、Flash 以及视频等方式进行推荐。

推荐后续活动的设计和开展：吸引读者阅读是所有馆藏推荐的最终目标，因此，推荐书目的陈列并非唯一的工作，后续推动也必不可少。列出书目只是工作的一个组成部分，然后还需要一定的激励措施来促进读者的阅读。当然，要根据面向的读者群特征来进行激励措施的制定。

第二，常规读书活动。阅读推广既可以采取馆藏推荐的方式，也可以进行丰富多彩的读书活动的开展。需要引起注意的是，任何一种方式的阅读推广，都是为了让人们养成良好的阅读习惯，并将之常态化，所以这也应该作为图书馆的一项常规工作，而非是偶然的、临时的。因为阅读习惯的养成是长期的、持续的一种过程。

公共图书馆面向的服务群体比较多样化，而阅读推广的主要人群包括了儿童、青少年以及老年人等，而学生则是高校图书馆的重点服务人群。由于读者群体的不同，所采用的推广方式也会有所不同。此处就不再详细地分群体来进行阐述，以下只是将比较常规化的读书活动予以呈列，以便大家进行参考和借鉴。

“故事时间”——这一阅读推广活动的主要负责人可以是儿童图书馆的馆员、聘请的志愿者等。国外有非常细致的儿童读者群体划分，主要包括了0〜1岁、2〜3岁、4〜5岁几个阶段。公共图书馆总馆也好，分馆也罢，都会进行一星期一次的故事时间，且会分为各个年龄阶段进行。图书馆馆员通过夸张的表情和语气来进行故事的讲解，并进行相关的延伸活动，如画画、手工等的开展，促进儿童对故事时间的兴趣。当然，国内图书馆对故事时间也比较重视，且故事也讲述得生动有趣，不过，唯一不足的是，对儿童年龄的划分不够细致，且很少有3岁以下儿童的故事时间。

图书馆要根据自己的实际情况来开展故事时间。目前，大部分的图书馆对故事时间比较重视，不过受其人力资源不足的限制，需要考虑吸纳更多的志愿服务者的参与。例如，江苏吴江图书馆就吸引了很多志愿者来给孩子们定期开展故事时间，且效果是非常显著的。

读书交流活动——图书馆不但要指导和提供资源给个体阅读者，而且还要为读者进行交流平台的建设。读书交流的形式也比较丰富，既可以共读一本书，也可以进行月底同类刊物的编制和读书会等活动的开展&任何一个读书交流形式一旦形成，就应该长期坚持下来。例如，陕西理工大学图书馆就开展了“同读一本书”的活动，河北科技大学图书馆成立了“好书月月谈”等项目，这都有利于促进读者之间的交流和沟通。

（2）专题性阅读推广项目：图书馆每年或者每两年进行一次的阅读推广活动，可以称之为专题性阅读推广项目，主要由以下方面组成：

第一，图书馆推出的各类读书竞赛和挑战。可以采取视频制作比赛、书评比赛的方式来进行阅读推广。例如，洛杉矶公共图书馆就针对青少年开展了四联漫画比赛、书签设计大赛等活动；汕头大学也进行了“读书的那些事”微征文比赛活动，让读者阅读后进行简短的读书感想和体会的撰写，这种活动也非常具有特色，吸引了很多阅读者的参与。当然，不但可以开展比赛的形式进行阅读推广，还可以通过读者达到预期的阅读目标就给予奖励的形式进行，比如，可以将金牌发给阅读完六本书的读者。

第二，主题性质活动。例如，北欧的公共图书馆就进行了动漫之夜、音乐之夜、幻想之夜以及侦探之夜等各种主题阅读活动。而且侦探之夜还会将现场进行案发现场之类的布置，然后聘请侦探小说家来和读者进行互动。

第三，大型宣传活动。图书馆既可以开展一些常规性的读书活动，也可以在重大节日或者世界读书日进行具有特色的阅读推广活动，像国庆节、六一儿童节等，增加活动的仪式感。

四、阅读推广的讲坛与读书会设计

（一）阅读推广的讲坛设计

1.图书馆开设讲坛的主要意义

城市中的公共图书馆对于整个城市来说必不可少，承载着一个城市的文化与传承，是一个公益性的文化建设，可以帮助社会教育的发展。在信息飞速发展的今天，图书馆讲座存在一定的开放性，同时可以和公众进行一定的互动，且存在一定的权威性，满足了公众的需求，因此备受公众喜爱，对广泛地开展社会教育作出了可贵的尝试，已经成为现代图书馆实践社会职能的重要方式。

（1）图书馆讲坛共图书馆的服务品牌。在国际上，图书馆讲座也是非常普遍的，属于一种公众文化服务。大英图书馆所举行的一系列的研讨会等，非常受欢迎。比如说，在1984年开始的潘尼兹讲座，每年均有举行，一般会选在11月或者12月，举行相关讲座的时候，会有相关大英图书馆的演讲，让我们了解大英图书馆的历史与珍藏的资料等，演讲最终还会出版成专辑供人欣赏。当然，不止这一个，非常有名的美国国会图书馆也会有相应的诗歌朗诵或者讲座之类的活动，一般会选在库利奇大礼堂或者芒福德纪念馆，以及惠托尔厅、玛丽•彼克福德戏院等地方，时间一般为年末，一些演讲的稿件由图书馆予以出版。

（2）图书馆讲坛——阅读推广活动的载体。2006年，中国图书馆学会设立了“科普与阅读指导委员会”，2009年将其正式改名为“阅读推广委员会”，下设15个专业分会，图书馆讲坛推广委员会占得一席。此举肯定了图书馆讲坛在阅读推广活动中发挥的作用。遍布全国的阅读推广活动，形成了以图书馆为核心的城市阅读文化体验中心，各类公益讲座是重要的载体之一。

（3）图书馆讲座——城市公共文化活动的一部分。《学会生存——教育世界的今天和明天》中曾提出“城市中不仅仅只有文化网有相应的教育意义，其中的行政、社会等结构也具有非常大的教育潜力，主要是因为其可以进行灵活的交流，可以培养整个城市中人的思想以及情感，更深入地达到相互了解”，以上是联合国教科文组织发布的文件。图书馆既是市民学习的第二课堂，又和其他教育机构一起营造了良好的文化氛围。图书馆定期举办的各类讲座，有利于丰富城市居民的日常文化生活。以上海为例，上海博物馆、东方艺术中心、上海大剧院等都在举办与文化艺术有关的公益性文化活动。

（4）图书馆讲坛——重要的宣传窗口。综合性公共图书馆举办讲座的优势在于：丰富的内容策划与图书馆的藏书资源相对应；听众的参与程度与读者到馆数量正相关；讲座师资的有效聚集与公共图书馆的公益形象互相作用；讲座品牌的迅速成长与公共图书馆的场所价值息息相关。这样的交互作用下，图书馆的讲坛成为各大图书馆展示馆藏、组织活动、提升图书馆社会影响力的重要窗口。同时，作为党和政府的宣传阵地，图书馆讲座在一些重大命题和舆论热点的宣传上，发挥了巨大的引导作用。

鉴于公共图书馆公益服务的核心价值内涵，图书馆讲座应该具有三层特性：公益性——文化品牌的立命之本；传播性——讲座品牌的发展壮大之器；感召性——讲座品牌的精神归属之根。同时，讲座品牌还需要具备四大要素：必须符合社会需要，讲座要贴近实际、贴近生活、贴近群众；必须具有一定的知名度，要拥有一定范围内的公众知晓度；必须不断创新，自始至终保持讲座的新鲜感，才是保持品牌活力的秘诀；必须树立自身公益形象，不以营利为目的，强调知识传播与服务读者。

2.图书馆讲坛的效果设计

图书馆讲坛是落户在图书馆主体建筑内的，有固定空间和服务规模。尤其是当下体验经济大行其道，公益设施日趋现代化，人们对公共服务所带来的现场感和参与感要求日盛。

（1）图书馆讲坛的场景设计。随着公共图书馆界一轮建设热潮的兴起，各地新建馆舍的硬件、软件条件都今非昔比。就讲坛而言，场地要求以方便、实用、适当为主要原则。一般根据听众人数的多少、对现场效果的预期进行合理安排。就国内举办讲坛较为成功的一些公共图书馆来看，能设置200～400个座位的场所较为适宜。场地的大小、座位的多少、座位的摆放、背景的呈现、灯光的控制和氛围的营造均对讲座效果产生直接的影响。根据演讲主题和演讲人的具体情况，场景布置设计要注意以下要素：

第一，背景呈现。也就是主题会标，一般要体现讲坛冠名、讲坛主题、演讲人信息、主办单位名称等。不同内容的讲座配合不同内涵的美术设计，令听众一进入讲坛场所就能立即感知讲坛的内容主题，以及主办者力图传达的信息。

第二，讲台设计。如果是一个人主讲，则选择配备立式讲坛或者传统型课桌；如果是2个人以上同场主讲（往往会有主持人串场），则需要按照讲课内容的侧重安排主次座位。同时，内容的差异性也决定了场地的个性化布置。例如“民国故事”系列讲座，现场准备了红木座椅和茶几，一入会场就会融入讲座氛围；而悬疑故事讲座，则在台中放置单人高脚凳，配合以暗场追光，悬疑的感觉马上呈现。

第三，氛围设计。在围绕讲坛的内容主题设计会标和布置场景的同时，某些确定的设计元素还适用于同场讲座的其他物品和网络宣传。比如台卡、话筒上的标识(LOGO)、场内摆放的宣传海报、免费派发的讲课提纲或刊物等。不要忽视了细节的作用，细节常常可以在讲座结束后延长大家的听讲感受，是品牌宣传的重要手段。

（2）图书馆讲坛的音效设计。当代讲坛离不开多种科技手段的辅助，如灯光、投影仪、音响、视频等。图书馆的现代化设计使得这些设备的运用成为可能。例如，杭州图书馆就有专门的影音厅，配备了一流的音响设备，听众可在厅内试听维也纳新年音乐会，效果非同凡响。

会议音响设备一般有有线麦和无线麦两种。其中前者抗干扰性好，保密性强，但移动不方便；后者移动方便，但抗干扰性相对较差。讲座中常采用的有桌面台式麦克风和手持麦克风。落地式麦克风与微型麦克风一般在朗诵会和舞台效果较强的讲座中使用。麦克风的高度最好不要超过主讲人的肩膀，尤其是落地式麦克风，否则，极易从正面遮挡演讲人的脸部。为了给讲座现场的听众创造良好的听觉环境，一般可以从以下方面着手：

第一，主讲嘉宾的声响控制。音箱的位置安放合理，不造成视觉侵占，又能够保证声响传达效果理想。音量控制得当，保持适中，力求使会场内呈现出最佳音响效果。

第二，环境音响的控制。尽可能地屏蔽讲坛现场的杂音，避免各种喧闹声。

第三，调节性音响控制。讲坛开场时播放与讲坛主题和气氛相和谐的背景音乐，帮助读者进场后迅速调适情绪，达到安静听讲的状态。

（3）图书馆讲坛的灯光设计。当代讲坛对于灯光的作用已经具有鲜明的潮流意识。然而，目前国内大部分图书馆讲坛做不出专业剧场的灯光效果，下面仅对普及型讲坛的灯光设计进行分析。会场内灯光一般要求有足够的亮度，尤其是照射在会标、主席台中心区域及其桌面上的灯光既要有均匀度、柔和感，又要有必要的光亮度。听众席区域还应以便于大家现场做笔记的柔和光为主。特别需要注意的是，光线不可直射现场人员的眼睛。会场外，比如门口、通道等处，宜采用明亮灯光，以方便听众入场通行、保障安全为原则。

（4）图书馆讲坛的主持风格设计。讲坛的主持人是讲坛效果设计中最重要，也是最具魅力的一部分。这些年图书馆讲坛的兴起带动了一个新的职业岗位，那就是讲坛活动的策划与主持。讲坛主持人是主讲嘉宾和听众之间的桥梁和纽带。图书馆讲坛主持人集策划者、组织者、主持者于一身，从讲座的选题到联系主讲嘉宾，讲坛内容和时间地点的确定，乃至讲坛信息的发布、宣传均需要主持人的精心安排。讲坛主持人是讲坛进程的动力和向导，成功的主持人必须掌握因势利导与处理难题（化解尴尬、控制情感、传递信息）的艺术。可见，主持人优秀与否和讲坛能否成功有直接的关系，因此，对于主持人的素质、形象、礼仪和风格设计也是讲坛效果设计中的重点。

第一，主持人的岗位职责。与主讲人顺畅友好的沟通——主持人应事先与主讲人就讲坛事宜进行充分沟通，如确认讲坛时间、讲坛题目、讲坛内容，主讲人简介，主办或合办、承办单位等相关信息，了解主讲人的演讲习惯，是否使用 PPT 等多媒体资料。有很多讲坛是需要主持人全程参与讲坛内容的，那就需要主持人成为讲坛嘉宾的朋友，充分沟通，寻找话题，设计流程。

掌控现场流程——图书馆讲坛一般的流程为：开启讲坛、介绍嘉宾、简述讲坛内容、主讲嘉宾演讲，以及后半部分的现场提问、总结讲坛、下场预告等。整个讲坛过程，主持人必须自始至终严格监控，根据现场的情况随时作出反应。

呈现完美的讲坛效果一一主讲人在讲坛的最后阶段，一般会与听众进行互动交流，在这一环节，主持人需要善于掌握节奏。主持人在倾听主讲人与听众交流的同时，需要思考话语的衔接、贯穿，以及如何结束或切断主讲人与听众的题外话。在交流过程中，主持人可以根据现场情况将自己的立场在主讲人和听众之间进行切换，既能以主讲人的立场讲话，又能以听众的立场提问，巧妙协调好两者之间的关系。这样才能在控制全场节奏的同时，将现场气氛推向高潮，深化讲坛主题。

第二，主持人的礼仪要求。中华民族素以“礼仪之邦”著称于世，图书馆讲坛是一个传承文化的高雅场所，主持人应首先成为文化的象征、礼仪的典范。在前期的沟通和协调工作中，主持人必须言语得当、态度恭敬、有礼有节、进退有度。活动当天，主持人应该提前到达与主讲人约定好的地点（讲坛场地门口或图书馆大厅门口）等待迎接。在讲坛开始前，应与主讲人就讲坛细节再次落实沟通，将讲坛流程安排及时间控制告知主讲人会有助于其更好地准备和发挥。

讲坛开始之前，主持人先行上台提示大家将手机调至振动并保持安静；待听众注意力集中后，便可开始主持讲坛。讲坛的开场白至关重要，必须措辞简洁，引出主题，主持人应以自己良好的语言能力让听众迅速融入情境。

在讲坛结束时，主持人应用高度概括性的话语将讲坛主题和收获提炼出来，对整场讲坛进行一个提纲挈领式的总结，并表达主办方对主讲人和听众的感谢。讲坛结束后，主讲人如愿意为听众签名或合影留念，主持人需要维持好讲坛周边的秩序。在主讲人要离开时，提醒其勿遗忘随身物品并致谢送别。

第三，主持人的形象设计。讲坛主持人出现在听众面前时，所代表的不仅是个人形象，更代表图书馆的形象。一位合格的主持人总是能够精神饱满、仪态端庄、谈吐得体、举止文雅，令听众产生一种亲切舒服的“首因效应”和“魅力效应”0因此，在服饰妆容方面，具备恰如其分的风格定位就显得尤为重要。当讲坛内容比较严肃，主持人应选择端庄得体的职业套装，给人以冷静沉着、落落大方的感觉；如果是关于都市生活的讲坛，听众以年轻人和时尚白领为主，主持人最好在着装上选择偏亮色调的服饰，融入一些当下流行的时尚元素；春节期间的活动主持，主持人可穿着文化意味鲜明的传统服饰；三八妇女节的庆典活动，女性主持人甚至可以盛装出现，身着旗袍和礼服，突显隆重和典雅。总之，服装的选择可以根据不同讲坛内容变化风格，但前提是大方得体。

第四，主持人的语言设计。发音标准、吐字清晰、语言流畅是对讲坛主持人语言表达的最基本要求。主持人的语言表达可透露很多信息，朴实无华且悦耳动听的语言具有无比的亲和力，不仅可充分反映主持人的学识与涵养，且能有效带动嘉宾与听众亲密无间的交流，为话题的进一步深入推波助澜。主持人一般在讲坛之前都会备稿，这是必要的准备。可实际上，现场的情况千变万化，仅局限手中一稿机械化地进行，往往难以融入现场气氛，更难以捕捉精彩瞬间。因此，主持人的语言表达能力，更体现在临场发挥上。当然，若要具备优秀的语言表达能力，学习、培训是必不可少的。

第五，主持人的控场能力。从讲坛开始到结束，主持人是除了主讲人之外唯一掌控现场的角色，对控场能力的要求非常高。讲坛活动中，特别是一些对话式讲坛，可能因为一个优秀主持人的介入，就有了自己的灵魂。在一个话题应该结束时，主持人自然地承上启下，开始下一个阶段的谈话；在主讲人一时语塞的时候，主持人给予提示、铺垫，能避免冷场；当主讲人滔滔不绝，甚至出现不当语言或已偏离主题的时候，主持人需及时巧妙地予以制止、引导；当主讲人和听众间产生过激对话时，主持人能够适宜地协调气氛。

另外，成功的现场讲坛主持人应该具有大方得体的形象，丰富的学识修养，优秀的语言表达能力，出众的掌控能力、逻辑分析能力与灵活应变能力。他能够充分调动主讲人的演讲激情，加强谈话深度，激发听众的思辨火花。应该说，主持人在为整场讲坛活跃气氛、穿针引线、深化主题等方面，起着举足轻重又无可替代的作用。

3.图书馆讲坛品牌理念设计

在商品经济中，“理念”是引导和规范企业和企业员工的强大思想武器，是企业向社会发出的宣言和承诺，反映了企业存在的价值，是引导消费者和社会公众的一面鲜艳的旗帜。当下的“理念”早已不局限于企业、商品和消费者的简单循环，而是扩展到了事业、品牌和社会发展的各个领域。公共图书馆对讲坛工作的价值挖掘日见成效，对品牌理念的归纳提炼和视觉呈现都有不同程度的创造和发展。

（1）讲坛名称的设计。讲坛名称是品牌形成的首要元素，它提供了品牌最基本的核心要素，反映了讲坛的基本定位与目标，它会给读者、听众以先入为主的印象与评价，一提到讲坛名称就能使大家联想到其品牌大致的特点与定位。讲坛命名一般遵循以下这些原则：

第一，突显地域名称，易懂好记，标识性强。重庆图书馆的“重图讲座”、上海图书馆的“上图讲座”、黑龙江省图书馆的“龙江讲坛”都直接以地名命名，让人一目了然，且好记易懂。

第二，突显文化内涵，意义深远。很多城市都有着悠久的历史与灿烂的文化，运用该城市的文化特色或历史人文典故来命名，可使讲坛的名称象征着文化内涵，让人回味无穷。国家图书馆“文津讲坛”即是借用古代藏书楼“文津阁”的名称，象征着神圣的文化殿堂、丰富的馆藏资源、五千年文化和古老文明，贴切而又响亮。

用藏书楼命名的还有宁波图书馆的“天一讲堂”0“天一阁”是中国现存最早的私家藏书楼，是宁波的地标式建筑，也是宁波的城市文化象征，以“天一”命名讲座，能更好地突显宁波图书馆讲座的传统文化内涵

（2）讲坛的核心理念。与讲坛名称相对应的是对核心理念的归纳和提炼。核心理念的提炼除了要求准确、富有个性、表达简洁，还应符合图书馆的实际情况、城市文化个性和业务优势等。提炼出认同感强、具有感召力的文字表述，是讲坛品牌的价值追求，也是事业精神的高度概括。如上海图书馆的“上图讲座”，在数十年的发展中形成了“积淀文化，致力于卓越的知识服务；世界级城市图书馆；精致服务、至诚合作、引领学习、激扬智慧”的发展目标、愿景和核心价值观。

（3）讲坛品牌的视觉设计。视觉设计对一个公共品牌来说必不可少。关于讲座标志，其设计通常要把讲座的特点、品质及价值理念等各种要素以符号的形式传递给听众，创造听众的认知，促进听众的联想，使听众产生对讲座的偏好，进而影响讲座所体现的质量与听众的忠诚度。

一个好的讲座标志一般应具有简明易认、内涵深远、视觉新颖的特点，以达到艺

术与文化的完美结合Q如上海图书馆讲座标识，由变形英文字母“SLL”与汉字“上图讲座”组成。“上图讲座”英文表述为ShanghaiLibraryLecture，因此本标识以英文字母“SLL”为设计主体：右面的L以发散的光波形状来象征讲座的知识传播功能，左边的则呈现球形，象征传播范围遍及全国乃至全球，充分体现上图讲座将辐射全国甚至全球的雄心伟略；两个“L”又象征逗号，喻示上图讲座品牌的发展脚步永不止歇；标识右下方又标有“SLL”，其中呈现话筒状，体现讲座形式的特性；标识以蓝色为主色调，充分体现上图讲座的知识性。

山东省图书馆讲坛标识图案是汉字“众”有机地变化为三个相连的“人”字，也似巍峨的泰山和屋顶，突出深厚的齐鲁文化底蕴及鲜明的民族精神内涵。汉字“众”突出徽标的独特性；三个相连的“人”字体现讲坛以人为本的公益性，体现了促进人与人之间和谐相处、社会和谐发展的内涵。“人”字形似向上的箭头，体现讲坛提升公民文化素质的作用，又似巍峨的泰山，沉稳雄健，体现齐鲁文化悠久的历史和厚重的民族精神积淀。图案也似屋顶，象征讲坛惠及民生、服务百姓；整体的大红印章则体现讲坛对传承民族优秀文化、弘扬民族精神的郑重承诺。

4.图书馆讲坛的定位与内容设计

（1）图书馆讲坛的定位设计。讲坛的定位设计首先要调查公众的需求，先深入了解公众需求以及看法，再将整体讲座的内容以及形式告知受众，同时定位讲座的品质，以及讲座过程中的问题，让讲座在开展的时候更加符合受众需要，举办效果更显著。讲坛定位设计可从以下角度着手：

第一，以受众对象为定位方向。讲座整体来说所指向的对象是公众，因此在举行活动的时候，目标受众的情况以及需求是非常重要的，在一定程度上决定着整体讲座的品质标准。品牌效应在传播的时候一定程度上可以对受众产生指引，同时，又反过来影响讲座实施过程中质量标准的制定与贯彻。

通过对图书馆讲坛受众的长期观察可见，图书馆讲坛的受众主要是公益性服务群体。按照年龄划分，可分为退休老人、在校学生、在职白领等社会群体；按照教育程度划分，又可分为高级知识分子、学历不高却爱好学习的人、正在求学的莘莘学子等；按照社会阶层分，又可分为以行政管理为主的干部学习群体、以拓宽视野和积累知识为主的职场新人群体，以及以休养生息、提升素养为主的“有闲阶层”……不同的群体对讲座内容和服务的需求都有着鲜明的个性选择，在做讲坛定位设计时应兼顾不同群体的不同需求。

第二，以城市文化为定位标杆。文化是城市的灵魂和精神，是一个城市的内在“气质”，它包括城市的精神面貌、文明程度、传统风情等。不同的城市有着各自的城市文化个性。结合所在馆和所在地方的文化特点，充分挖掘本土文化资源、当地文化特色来举办讲坛，使讲坛成为一个城市的“文化名片”，也是一种行之有效的讲座定位方式。

例如，国家图书馆“文津讲坛”和上海图书馆的“上图讲座”。前者是以北京这个历史名城的丰厚积淀作为讲坛内容资源，定位于传统文化和经典传承，讲座坚持思想性、学术性、知识性，突出雅俗共赏、普及与精深兼得的特点。而上海是个追求兼收并蓄、与时俱进的城市，虽然它的传统文化不及北京、杭州等古城深厚，但它鲜明的海派特色和浓厚的都市气息是其他城市难以企及的。上图讲座“海派文化”和“都市文化”专题就力求充分显现其“都市”性，把东方大都市海纳百川、各方杂处的文化精神充分展现出来。

（2）图书馆讲坛的内容设计。讲坛成功与否，虽然与很多客观因素相关，但最核心和最根本的因素还是讲坛的内容策划，也称为内容设计。内容设计是建立在充分了解听众需求、积极调动社会资源、努力发挥团队协作能力基础上的，是讲坛品牌建设过程中的关键环节，体现了图书馆讲坛的能力与实力。做好图书馆讲坛的内容设计，一般有以下方面：

第一，专题活动设计。随着科技的发展、时代的进步、生活水平的提高，市民对讲坛内容提出了更高的要求，希望图书馆能提供更丰富、更全面、覆盖面更广的知识讲坛，因而图书馆讲坛在内容上需不断创新。这样的文化需求随着各个图书馆举办讲坛的经验积累，已经逐渐得到满足。针对不同层次和不同群体的文化需求，不同领域、不同主题的讲坛内容纷纷登场——时政热点、文化艺术、社会法律、科学教育、经济金融、健康生活，与工作、生活、爱好相关的各个领域的专题都有涉及。

第二，节庆活动设计。除专题式的讲坛内容之外，公共图书馆另一个非常重要的职能就是丰富市民的闲暇文化生活。事实上，很多图书馆的讲坛都是以休假日来命名的，因其讲坛定位、讲坛内容均不一样，可谓千姿百态。如浙江图书馆的“假日讲座”、福建省图书馆的“东南周末讲坛”、厦门图书馆的“周末知识讲座”、山西省图书馆的“周末讲坛”等。其实，除了周末，元旦、春节、“4•23”世界读书日、六一、国庆等重要节庆日相关的讲坛设计也是重要组成部分。以下通过援引上海图书馆的相关案例，揭示节庆活动设计的三个原则：

应时应景：中国百姓对传统节日，如春节、元旦、中秋、端午等延续至今的各种节庆有着深厚的情结。节庆休假日的图书馆讲坛活动在向市民提供文化学习和休闲选择之外，又具有一种传承文化的意味。所以，节庆讲坛的设计更需要体现节日元素。例如上海图书馆的“中国优雅”专题分成“人间烟火——春节民俗与美食”“幸毋相忘——新年话旧饰”“澄怀观道——文人香事”，涉及民俗、美食、香道、收藏等各个领域，既有寻常百姓的人间烟火，又有文人雅士的古风清玩，力求多角度展现中国人传统生活方式的智慧与优雅。

曲高“和众”：与传统节日不同，有一些节日是具有主题性的，比如“国际三八妇女节”或者“世界健康日”。作为阅读推广最前沿的图书馆讲坛，近年每逢“4•23”世界读书日来临，总是会举办相关专题的活动。这里要兼顾好图书馆的引领作用和大众的接受程度，也就是说“曲高”也必须“和众”。

把握导向：讲坛不仅是文化品牌，更是重要的舆论宣传窗口。它的重要职责还包括追踪热点、辨别是非，是文化宣传的重要阵地。因此，每逢与国家利益相关的节日（例如国庆节），图书馆还必须策划一些能够凝聚民族情感、抒发爱国情怀、坚持正确导向的讲座活动，以烘托节日气氛。2012 年国庆节，上海图书馆策划了当代国防专题，邀请了罗援、房兵、杜文龙等一大批活跃在当代军事题材讲坛上的风云人物开讲。

第三，高端会员沙龙设计。在满足社会大众的文化需求，高举公益性大旗开展公共文化服务的基础上，发现越来越多的城市出现了有着更高听讲需求的社会群体。他们对讲坛的内容和嘉宾有着更高的要求，希望内容更前卫，嘉宾更权威，形式更时尚，服务更到位，并愿意为此支付一定的费用，以享受更加私人化的听讲服务。

第四，定制类设计。图书馆讲坛的日常组织和运行一旦常态化，品牌影响力也随之上升。这个阶段会出现多种可能，合作性、个性化的办讲模式，这种有既定的听讲对象、明确的讲题指向，甚至有具体的讲座类型要求和增值服务要求的属于定制类讲坛设计。以下列举三种定制类讲坛的类型：

来自政府或事业单位的定制要求。上图讲座“进百校”专场就是在上海市教委的直接指导下，以上海高校学生为特定的听讲对象组织实施的讲座。其成效显著，从高校学生辐射到了全市的中职学生。这一合作模式是，教委和校方及上海图书馆三家联手，教委补贴讲课费用，校方组织学生听讲，“上图讲座”负责讲师遴选、内容策划、沟通协调、送讲上门。通过坚持不懈地在学校举办人文讲座，“进百校”专场培育了大批年轻听众，讲坛的教育性和学习性特点更加凸显。

来自企业的文化需求。在经济全球化、公众文化需求日渐强烈的当下，一些有远见的企业开始不满足于传统的员工培训模式或客户服务模式，高端的人文艺术资源进入了管理者视野，却苦于没有积累和渠道，而公共图书馆占有天然的资源优势，因此也具有了合作的可能。

来自社会团体或非营利性组织的推广需求。公共讲坛成为品牌的同时也成了公众和媒体关注的信息源，成为推广活动的天然舞台。除了以上提到的媒体冠名的讲坛品牌之外，利用公共文化平台实现品牌共赢的合作模式非常普遍。这些团体或组织会着力推荐和展示自身具有的讲座资源，比如讲座老师、既定的听讲人群，以及品牌的标识和宣传品。当然，本着对品牌负责的精神，讲坛活动的负责人必须对这些资源有明确的价值评估标准，务必符合公共图书馆的形象要求和服务等级。

5.图书馆讲坛的衍生服务设计

图书馆讲坛通过数年如一日的积累，在讲座本身之外还将会产生一大批与讲座相关的衍生产品，比如讲师资源库、讲座文字稿、讲座课件、视频音频资料、讲坛刊物、讲坛出版物等，这些产品丰富了讲坛服务的内涵，延长了业务价值链，使得讲坛品牌的多元化发展成为可能。对于衍生服务，同样需要用策划和设计的眼光来合理布局。这些服务功能的完善和优化是图书馆系统建设讲坛品牌的必要条件。

（1）对讲坛产品的形象设计。讲坛的视觉设计还体现在整个讲坛举办流程中需要对外展示的各个环节。前期，包括讲坛的宣传海报、宣传单、网上公告等环节，在形象上不仅要凸显讲坛的品牌品位，而且要注意体现讲座内容的特有元素，尤其是一些大型的专题系列讲座，更需要在精心的画面设计之外突出主办元素，即本专题系列或本次讲坛的主办单位名称、标识、排序等。在实施阶段，要在会标、舞台设计、招贴、现场布置和氛围营造上融入设计感，其原则是要与讲坛标识相统一协调，在文字、色彩、构图上充分体现讲坛的整体风格，具有较强的视觉识别功能。在讲坛后期，一般认为讲坛主体工作已经完成，其实不然，讲座的音频、视频及其形成的光盘载体、讲坛的课件和文稿、讲坛的报道归集、跟讲坛有关的印刷品和书刊的出版，甚至是与讲坛有关的纪念品设计，都需要沿用以上的设计原则，形成讲坛的整体感和品牌设计感。

（2）对网络服务的功能设计。在互联网时代，尤其是在移动客户端发展日新月异的当下，图书馆讲坛的人气迅速积聚，与讲坛自媒体的建设互相融合，大力拓展了讲坛的服务功能。借助互联网的优势，图书馆讲坛可以实现跨越式发展。公共图书馆的网站建设早已经全面铺开，其中，讲坛活动的更新和推广是重要也是最出彩的部分。网站建设内容涉及众多层面，在此仅对网站功能设计进行分析。一个实用的讲坛门户网站必须具有以下功能：

第一，预告讲坛内容。预告讲坛内容包括全年或全月的预告，以及单场讲座的时间、地点、主讲人介绍等详细信息。

第二，提供预订通道。在网站上可实时注册，无须复杂认证即可实现对某场讲座的预订。

第三，推送重要活动。对于大型或系列活动，需要特别宣传的专题性活动，网站有责任专门推送。

第四，提供讲坛音频或视频资源。提供讲坛音频或视频资源是网站建设的重中之重，对资源的组织和有效使用起到关键作用。

第五，增加讲坛的附加值。如讲坛刊物的数字版，通过讲坛活动的现场报道、图片，展示讲坛资源的积累、讲坛活动的社会影响等。

第六，提供兄弟图书馆共享资源。对于同业而言，网站提供的信息是同行之间借鉴学习的重要来源，更是馆际合作的重要窗口。

（3）对衍生产品的规划设计。在全国公共图书馆界，讲坛举办较为成熟的图书馆几乎都创办了专业的讲坛刊物，如太仓图书馆自行编印的馆刊《尔雅》被中国图书馆学会阅读推广委员会指定为“书香园地”期刊之一；上海图书馆的《上图讲座》专刊创办多年来，不仅为上海市民提供精神食粮，也给全国图书馆同行提供了同业参考和例证。这些人文导读刊物传播文化，拉近了图书馆与读者之间的距离，成为图书馆的文化名片。

刊物之外，讲坛的衍生产品中，课件、文稿、音频、视频都是进行二次传播的极佳手段，规划设计好这些产品的使用，是提升品牌影响力的重要内容。

第一，结集出版丛书。对讲坛讲稿的收集整理和结集出版早就成为同行之间的共同做法。最具知名度的莫过于国家图书馆“文津讲坛”系列丛书。“文津讲坛”是国家图书馆主办的公益性学术文化系列讲座，属于国家性质讲坛，且为著名品牌。“文津讲坛”的中心是为百姓服务，其中的文化资源非常丰富，且符合我国传统文化的教育，每次讲坛均会有很多学者进行演讲。当然，“文津讲坛”不是只有在现场才可以看到听到，每场的讲坛都会有相应的工作人员进行录制，且会完整地保存，编辑整理，最后在图书馆珍藏，供公众阅读使用。当然，还有一部分的讲座，比如说“全国文化信息资源共享工程”，公众想看的时候便可以免费通过网络观看。另一方面，“文津讲坛”的很多精选内容会单独进行编辑整理，对应的书籍“文津演讲录”便是其一，可以满足很多公众需求。

第二，音频、视频资源的再开发。讲座的现场录音、录像已经非常普及。对于摄录下来的音频或视频文件除了妥善保管存档之外，利用这些文件进行再次传播常常能收到意想不到的效果。例如，“上图讲座”与电台的品牌节目《市民与社会》合作，该节目因为多次邀请政界或商界的名人而被市民广泛关注。节目以现场采访为主，但是周末档期的编排常常遇到困难。“上图讲座”抢占先机，以公益性讲座录音弥补节目空白；而经过电台专业编辑制作的录音文件又特别具有传播性，这些文件又再次成为图书馆制作宣传品的内容支撑。视频文件也是如此。不要忽略了讲座数字化成果的长期积累，这是品牌资源中最有潜力也是最有价值的一部分。

第三，讲座文稿的媒体共享。同样作为公共资源，各大公共媒体与图书馆之间长期存在着互相需要、友好合作的关系。媒体的参与放大了图书馆的社会效应，图书馆的资源又为媒体提供了可持续发展的支撑。尤其一些内容精彩、主讲人知名度高的讲座，媒体常常趋之若鹜。

抓住这样的需求，公共图书馆适时地打出自己的品牌，不仅通过媒体放大活动效应，还能够打开长期合作、凸显品牌价值。比如：在媒体上开设专栏，定期刊登讲座文稿；或提供现场录制的音频、视频文件，在宣传氛围和细节上做足文章，在公众视野内尽可能展示图书馆讲坛的文化符号和个性元素，让更多的人知晓讲坛、熟悉讲坛。

图书馆讲坛的设计是一个系统工程，有天时、地利、人和的因素，也有常年的积累和团队的努力，更有踏实的工作付出和创新的思想。未来，人们不仅可以随时运用图书馆来获取知识和信息、接受教育，而且能够进行娱乐、陶冶情操。图书馆讲坛前途光明，也任重道远。

（二）阅读推广的读书会设计

1. 读书会认知

显而易见，“读”所指代的是阅读的行为方式，“书”指代的是阅读时的对象，当然，读书并不是说只读纸张方面的书籍，其中的“会”则指代的是团体的汇聚。从字面意义上进行分析可以看出，读书会便是对所阅读的事物进行相互交流学习的一个汇聚的团体。

读书古往今来均存在，它是随着人们的相互交流学习而产生的。在我国，自古便有以文会友的活动，此传统活动便是早期文人团体读书会的代表之一，比如竹林七贤、建安七子以及竟陵八友等。对于西方国家来说，启蒙运动发展以后，西方国家的受教育程度也逐渐提高，公众受教育规模也在增大，因此出版物的数量也随之增加，后期的读书会的发展也非常迅速，并在教育中发挥重要作用。德国图书会便是其中一个。启蒙运动后期，德国读书会迅速发展起来，和当时的启蒙社、教育联合会等发挥的作用一致，属于一种批判功能性的公共教育。

近年来，我国出现了很多类似于读书会形式的团体，这种类型的阅读团体有其核心特征，主要在于以下四个方面：

第一，民间性。之所以这样说，是因为其是民间自发形成的，活动以及组织形式等并没有政府的指导。

第二，其核心是对阅读内容进行交流与分享，更多的是阅读人员之间的一个互动。比如说北京的“阅读邻居”读书会在进行阅读的时候，会事先将对应的书目发布出来，活动的时候可以针对此类书目发表自己的看法，相互之间交流心得，促进阅读生活。

第三，大多为小团体形式 c 读书会着重的是互动以及分享，活动方式以及场地等均有限制，因此一般规模相对较小。若这一团体规模过大，则在进行活动的时候分享效果则相对较差。

第四，可以相互受益。阅读共享以及相互交流可以促进思想发展，使成员受益。

在我国，在对读书会进行分析的时候，不仅仅可以将其理解为一种民间阅读团体，还需要有另一层次的理解，它也属于一个民间的阅读推广团体，可以促进全民阅读。目前，我国的很多读书会已经不仅局限于图书会内部成员的阅读，更多的是对阅读的推广与分享。当然，其中还有很多关于推广阅读的实际活动，列举相应的书目针对特定的群体进行推广，对应的公益性活动也非常多。江苏淮安组织的目耕缘读书会便是其中的一个典范。目耕缘读书会所秉持的原则是“让身边更多的人拿起书籍，携手读书，让同行之人更多，更具知识与责任”，后期还组织了很多的公益活动，比如说目耕缘讲读堂，以及淮安好文章、寻找淮安读书人等，这些活动的展开有效促进了全民阅读的开展，增加了公众的阅读兴趣。

简单来说，读书会是以阅读为交流基础的一个团体，属于民间组织。当然，除了民间组织的说法，其中还有另一方面的理解，可以简单理解为图书馆举行的一种阅读活动。我们将图书馆看作是阅读活动的举办方，这样来理解读书会也可以，但是这种理解在一定程度上限制了图书馆对于阅读推广的全面性。所以，我们在深入了解图书馆的时候不能仅从活动举办方向去解读读书会，更多的是需要从团体方向去理解，尤其是民间的阅读团体方向，这对于图书会来说十分重要。

2. 图书馆界关注读书会的依据

（1）作为阅读交流平台的图书馆应该发展读书会：图书馆长期以来主要满足个体读者的阅读需求，为个体读者提供阅读读物、阅读空间、阅读设备，但是阅读不仅仅是个人化的事情，同时也是一项社会化的行为，很多人阅读之后都有交流的欲望。那么图书馆应该为大众的阅读交流提供场所、氛围和平台。图书馆可以通过编制阅读刊物、读者评论等方式来提供阅读交流，同时也应该大力推动读书会这一交流平台。

（2）读书会发展需要图书馆的推动和支持：读书会想要达到良好且长时间的发展，离不开图书馆的支持，美国图书会之所以发展壮大的一个重要因素，便是其政府和图书馆的支持。当然，我国读书会的发展也非常快，目前在我国已经是公众阅读的主体。虽然说读书会不是政府组织的，但是我国政府和相关部门对于其发展起到了非常重要的引导作用，不断地加以支持，促进了读书会的壮大。当前读书会的发展也存在相应的困难，比如发展空间较小、相对低迷、没有专业团队的支撑等。图书馆作为政府与民间读书会交流的一个途径，其角色至关重要，可以逐渐从资源提供方向转变为整合指导方向，实现读书会的良性发展，促进内部结构的升级。当然，若想要更好地将资源进行整合，图书馆需要发挥重要作用，加大对图书会的支持与引导。

3. 图书馆在读书会中的定位

图书馆只组织一个读书会，这个读书会有完善的管理体系，举办各种各样的活动。在初期这样做是可以的。但是图书馆的作用不仅仅是运行一个或两个完美的读书会，图书馆更深层的作用在于让更多的读书会成长、发展起来，让读书会遍地开花。这就意味着图书馆要承担推动者的角色。例如，苏州读墅湖图书馆思客读书会的定位即秉持互动交流与经验分享的原则，与各类民间阅读组织建立良好的交流与互动模式，引导、扶持民间阅读推广组织的发展与推广，进行读书会运营经验交流。

思客读书会的定位并不以图书馆运行一两个读书会为中心，而是主要围绕着和民间阅读团体合作，引导、扶持民间阅读团体的发展来进行。该读书会的定位诠释了图书馆是读书会发展的推动者这一角色定位。具体而言，图书馆在其中承担了三个角色。

第一，组织者。图书馆不仅传递资源，同时又是一个组织资源的平台。图书馆需要把各方资源，尤其是读者资源有效地组织起来，推动更多的读书会成立。

第二，服务者。图书馆的用户除了个体用户还有团体用户。读书会是团体用户的一种类型，图书馆应该把读书会作为服务对象，为其提供所需的资源和帮助。

第三，管理者。图书馆不应只局限于作为读书会的举办者、资源提供者，而更应该做好管理者的角色，这里所说的管理并不是指个体读书会的管理，而是指图书馆应该对本馆所服务的区域内的所有读书会群体的整体管理。图书馆对读书会群体的管理和其他部门不同，其他部门如民政部门、文化主管及宣传部门关注资质、思想动向等方面，图书馆对读书会的管理主要从业务角度进行，包括读书会信息的管理和评优激励等方面。

4. 图书馆运作与培养读书会的措施

（1）图书馆运作读书会的策略：图书馆运作读书会和一般读书会的运作区别不大。下面结合读书会的运作阶段进行分析。

第一，筹备读书会。读书会的类型按照不同的标准有不同的分类，从图书馆的角度来讲，主要考虑两种分类方法：①按人群分类，可将读书会分为儿童读书会（亲子阅读）、青年读书会、女性读书会、学生读书会、教师读书会、老年读书会等；②主题分类，可分为文学阅读（可进一步细分，如鲁迅文学作品读书会等）、心理励志、经济管理、社科人文、艺术、童书等。

图书馆在设计读书会类型时可考虑从流通数据分析读者的阅读兴趣和爱好。图书馆创办读书会有一个天然的优势，那就是图书馆对读者阅读兴趣的了解。读书会是一群具有类似阅读兴趣的人进行交流的团体，而图书馆通过流通记录可以了解到哪些读者具有相同的阅读兴趣和爱好，这是读书会成立的基础c图书馆可以在流通记录分析的基础上，提出本馆读书会的整体构架，然后寻找合适的读书会带领人组织相应的读书会。

关于读书会名称，角度不同，名称亦有差异。有的读书会以参与对象命名，比如上海的女性空间读书会，该读书会以女性为主，倡导女性自觉和性别平等；有的以地点命名，比如深圳后院读书会，主要源于其最初活动在一个饭店的后院，因此得名；有的以聚会时间命名，比如周末读书会；有的以宗旨命名，比如上海的萤火虫读书会，该读书会认为自己是像萤火虫一样会飞的读书会——“萤火虫是渺小的，发出的光是微弱的，然而夜空中聚集在一起的萤火虫却是耀眼的光芒。”图书馆读书会的命名可以结合图书馆的特色，比如浙江图书馆读书会命名为文澜读书会，就取自浙江省图书馆馆藏的文澜阁版四库全书。

确定读书会宗旨。只有确定了读书会的宗旨，才能确定读书会的形式和风格。如女性空间读书会的宗旨：以书和茶为载体，汇集有关性别议题、女性创作的图书与影音产品，开展多元文化活动，倡导女性自觉和性别平等。再如三叶草故事家族的宗旨：让童年溢满书香，让阅读丰盈童年。三叶草故事家族通过线上及线下活动，举办故事妈妈培训、专家阅读讲座、社区故事会、主题文化沙龙、新书试读会、年度讲述大赛、故事剧团等多种阅读活动，用这个世界上最美丽的童话、最动人的故事滋养孩子，柔软孩子的心灵，彰显孩子的灵性，放飞孩子的想象，呵护孩子的童真。

拟定读书会章程。读书会成立后，可以由会长带领全体会员订立章程，使会员对读书会的宗旨、特色、成立背景、组织形态、会务发展等有比较充分的了解，并能遵守规范，顺利推动会务。章程的主要内容一般有八个方面：①会名，包括全名与简称，并简要说明会名的由来与意义；②宗旨，确立读书会的宗旨；③入会方式，读书会参与者资格限制及入会方式；④权利，说明入会会员享有的权利，比如是否享有借书优待等；⑤义务，对读书会会员应遵守的章程、规范及任何经会议通过的决议加以说明；⑥组织，对读书会的组织形态、干部产生方式、任期、各项工作分配及会务运作方式加以说明；⑦聚会方式，对聚集的时间、活动方式、基本流程等加以说明；⑧规范：读书会的各项规范应由全体会员共同讨论后确定，并约定共同遵守。

确定读书会组织结构。不管哪种规模的读书会，都应该有相应的组织结构来进行管理。读书会的组织形态视规模大小而定。小型读书会的组织结构可以相对简单，设会长和副会长，会长主要负责整体设计、带领读书会、对外联系等；副会长主要负责会员联络、准备相关材料等。规模比较大的读书会的结构相对复杂，人员较多就要进行分组，否则不能保证讨论效果，因此除了会长、副会长之外，还需设置各小组组长。比如有的图书馆读书会设艺术组、社会组、教育心理组、文学组、哲学组、生活保健组，每组各设组长、副组长、会计、联络员等人员。

第二，读书会主要活动。读书会可以每一两周举办一次，也可以一个月举办一次，每次活动大多两个小时，活动的形式多种多样，主要包括各种阅读交流活动及拓展活动。读书会的类型、宗旨不同，其活动也有区别。比如以成员互益为主的小型读书会的活动大多以精读讨论为主，而公益型的读书会则会开展大型讲座等活动。读书会活动大体可以分为以下五类：

精读分享：阅读分享是读书会的核心内容，可由读书会成员共同选定书单，会下完成阅读，会上进行交流讨论，一般会有一个引领人引领讨论。引领人可以固定，也可由成员轮流担任。比如上海女性空间读书会追求深度阅读与交流，每期参与人数为10人左右，一本书会讨论两次。再比如同道读书会秉承“以文本为基础、以问题为导向”的阅读理念，经过近两年的读书会活动实践，形成一套由结构化阅读、诠释性阅读、辨证性阅读和反观性阅读四个阶段组成的深度阅读方法论体系，并以此组织了“认识自己”“认识社会”“品读文学”等系列人文经典精读会。

好书分享和推荐：和前一种精读分享的区别在于，不一定是全体会员共同读一本书，可以组织好书分享活动，不设主讲人，参与者轮流介绍自己的书籍，但是这样可能会影响讨论效果，因此很多读书会采用的是好书推荐的方式，每个会员可以在读书会的交流平台上分享自己的阅读心得和体会。比如目耕缘读书会设有专门的荐书台和书评活动。

其他拓展活动：除了阅读活动，读书会还可以结合读书会的主题、成员构成等情况，设计其他的拓展活动。例如，黄河青年读书会在理论推演之后，开展一些社会调查和实践工作，为政府献言建策。除此之外，诸如户外郊游、参观访问等均属于拓展活动内容。

编制刊物、信息发布和分享：读书会的各项活动需要进行呈现，呈现的方式有很多，被广泛采纳的方式是编制读书会阅读刊物。例如真趣书社的《方塘鉴》，万木草堂读书会的会员刊物《读好书》。这些刊物可以是纸质的，也可是电子版，比如熬吧读书会的电子杂志《艺文志》。刊物一般包括会员的读书心得体会、读书会活动的介绍和总结、书目推荐等。随着网络和多媒体的发展，读书会的展示平台也日益多元化，很多读书会在豆瓣、微博、微信上进行信息发布和分享。

（2）图书馆培育读书会的策略

第一，资源支持。图书馆在读书会发展中可以提供资源支持，包括资料和场地两个方面。

资料支持：①面向读书会的馆藏资源建设。读书会在进行阅读讨论时一个首要的问题是读物。面向读书会的馆藏资源和面向个人的馆藏资源在提供上应有所不同，读书会需要的副本量比较多。图书馆可以考虑为读书会提供阅读资料，一般由读书会进行申请，图书馆主要考虑该读书会需要的资源是否符合图书馆的馆藏发展规划。②提供讨论及相关资料。图书馆主要提供读书会所需图书的资源，在读书会发展比较好的图书馆，会以比较成熟的“读书会资源包”形式向读书会提供。在建立了相应的馆藏之后，图书馆还需制定相关的借阅政策等进行管理。

场地支持：图书馆本身承担着社区交流职能，应该为读书会定期开展的主题讨论活动提供充足场地。当前，我国民间读书会多有场地缺乏之困，在解决这个问题上，倾向于与咖啡馆或书店合作。图书馆更应该主动地为读书会提供服务，特别是场地上的支持。也有一些图书馆和民间读书会建立了比较好的合作关系，比如苏州独墅湖图书馆实行引进策略，以图书馆咖啡厅为大本营，积极引进各类读书会在此举办活动。还有天津泰达图书馆将滨海读心书友会引入图书馆，该读书会的很多活动在图书馆举行。

第二，提供读书会运营方面的辅导和培训。

提供读书会手册、指南等指导资料：很多读者可能有成立、运营读书会的想法，但是并不了解如何运作一个读书会，图书馆应该为这些读者提供相关的指导资料。

培训读书会带领人：读书会活动开展的效果在很大程度取决于带领人的能力。条件成熟的图书馆应该对读书会带领人进行培训，包括带领讨论的能力和技巧、交流合作能力、数字推广能力等。

第三，读书会的管理。

收集整合读书会信息：①收集信息。图书馆应该将读书会的信息进行整合。

图书馆本身承担着社区信息中心的职责，应该全面了解本社区内读书会的具体情况，并且向读者推荐相应的读书会。这就需要图书馆对读书会的信息进行整合并做好相关的咨询服务工作。图书馆需要掌握本地区每个读书会的信息，包括读书会的规模、读书会面向的群体、读书会的活动周期、读书会的重点阅读读物等，将这些信息进行整合并提供给读者，会方便那些有兴趣参加读书会的人群选择适合自己的读书会。②传递信息。收集完相关信息之后，需要将这些信息进行整合并提供给读者，从而让读者了解身边有哪些读书会，读书会主题是什么、活动周期是多长，从而选择自己感兴趣的读书会。③展示读书会活动。除了整合读书会基本信息，图书馆还可以对读书会的阅读交流情况进行展示。读书会的阅读讨论成果，经图书馆整合后，会以展览、网站推荐等多种形式展示出来。

促进读书会之间的交流：读书会之间需要进行交流，那么图书馆需要为读书会之间的交流提供机会，从而使各个读书会之间相互学习，取长补短，形成合力，更好地促进读书会的发展。图书馆可以采用座谈会、小型研讨会的形式将读书会主要负责人召集到一起，共同协商图书馆的发展。在某些地方，这方面的工作由政府文化管理部门牵头来做，也有图书馆已经认识到图书馆应该成为培育读书会发展的载体，开始探索发展读书会，促进读书会之间的交流。在这方面，深圳图书馆已经开始尝试。

评优激励：图书馆应该制定奖励制度，对本地区（社区）内的读书会进行评选并奖励，激励读书会更好地发展。图书馆可以定期举办读书会评比，对活动丰富多样、阅读效果显著的读书会，图书馆可以公开表扬，也可以在资源提供、资金支持等方面给予实际奖励。

第三节　图书馆阅读推广机制的构建

图书馆作为保存和传承人类文化遗产的重要机构，既积淀着古老的传统文化，也表征着现代文明，更是负有提高全民素质的重任。尽管在"互联网+"时代，基于互联网技术的介入，人们可以通过各种平台、以各种工具利用自己闲暇的时间、用自己喜爱的方式来阅读，并通过阅读来满足自己的各种个性化需求。但图书馆与其他可供的阅读机构相比，仍然具有无可比拟的优势它不仅能为读者提供一个安静、舒适的阅读环境，更能为读者提供各种类型、各种专业系统的、完整的文献资料；不仅能让读者免费使用图书馆各种文献资源，让读者享有平等阅读的机会和权利，更能使读者感受到只有在图书馆才能领略到的完整的科学知识体系和人类文化遗产。就图书馆阅读推广而言，它不仅是"互联网+"下图书馆走近读者的策略，更是让读者走进图书馆的重要策略之一，也是彰显图书馆社会作用，重塑图书馆公众形象，赢得社会关注的最佳路径选择。因此，如何构建一套完整的、科学的、具有适应性的图书馆阅读推广模式，是图书馆界面临的重大课题。

一、完善和健全图书馆阅读推广机构

在"互联网+"下，图书馆要转变观念，要用"互联网+"思维来认识阅读推广活动对于未来图书馆建设的重大意义。图书馆首先要将阅读推广纳入到图书馆基础性服务工作的范畴，并建立和健全阅读推广组织机构，合理利用社会各种资源，激发起图书馆相关部门实施阅读推广活动的激情，科学制定图书馆阅读推广策略，统筹规划阅读推广活动。

（一）成立常设的阅读推广委员会

图书馆要成立常设的阅读推广委员会来负责策划、组织和实施阅读推广活动，阅读推广委员会下可设阅读推广专家委员会和秘书处。

（1）阅读推广专家委员会主要是负责对阅读推广活动的业务指导，提出图书馆阅读推广活动的宗旨和总体目标，对具体负责策划、组织和实施阅读推广活动的成员进行业务培训，制定图书馆整体阅读推广计划。秘书处则是负责对具体的阅读活动进行设计、组织和实施。

（2）秘书处要成立专人小组负责对读者的阅读行为、阅读心理进行深入研究，要根据读者的年龄、学历层次、性别等显性特点来深入分析他们的阅读状况、阅读兴趣、阅读需求和阅读特点，并据此制定出适合其个性化特征的阅读推广方案。

（3）为了使图书馆阅读推广活动取得显著的实效，图书馆阅读推广委员会一方面要加大引进兼具有营销、策划管理方面的复合型人才，加强对现有馆员阅读推广能力的培训。2016 年 3 月 30 日，中国图书馆学会发布《关于开展 2016 年“全民阅读”工作的通知》第三条就指出，以培养“阅读推广人”为动力，加大阅读推广人才队伍建设工作。专业人才是提升阅读推广水平的重要保障，要加强学术交流和人才培养工作，尤其是青年馆员的培养，提升图书馆员职业荣誉感和自豪感。全面开展“阅读推广人”培育行动，要提升阅读推广工作专业能力。开展基础工作、基础理论、儿童阅读推广、经典阅读推广、时尚阅读推广、数字阅读推广等专题基础及培训工作。深度开发培训平台功能，完善培训与管理流程，严格考评机制，提高培训实效。另一方面要广泛吸纳图书馆志愿者积极参与。无论是公共图书馆还是高校图书馆，其所面对的读者都是一个庞大的群体，尤其是公共图书馆，其受众的面更广、读者的结构更为复杂，单靠图书馆阅读推广委员会的成员是很难圆满完成阅读推广任务的。

（二）图书馆要统筹规划，合理安排，制订出较为系统的、完善的阅读推广计划

（1）要从宏观上做好阅读推广的顶层设计，确立图书馆阅读推广活动主题、总体目标、总体进程和评价机制，总体目标和总体进程要具有一定的前瞻性、稳定性和合理的周期性。如 2016 年 3 月 30 日中国图书馆学会发布的《关于开展 2016 年“全民阅读”工作的通知》，就是 2016 年各公共图书馆开展阅读推广活动的顶层设计。

（2）对每一次具体的阅读推广活动，要有计划、有策划，要进行合理的安排和精心的组织，对阅读推广活动实施的时间、地点、方式等，都要合理规划，以确保每一次阅读推广活动都能取得实效，并圆满完成预定的任务。

（3）图书馆对每一次阅读推广活动都要有总结，总结的是失败的教训和成功的经验。总结不是目的，而是为了下一次阅读推广活动取得更好的成效。

二、建立完善的阅读服务平台

互联网新技术的飞速发展和广泛应用，不仅拓展了知识传播的途径，也深刻地改变着人们的阅读方式和阅读习惯。《普通高等学校图书馆规程 2015》第 32 条指出，图书馆应积极采用新媒体，开展阅读推广等文化活动。《公共图书馆服务规范》7.4 活动推广也规定，公共图书馆应通过媒体、网站、宣传资料、宣传栏及各种现代化通信手段等形式，邀请、吸引读者参与和互动。在“互联网+”时代，基于互联网的泛化性和阅读时间的碎片化，人们更加热衷于在移动终端上进行阅读，以至于读者可以不用去图书馆，就可以获得所需要的文献信息资源，这在客观上也降低了图书馆存在的价值和意义。尽管在“互联网+”时代，读者的阅读方式和阅读习惯发生了改变，但读者阅读的需求和兴趣却没有变化，只要图书馆有可供读者进行移动终端阅读的平台和通道，读者还是会通过图书馆来满足自己的阅读需求。

目前，移动终端包括 PC、平板电脑、手机、Kindle 等，已经成为阅读的主要载体。

图书馆要黏住读者，就必须建立更加高质量的数字化信息资源阅读平台，精心打造一个包含所有移动终端能互联互通的立体化的、交互式的“互联网+”阅读平台，充分整合图书馆线上线下各种资源，集中向读者推送各种阅读资源、视频资源和音频资源等，并借助“互联网+”阅读平台，与读者进行即时信息交流、沟通和互动，让读者获得更加个性化的服务和全方位的新型阅读体验。事实证明，在“互联网+”时代，只要图书馆建立一个完善、健全的“互联网+”阅读平台，实现线上和线下阅读推送，不仅能让读者走进图书馆，彰显图书馆在新时代的价值和意义，而且能极大地提升阅读推广活动的效果，实现图书馆价值的创新。

三、丰富图书馆阅读推广内容

确定具有显著的个性化特征并能贴近时下的文化环境的阅读推广活动主题，并配置较为丰富、多样化的阅读推广资源是推动图书馆阅读推广活动的核心，也是图书馆阅读推广活动成功的关键。但如何使得阅读推广活动的主题既吸引读者广泛参与，同时又符合图书馆的宗旨。

（一）建立读者阅读相关的信息数据库

图书馆要善于运用大数据分析系统和云计算，建立起本馆的读者阅读兴趣数据库。即在广泛收集读者各种信息如年龄、学历、研究方向、工作定向等的基础上，运用大数据分析系统，分析读者的阅读兴趣、爱好、阅读方式，这是有效开展阅读推广活动的前提与基础。

（二）开展有针对性的主题推广活动

依据分析成果制定出具有针对性、指向性的阅读推广活动的主题，并根据该主题配置阅读推广资源。阅读推广活动最忌讳的是主题单调、形式单一。图书馆作为传承人类文化的阵地，引导、指导读者阅读，让读者学会阅读并进而享受阅读是其义不容辞的责任。在阅读推广主题的确定和阅读推广资源的配置上，要有明确的指向性。既可根据阅读群体的年龄如儿童、青少年、成年人、老年人等推送不同的阅读内容，也可根据阅读群体的职业如学生、工人、农民、机关工作人员、学术研究人员等推送不同的阅读书目信息，亦可根据阅读群体的性别特征开展个性化的阅读推送，如孕妇指南、男女青春期教育等。

（三）开展寓教于乐的阅读推广活动

图书馆不仅具有开展社会教育、传递科学情报、开放智力资源的功能，也有提供文化娱乐的职能。因此，在阅读推广资源的配置上，图书馆不能一味推送经典服务以及专业性很强的阅读服务，更应推送与广大读者生活密切相关的各种休闲阅读；不仅要推送文字阅读，也要推送音频、视频阅读。从阅读推广的主题和阅读资源的配置范围来看，不仅要涵盖不同的读者群体，而且要覆盖读者的学习、工作和生活各个领域，以满足不同读者的阅读需求，让读者感受不同的阅读体验，从而吸引读者更加广泛地参与，进而提高阅读推广活动的效果。

（四）开展更具吸引力的阅读推广活动

2016 年 6 月，南京开放了首批 50 个“图书漂流文化驿站”，到 12 月份共设立了 154 个。在机关、阅读空间、书店等公共场所设置专用书架，市民不需要借书证，也不用押金，只要通过手机扫一下二维码，就可以轻松地把喜欢的书带回家阅读。该“图书漂流文化驿站”由南京市全民阅读办授权，南京广电集团出资筹建，每个漂流驿站设置统一书架，摆放100本图书，种类涵盖历史、文化、人文、社科等，方便市民免费取阅。华东师范大学中文系教授陈子善认为，这种打破阅读封闭性的图书分享模式，让书香城市建设有更大的发展空间。11月，地铁、高铁、机场成了不少爱书人的“寻宝”之地。黄晓明、徐静蕾等公众人物共同参与了“丢书大作战”活动，在北京、上海和广州的公共交通场所留下1万本书，将自己喜爱的作品与发现者分享。这种有趣的阅读推广形式加上名人的影响力，让图书传递、分享也因此成为热门话题，也特别契合年轻人的阅读需求。

四、拓展阅读推广的方式

（一）双向互动式

过去，图书馆阅读推广活动的方式都比较单一，主要是由图书馆在自身力所能及的范围内侧重于单向推广，读者只是被动地接受图书馆各种推广信息。这种阅读推广方式，读者的参与度不高，反响不够强烈，效果也不好。

在“互联网+”时代，由于互联网新技术的广泛应用，图书馆在开展阅读推广活动中，读者与图书馆之间的双向交流与沟通更加顺畅。如近年各地图书馆举办的“真人图书馆”（清华大学）、“英才书院”（中国科技大学）、“西城书画”（香港大学）、“鲜悦”（上海交通大学）、“一城一书”和“通读一本书”等活动，都无不显示出读者与图书馆之间的双向互动以及读者参与图书馆阅读推广活动的热情。这种双向互动式的阅读推广方式，不仅使图书馆阅读推广活动更具有针对性和指向性，而且极大地丰富了阅读的内容，让阅读推广活动充满快乐而不再枯燥。

另外，图书馆通过利用互联网平台和大数据分析，根据读者的阅读习惯、兴趣等为读者定制个性化阅读内容，再通过移动设备终端推送到读者手里，让读者深深体验到图书馆读者服务的亲民性，增加了图书馆的黏性。

（二）新媒体式

传统的阅读推广宣传活动主要是通过展板、海报、横幅等载体展开，具有一定的局限性，也不环保。互联网的普及和移动终端设备的广泛运用，利用新媒体进行阅读推广宣传已经成为一种趋势。各图书馆可以利用本馆网站的主页、官方微博、手机APP、微信、QQ等新型的社交软件对阅读推广活动的主题、内容、特色、形式等加以介绍和说明，并通过嵌入微拍、视频、动画、图片、游戏、音乐等，使阅读推广的宣传更加生动形象，更加具有吸引力。

当然，图书馆在运用新媒介进行阅读推广活动的同时也不能忽视传统手段。英国情报学专家麦克洛雷曾指出：“没有任何一种媒介可以完全取代另一种媒介，总的情形是相互补充并逐步统一起来以解决一个特点的交流问题。”因此，“互联网+”时代的阅读也不是简单地去纸质化，而是一种文献资源多元化共存和利用的模式。数字化阅读可以满足读者即时阅读的需求，但传统阅读却能给读者带来一种更加真实、更加安全（保护眼睛）的阅读体验。将新媒介阅读推广技术和传统阅读推广方式相结合，优劣互补，阅读推广的效果将会更好。

（三）线上线下结合式

线上与线下相互结合的阅读推广宣传模式，拓展了阅读推广活动的宣传渠道，使得阅读推广宣传的形式更加多元化，宣传的内容更加丰富多彩，也使得图书馆与读者可以随时随地零距离接触。近年来互联网社交媒体的线上读书社群就像雨后春笋一样冒出来，而且影响范围也很大。图书馆可以通过开通微博、微信服务平台，增加与读者的互动，及时向读者提供个性化推送服务。线上线下相结合的方式，可以提高图书馆的社会影响力，扩大读者范围，有利于保持读者的忠诚度，增强图书馆读者服务的黏性，为实现“互联网+”下图书馆价值创新提供了便捷的途径。

（四）亲身体验式

亲身体验式阅读推广更契合现在年轻人的阅读需求，也更能吸引这部分读者。比如 2016 年 6 月始南京开放的 154 个“图书漂流文化驿站”，所用图书全部由社会各界捐赠。这些漂流站点散落在城市的各个角落，成为南京书香城市一道流动的风景线。图书漂流驿站还长期面向社会机构以及广大市民征集漂流图书，如果市民家中有闲置可供大家分享的图书，都可以送到图书漂流驿站，工作人员会对捐书进行整理上架。

我们认为，书籍的传递，不仅让好书被更多人阅读，让每一位读者留下心得纸条，更形成了一根独特的、单向延展的评论链条，使阅读在保持私密、独立性的同时，还增加了读者之间的交流。同时，这种“接力”活动还能起到刺激阅读的效果。此外，这种打破阅读封闭性的图书分享模式，让更多读者在活动中感受到阅读的快乐，也为城市文化建设提供了更大的发展空间。

五、建立多元化阅读推广互补机制

我们认为，让读者到图书馆来总需要一个这样或那样的理由：或者便利，或者愉快，或自由，或者能解决读者自己不能解决的问题等。让他们在图书馆感到轻松、愉快，让读者享受到专业化的服务和增值服务，有了良好的现实体验感，“下次再来”才能成为读者自然而然的选择。所以说，图书馆做好阅读推广工作尤为重要。

我们同样知道独木难行舟，要想使图书馆阅读推广活动取得明显的实效并实现阅读推广活动的目标，过去成功的经验和失败的教训都告诉我们，无论是公共图书馆还是高校图书馆，单靠图书馆一个单位单打独斗是难以成功的，必须建立一个由多个部门互联互补的阅读推广机制。这里以公共馆和高校馆为例加以说明。

（一）公共图书馆阅读推广机制

1. 建立由出版社、书店和图书馆相互联合的阅读推广机制

出版社是阅读推广的源头和基石，是知识产品的生产者。在阅读推广活动中，出版社要秉承社会公益性和社会责任感，坚持出好书、出精品和有广泛影响力的作品，为广大读者提供健康的、充满正能量的精神食粮。图书馆和书店是阅读推广的主力军，肩负有向读者宣传、展示和推荐阅读经典和优秀书籍的责任和义务；他们是一个城市重要的文化地标，以书为媒介，既为读者提供与书邂逅的机会，也为读者提供与书约会的场所。当读者面对如此海量的出版物，他需要有选择的阅读，即需要图书馆和书店进行阅读推广，引导读者阅读。因此，图书馆在进行阅读推广活动时，应与出版社、书店进行合作，将出版社已经出版和即将出版的优秀图书、图书馆已经收藏和即将收藏的图书、书店已经拥有和即将拥有的图书展示并推荐给读者，从而打造一个多元推荐主体的联合模式。如 2015 年 9 月正式上线的镇江市图书馆与新华书店联合研发的“你阅读、我买单”书店直借平台，就是馆店合作，共同创建阅读推广新模式的典型。

2. 图书馆与当地政府部门、其他媒体和民间读书机构的合作

2015 年 6 月 1 日正式运行的“镇江市智能公交数字阅读推广项目”，在全市 750 辆公交车上的 1500 多个智能移动平台和 150 多个公交站台电视显示屏上，通过特别定制的二维码，为市民提供“名家系列”“少儿系列”“畅销系列”“历史系列”等电子图书及有声读物，让市民在碎片化的时间里都可以阅读，从而创造性地把整个城市打造成了一个虚拟的智慧图书馆。

2016 年 10 月 1 日，“保罗的口袋”1912 店正式成为安徽省合肥市图书馆挂牌的分馆，双方在阅读资源共享、阅读业务模式创新、阅读群体范围拓展、阅读服务延伸、文化活动举办等方面进行了深度合作。口袋图书馆也是全国第一家由民营书店改变而成的图书馆，是在全民阅读推广道路上又一次积极的尝试与探索，双方的合作既能降低跨行业的拓展成本，又能让广大市民受益，共同推动公共文化服务。口袋分馆也是合肥市首家以精品图书作为馆藏重点的图书馆，每一本书都来自口袋爱书人的精心挑选，这里的每一本图书都能给读者带来全新的体验与感受。

图书馆与当地政府部门、其他媒体和民间读书机构的合作，推动了图书馆事业的发展，更好地提高了阅读推广的成效。

（二）高校图书馆阅读推广机制

高校图书馆应创造一切有利的条件，利用互联网开展形式多样的阅读推广活动。

1. 强化图书馆相关信息教育

读者需要更好地了解图书馆，图书馆需要更多的读者。2015 年月 31 日，教育部印发《普通高等学校图书馆规程》（教高〔2015〕14 号）。该规程第二条规定：“高等学校图书馆是学校的文献信息资源中心，是为人才培养和科学研究服务的学术性机构，是学校信息化建设的重要组成部分，是校园文化和社会文化建设的重要基地。”《国际图联（IFLA）战略计划（2016—2021）》提出，2016—2021 年将从社会中的图书馆、信息与知识、文化遗产、能力建设等 4 个战略方向上着力，加强图书馆在社会中作为信息中心、教育中心、研究中心和文化中心的作用。因此，加强读者的信息教育，提高读者的信息意识，帮助读者利用、使用图书馆就尤为重要。

对于高校图书馆而言，首先，要加强新生对图书馆的入学教育，并通过开设“文献检索与利用”课程或讲座，或通过微信公众号、触摸屏等，帮助学生掌握利用馆藏的技巧与方法，做好阅读推广的基础工作。

其次，可通过馆内的“新书通告”“系列好书推荐”和“专题书刊展览”等多种形式宣传、推荐书目，激发读者的阅读兴趣同时，利用更时尚、更符合潮流的活动形式，在图书馆和读者之间建立起良好的交互体验和情感依附，以增强读者忠诚度和读者黏性如安徽医科大学为了宣传图书馆、重塑形象、吸引用户、营造轻松愉悦资源推广环境、增强用户体验感、培养用户忠诚度，根据美国图书馆界的实践和国内学者关于图书馆游戏服务探索，开展“疯狂图书馆—Run～Run～Run”的游戏活动。在游戏情景中融入了图书馆的空间资源布局、图书分类排架知识、学术资源介绍、信息检索技巧、古典诗词、医学人文等知识。通过这种体验式教学模式，不仅加深了学生对图书馆的了解，增强了学生的信息意识，提升了学生的信息技能，提高了学生的信息素养；而且促进了用户间的交流和分享，增强了学生的团队协作能力和集体荣誉感；重塑了

图书馆的形象，赢得了更多潜在用户的关注；同时，也使得馆内资源和服务得到进一步的宣传和推广；通过情景，及时捕捉用户的使用障碍以及兴趣点，从而对服务做进一步的改进。

再次，馆内可以适当邀请一些专家学者，针对读者感兴趣的社会热点、专业前沿、国际局势、就业指导等，举办形式多样、主题新颖的讲座，更好地引导读者喜欢上阅读。如安徽农业大学图书馆开设的“青禾讲坛”，从微观层面，让大学生“多读书”“爱读书”和“会读书”；从中观层面，让读书成为一种习惯，让读书成为大学生日常生活中不可或缺的部分；从宏观层面，联手知名学者、作者、编辑、出版社、图书馆、读者，推广全民阅读，打造“书香安农”“人文安农”“优雅安农”。

此外，还可以线下开设一些主题阅览室，形成一个特定需求的服务空间，方便读者获得需求满足，提供一个分享、交流的平台。如合肥工业大学图书馆开辟了一些不同主题的服务空间，鼓励读者进行学习交流。

最后，每年还可进行一次绩效测评，让读者和馆员分别进行评价，对比分析每项推广活动的情况，形成专门的数据库，为下一次的活动开展提供数据支持。比如中国科技大学每年会对借阅量做个统计，形成专门的数据库，并对阅读量靠前的进行奖励，形成良好的激励机制。

2.利用互联网加强与其他部门的协作进行阅读推广

在互联网背景下，图书馆可以与学生处、团委、宣传处、学生会等共同联合进行阅读推广活动，利用多种传媒技术如宣传单、公告栏、文字图片、广告滚动条、触摸屏等进行服务推广宣传。还可以与教务处协作，如在大一开设阅读课程，帮助学生找到适合自己的阅读方法，知道如何多读书、读好书，培养良好的阅读习惯；还可以把学生推荐专业书目作为教师绩效考评的内容之一，给予教职工阅读的动力，同时也能激发学生的阅读兴趣，进而提高读者的文化素养如安徽农业大学以图书馆新媒体学生团队和学生服务中心团队为代表做图书馆资源与服务的传播者和践行者，通过各种阅读推广活动（移动图书馆、万圣节奇幻夜、读者分享会、MOOC培训和辩论赛等），让更多的人了解图书馆，喜欢图书馆，爱上图书馆，分享关于世界的知识和见解。

另外，可以充分发挥大学生读者协会的作用。大学生读者协会是在图书馆指导下，由各个年级、专业的阅读积极分子组成的大学生文化社团。图书馆可免费为协会成员提供一个相互学习、交流，阅读、写作、文学鉴赏的平台，也为他们提供一个自主学习、管理和发展的空间，以此潜移默化地影响他们的阅读兴趣和热情，通过协会成员影响，带动周围的同学，为营造良好的校园文化提供支持。

3.利用社会力量进行阅读推广

充分利用社会力量，包括政府部门、教育部门、出版机构、学术团体、大众媒体，甚至家庭在内的全民阅读推广力量，加强与他们的协作，形成合力，促进阅读推广活动的开展。在此可借鉴英国的经验，将阅读推广上升为国家文化战略，将较为分散的倡导阅读的力量和声音变成一个国家工程，英国文学基金会（TheNationalLiteraiyTrust）、英国文化媒体体育部（DCMS）、博物馆图书馆档案馆委员会（MLA）等国家机构通力合作，为读者发展提供了持续的资金支持。国内可以以中国图书馆学会阅读推广委员会这样的独立机构为依托，以图书馆为主体，利用图书馆学会和图书情报工作委员会的力量，协调整合社会各方力量，通过制定诸如“国家阅读节”的计划，使阅读推广活动规范化和常态化，使分散的各类全民阅读活动能够系统化、有序化、常态化地开展起来，各方的联系沟通都可以通过互联网予以实现。

4. 大力创建阅读推广馆际联盟，联合开展阅读推广活动

通过建立区域性高校图书馆联盟，联合开展阅读推广活动，实践显示，这种方法效果也不错。如由南京航空航天大学、南京理工大学、南京农业大学、南京林业大学、南京体育学院五所高校图书馆组成的南京城东高校图书馆联合体，联合举办读者服务月活动，极大地方便了学生的阅读和学习。这就是一个很好的例证。

5. 利用大众媒介和新媒体进行阅读推广

最近几年，国内有些电视台和网络媒体也开办了一些读书节目，如央视的“读书”“百家讲坛”“子午书简”，凤凰卫视的“开卷八分钟”，新浪的“读书专题”（“名人堂”“一介书声”“壹周读”等），搜狐的“读书”频道等，都因为节目的生动性和实用性，受到了观众的关注和热议，这也是阅读推广利用社会媒介非常有效的形式之一。

有的高校图书馆甚至利用视频短剧的形式来吸引读者，以提高图书馆的认知度和利用率，如清华大学“爱上图书馆”系列短剧（荣获了 2012 年第十届 IFLA 图书馆国际营销一等奖）通过轻松、幽默、温馨的爱情故事短剧，帮助读者轻松愉快地掌握如何合理利用图书馆资源和服务。这种形式非常新颖独特，深受学生欢迎。

社交网络让每个人都可以像记者那样发表评论、推介，只要读者愿意就可以成为社交网络上的记者、自媒体，在一定意义上人人都是自媒体，包括每个馆员和读者，人人都可以成为阅读推广的自媒体。尤其是图书馆的粉丝读者，作为阅读推广的自媒体，其效应更明显，更能促进图书馆的 O2O 的发展，实现新的阅读交互和推广转化。

在“互联网+”下，图书馆阅读推广活动已经不再是由图书馆单一承办、组织的活动。联合相关部门，建立多元化阅读推广互补机制，不仅可以集中多方面的人力、物力和财力，而且可以扩大阅读推广活动的影响力，使阅读推广活动的主题、内容和方式变得更加生动、富有吸引力，从而使图书馆阅读推广活动取得更好的实效。

六、建立和完善阅读推广的评价机制

建立和健全科学的阅读推广评价机制是图书馆阅读推广活动的重要内容之一。传统的阅读推广评价机制缺乏科学性。往往是将图书借阅量、读者人数、领导视察次数、宣传资料发放量等作为评价阅读推动活动效果的主要考量指标和依据。而对阅读推广活动在培养读者阅读兴趣的养成、满足读者精神文化需求等方面考虑不足基于“互联网+”的介入，图书馆可以对阅读推广前期投入如人力、物力、财力、时间等成本进行较精确的核算，还可以通过图书馆大数据分析系统，接受读者对阅读推广的效果进行评价，并建立读者阅读推广效果评价指标体系，包括单位时间到馆的阅读人数、借阅率、电子资源的访问率和下载量、读者对学术期刊和科研成果的利用率等。同时图书馆还可以通过“互联网+”平台，对读者进行阶段性和实时化的问卷调查，包括读者对推荐读物的评价、阅读体验、阅读的满意度和阅读需求的满足等，并将其作为阅读推广评价指标的考量因素，以建立一个科学、合理的阅读推广评价体系。阅读是陪伴人生的深度之旅，图书馆积极开展阅读推广活动，不仅可以提高图书馆馆藏资源的利用

率，更重要的是可以培养读者良好的阅读习惯，提高读者的文化素养。作为图书馆人，只有学会利用互联网、新媒体推广自己的知识产品，让读者了解图书馆的资源，才能真正发挥图书馆的作用。也就是说，一名优秀的图书馆工作人员不但要学会管理图书，学会自己阅读图书，更要懂得向读者推荐好书。只有做好深层次的阅读推广工作，才能让读者乐于阅读，亲近阅读，习惯阅读，享受阅读，让阅读推广工作在互联网模式下结出更加丰硕的成果，让图书馆真正成为读者的天堂。

良好健康的阅读活动不仅可以增长知识，提升个人的文化素质，而且对于提高整个国家的软实力，增强中华民族的凝聚力也有重要的推动作用。全民阅读是一项系统工程，需要国家、政府、企业和全社会的全力支持，共同营造一个良好的阅读环境和氛围，而阅读推广活动则是提升全民阅读效果的可靠保证。阅读推广任重道远，培养全民阅读习惯的养成，提高个人的阅读素养，绝非举办一两场阅读推广主题活动、推荐一两本经典读物就可以实现。阅读推广需要持之以恒，与时俱进。图书馆作为阅读推广的前沿阵地和主战场，应将阅读推广纳入图书馆常规的服务工作范畴，并成立阅读推广的专门机构，制定阅读推广的整体规划，联合出版社、书店、政府相关部门、媒体、社会其他机构等多方力量和读者广泛参与，精心组织，统筹安排，充分运用互联网新技术和新媒体，拓展阅读推广的宣传渠道，创新阅读推广的主题，建立起“互联网+”下阅读推广体系，不断改进和探索新的阅读推广模式，以使图书馆阅读推广活动真正取得实效。

第四节　阅读推广工作的主要方式

一、传统文化阅读推广

阅读属于一种良好的生活习惯，可以在增加知识的同时提高自己的文化涵养以及精神生活，加强自身的道德素质。我国历史悠久，优秀的传统文化也非常多，需要我们去继承弘扬，我们在此阶段的实施过程中，可以借助城市的公共图书馆来进行，通过各种类型的活动来传承我国的传统文化，吸引更多的公众加入其中，增强公众的阅读兴趣，从阅读到生活真正融入我国的传统文化之中，在增强公众文化知识的同时，建设精神文明社会，进而增强公众的民族归属感以及爱国和奉献精神。

传统文化包含了两个方面，分别是传统与文化。其中的传统，指的是时间以及空间上我国上下五千年的历史文化的概括，是具有权威性与拓展性的，且随着时间的推移在不断地延续。另外的文化，则是受西周影响，这是我国儒家思想中的一个经典之作，针对的方面主要包括文治与教化方面。

综上所述，传统与文化是不可分割的，两者之间在发展的同时相互作用。传统是文化的一个载体，文化若想要真实地展现在人们面前，就需要传统来承载。通过一系列的阅读推广工作，可以增强公众的文化涵养，增大其基础知识，进而增强其达到品质与精神世界，为社会秩序正常运行打下坚实的基础。如今经济文化增长迅速，社会发展的脚步也在逐渐加快，公众的精神需求也越来越大。因此，想要提高全民的文化素质以及精神世界，需要我们积极地去推广阅读，开展相应的阅读活动，进而提升公众道德素质。当然，想要实现全民阅读，推广活动的组织必不可少，通过阅读活动组织可以进一步推动社会发展，同时利用阅读将我国的传统文化与精神弘扬出去，促进我国知识型社会的建立。

（一）传统文化阅读推广的优势

第一，公共图书馆属于公益性质，其文化传播活动大多也为公益性的。在进行阅读推广工作的时候，可以让公众免费阅读，搜寻更多的相关资源。这样的方式可以促进公众的道德素养，提高全民阅读文化水平。另外，通过图书馆阅读文化与我国的传统文化相融合，在进行推广活动的时候，二者可以借助彼此的平台相互促进，在增强公众阅读兴趣的同时，吸引更多的人加入进来，进而深入体会我国的传统文化。

第二，公共图书馆中的资源较为丰富且形式多样化。公众在进行阅读的时候可以感受到更加专业化的服务，让公众可以更加静心地投入其中，了解我国传统文化。公共图书馆打造出一个更适宜阅读的空间，促进我国传统文化的传播与推广。

第三，通过公共图书馆这个平台，在组织阅读推广活动的时候将更加便利。可以借此通过公共图书馆这一媒介探索出适合公众的阅读推广活动，符合我国公民阅读需求，可以有效增强我国公民对于传统文化的求知欲，不断地探索了解传统文化，增加其阅读兴趣。

第四，公共图书馆可以通过不同类型的推广活动，以针对不同的群体，激发其阅读热情。通过公共图书馆，可以打造出轻松愉悦的阅读氛围，促进传统文化的发展与传承，进而增强我国公民的整体文化涵养。

（二）传统文化阅读推广的策略

1. 建立新型阅读平台

如今，互联网发展迅速，公共图书馆想要更好地发展，需要寻找新的途径，比如利用网络资源增强阅读推广，增加阅读的服务范围，以及扩大服务对象等。因此，需要借助公共图书馆构建一个新型的网络阅读平台。当然，网络阅读平台也可以促进我国传统文化的传播，提升阅读者的整体效率。具体从以下面论述：首先，从全省的范围去讨论，需要我们快速去建设一个传统文化的网络推广平台，通过网络的快速传播性以及相互连接性，扩大宣传，减少孤岛现象 D 在全省构建一个大型的网络导航系统，可以快速为阅读人群找到其所需资料。群众还可以通过此系统随时随地的了解社会情况以及相关资讯等，也可以查阅相关的电子书，查看对应的视频。

其次，在构建网络平台的时候，可以很好地利用数字图书馆形式，充分将整体的资源扩散出去，打造高效率的阅读平台。虚拟网络可以以省图书馆为中心，将各个县市的图书资源结合起来，使各个环节有效联结，迅速达到全省阅读资源共享，扩大公众的阅读范围与资源。

最后，进行阅读推广工作的时候，需要建立科学的服务群。我们可以通过省市县等资源去组建相应的微信群，通过微信群的组建，有利于更好地完成我国传统文化的推广工作，同时促进阅读爱好者之间的交流。

2. 加强多元化合作的力度

想要实现传统文化阅读推广，增强其效率，公共图书馆需要多元化的推广，方可实现我国优秀传统文化的传播。当然，也可以和其他推广平台或者利益相关者相互合作，进而达到公共图书馆阅读推广的目标，传承我国传统文化。例如，图书馆可以与青年学者合作，在组织相关阅读推广活动的时候加以详细讲解，进而以更容易让公众接受的方式方法传播我国传统文化，讲述传统神话故事，活灵活现的表达可以达到这一推广效果。通常情况下，公共图书馆需要积极地和其他单位进行合作，比如学校、文博机构、文化演讲、非物质文化遗产组织者等，以提升我国传统文化传播速度。当然，就其成效性而言，通过公共图书馆与各网络媒体之间的合作与融合，可以快速建立高效的交流平台，线上线下均可以传播传统文化。公共图书馆在进行传统文化的传扬时，需要融合社会中的各种力量，与其相互合作，相互促进，达到高效推广我国传统文化的目的。

3. 组织对市场的深入调研与推广

公共图书馆在传播传统文化、开展相应活动的时候，需要提前做很多工作，比如组织活动、进行市场调查、前期准备等。阅读人群会因为各种原因存在一定的差别，因此需要我们对相关资源与传播形式进行调控，从而满足更多公众的阅读需求。例如，公共图书馆根据公众群体的需求进行相应的划分设立单独的阅读教室，同时根据图书馆中的资源进行分类，对不同的文化进行划分，公众阅读一类书籍的时候可以快速方便地查询到位置。另外，公共图书馆并不是单纯在馆内进行组织，还需要组织相应的馆外推广活动，让阅读推广融入阅读的每一个环节，进而增强阅读推广工作的宣传，促进我国传统文化的传播。传统文化与阅读推广相融合可以更有效地增强阅读推广工作的质量。同时，在整体的阅读推广工作中，还可以激发我国公民对传统文化的热情，在提升推广效率的同时，增强我国公民的凝聚力。

二、家庭阅读推广

（一）家庭阅读推广的意义

1. 构建和谐家庭

重视家教和启蒙教育也是中华民族传统文化的一个重要组成部分。自古以来，一个家庭良好的家风和家庭建设，也能有效促进家庭成员的道德规范的形成，对社会和谐发展也产生了重要作用。图书馆具备社会教育功能，为了使其更好地对家庭阅读形成较好的引导作用，就有必要加强家庭阅读推广工作，为家庭建设贡献一份力量，并督促家庭成员形成良好的阅读习惯。

从微观的层面来说，加强个人的培养，并以此来促进家庭建设的提升，也是图书馆进行家庭阅读推广最常用的手段。家庭成员好比组成木桶的木板，往往是最短的那块木板决定了该木桶能装多少水。所以，家庭建设不能落下任何一个成员，这样才能促进家庭的整体提升。只有所有的家庭成员都努力奋斗，才不至于让家庭出现短板。而针对家庭成员所进行的家庭阅读的推广，更是要落实到家庭这个集体上。

从宏观的层面来说，家庭是组成社会的细胞，所以，家庭的和谐将对社会的和谐产生积极作用。图书馆家庭阅读推广活动的开展，将有利于全民阅读的落实，并会为全民阅读习惯的养成创造良好的社会条件，有利于书香社会的形成。其主要作用如下：

其一，利用家庭阅读推广活动的开展，能够有效提升家庭成员的整体素质。这也是家庭建设的基本前提和基础，只有创造一个良好的家庭阅读氛围，才能让家庭成员多读书、读好书，才能提升家庭成员的整体素质。

其二，家庭阅读推广活动的开展，能够更好地提升家庭教育环境。通过家庭阅读推广，可以高度融合学校教育和家庭教育，为中华传统美德的宣扬和传承带来良好的环境，为社会主义核心价值观的建设提供条件。

其三，家庭阅读推广促进了快乐阅读的实施，可以为和谐家庭的建设带来一定的动力。社会的不断发展，国内的家庭类型也不断地丰富化，所以，必须以这一变化为基础进行家庭阅读推广活动。

2. 推动建设书香社会

家庭是社会的细胞。社会因为有不同的个人和家庭的存在而充满活力，而不同家庭组成的丰富多彩的社会，构成一幅世界图画。因此，倡导全民阅读，关键在于倡导家庭阅读；建设书香中国，核心在于建设书香家庭。这也可以表明在全民阅读和书香社会建设过程中家庭阅读所起到的重要作用。

整体而言，在家庭阅读环境的建设和家庭藏书建设过程中，图书馆开展的家庭阅读推广活动既产生了积极的推动作用，也有效引导了家庭阅读的积极开展，为家庭成员之间的亲情沟通提供了有利条件。而且，通过家庭阅读推广，对家庭成员使用图书馆阅读资源也有着积极的促进作用，有利于阅读活动的丰富化，也有利于家庭形成良好的阅读习惯和阅读氛围，对青少年的健康成长和远大理想的树立产生积极的推动作用。所以，家庭阅读推广活动的开展也是倡导全民阅读的一个重要举措，并为书香社会的建设创造了条件。

图书馆承担着服务社会和文明传承的双重任务，应该以为书香社会的建设为依据来促进家庭阅读推广工作的开展，促进图书馆在家庭阅读推广活动中的场所和阵地功能的发挥。

3. 加强公众图书馆意识

图书馆，特别是城市公共图书馆，其功能不仅在于收藏文献、利用文献和开发文献，更重要的是，它还是城市文化设施的基础和前提，应该为市民的终身教育提供条件和场地，并逐步成长为一个城市的文化品位的代表。尤其在近些年，全民阅读运动的不断发展，使得图书馆成为一个城市的知识窗口和建设的中坚力量。所以，也使得图书馆的定义和内涵有了不断的变化，不过，其中唯一不变的，就是社会公众对图书馆的总体认识决定了图书馆意识，这也是图书馆的价值所在。

首先，图书馆进行的家庭阅读推广活动有效地促进了公众对图书馆社会价值和行业使命的认识，也对社会大众的通识教育产生了积极的促进作用。国内受很多条件的限制，很多人对图书馆的功能和作用并不是非常了解，往往不能充分利用图书馆的资源和服务。而且，发达城市也无法避免这一问题，这也应该引起图书馆人的高度重视。为了有效解决这个问题，图书馆应加大宣传力度，为公众正确地认识图书馆的功能作出重要贡献。此外，对于自己的资源和服务优势，图书馆也应该积极地推广，并促进家庭阅读推广活动的丰富化、常规化发展，对读者产生强大的吸引力。

其次，图书馆的家庭阅读推广活动有利于对青少年养成良好的阅读习惯产生积极作用，并让家长能够正确认识到在亲子阅读和成才教育中图书馆所产生的积极意义。

从某种意义上来说，家庭阅读离不开公众图书馆意识的形成。也就是说，图书馆通过家庭阅读推广有利于全民阅读氛围的形成，并让公众能够正确认识图书馆和阅读，促进公众图书馆意识的形成和提升，这两者之间的关系是相互促进，密不可分的。

（二）家庭阅读推广的活动策划

策划是人们采用系统的分析方法和科学思维方法来分析策划对象的环境因素，并根据调查、分析和创意来重新组合和配置资源，以促进行动方案落实，从而达到某种预期目标的过程，可称之为策划。其实，商业行业是策略的起源。从营销学的角度来说，策划的意义在于让市场占有率得到有效提升。活动策划案具有创新想法且切实可行的情况下，将有利于企业知名度和品牌美誉度的显著提升。

图书馆策划家庭阅读推广活动，就需要对活动主题进行创意，并以此进行活动目标和活动方案的制订。这也是家庭阅读推广的准备工作，并能够指导各个环节的顺利执行。

1. 组织策划团队

策划具有科学性和创造性特征。现代策划更是综合了多个学科交叉知识和团体智慧的一种活动，在这个过程中，不管是个人创意还是团队创意，都发挥了重要的作用。随着图书馆阅读推广的发展，其活动内容也更加丰富多彩，并具有多种多样的推广形式，为此，搭建一个高效的、可靠的策划团队，也是图书馆所面临的重要工作，如此才能有效促进家庭阅读推广活动的高效组织和实施等。

图书馆家庭阅读推广策划团队在实际工作中应承担以下任务：一是对家庭阅读推广活动项目的管理和统筹予以负责，主要包括了对读者需求进行分析、对整体策划创意进行组织、对活动调研进行安排等；二是对视觉识别系统的策划设计进行指导和组织工作，并促进其顺利实施；三是对家庭阅读推广活动的具体实施方案进行制订、完善和组织；四是要推广和塑造相应的品牌，并加强品牌战略的制定和实施；五是对媒体宣传方案进行审定和设计，对媒体活动进行策划和组织，落实品牌宣传和活动宣传工作；六是分工合作，对主体责任予以明确，加强日常工作的监督、联络以及协调等。

图书馆阅读推广活动开始朝着多样化、品牌化、经常化和规模化方向发展，这使得推广活动策划面临着新的挑战。最近几年，城市公共图书馆对于全民阅读推广给予了高度重视，并跟随时代要求，进行了思维转变，设立了如业务辅导部、社会工作部或者读者活动部等专门的阅读推广部门。不过，由于资源和环境等硬性条件的影响，全民阅读推广和家庭阅读推广还有较大的发展空间，在之后的阅读推广中要加大力度健全阅读推广制度，比如阅读推广机构的建设以及进行相应的阅读推广培训工作，并提升阅读推广品牌意识，打造强有力的阅读推广策划团队。图书馆应该更加关注可以提升的方面，将自有的服务优势和资源优势充分发挥出来，并结合社会力量和专门部门的作用，为家庭阅读推广策划切实可行的活动。而且，要充分发挥阅读推广部门的组织保障作用，这样才能更高效地打造一个家庭阅读推广活动策划团队，有利于家庭阅读推广活动的组织和实施。

家庭阅读推广活动是公共图书馆阅读推广活动的一个重要组成，所以，策划团队的组织和构建也是图书馆阅读推广部门的责任。除非是专门的少年儿童图书馆，不然，往往会由专业少儿服务团队来组织少儿阅读活动的策划活动。若是家庭阅读活动涉及的范围较广、会产生较大影响力时，则应该加强和其他部门的通力合作和获得其他部门的支持等，还可以结合社会力量来促进活动的顺利实施。例如，南京图书馆在开馆活动策划中就成立了社会工作部，并开展了展览、讲座等活动，暑假开展的家庭阅读推广中就充分结合了少儿馆和社会工作部的力量，进行了“书香童年”俱乐部等系列活动的策划和实施。而且，在必要的情况下，还应该结合其他部门人员或者社会力量的合作，从而使得活动层次和影响力都得到显著提升。例如“南京市少先队队长畅游南京图书馆”的专场活动，就是在团市委、市少工委以及馆团委的通力合作下开展的，不过，图书馆依然是本次策划的主体力量。此外，馆领导还从历史文献部、信息部、物管部、后勤部以及读者服务部等部门调动了很多骨干力量来促进活动策划和组织，从而促进了活动的顺利实施。

2. 创意活动主题

项目主题和名称、经费、目标人群定位、预计耗时、前期宣传、所需图书馆资源、预期参加人数、场地安排、所需设备等，都是一个活动项目策划必备的因素，这些因素也具有较好的稳定性。由此可知，项目主题作为要素之一，对整个活动的顺利进行有着不可或缺的作用，这就好像文章必须具备文眼一样，要能够清晰地反映出活动的策划意图和想要表达的思想内容。

阅读推广部门和少儿服务部门作为图书馆家庭阅读推广活动策划的主要部门，其应该对活动的主题创意予以确定。这一主题既可能是独立存在的，也可以是年度性的，或者是阶段性的子主题。例如，宁波市图书馆在 2016 年 6 月开展的“天一约读”系列阅读活动中，就举办了一期以“大山雀自然学堂”为主题的家庭和少儿阅读推广活动。这一活动是以主讲嘉宾张海华的网名进行命名的，同时它也是一种鸟类的名字。为此这一活动命名具有较新颖的立意和较独特的名称，有效拉近了和市民的距离，也能激发小朋友的好奇心。该活动是按月开展的，每期都具有一个新颖的主题。

“小荷读书会”是西安图书馆策划的一个读书活动，主要的受众是 0～12 岁和 12～18 岁的读者群体。这一名字来源于宋朝诗人杨万里的著名诗句——“小荷才露尖尖角，早有蜻蜓立上头”。含苞待放的荷花称之为小荷，这与少儿和

青少年读者的特征有着较大的相似之处。读书会要求具有新颖的阅读推广活动主题，如“小手搭世界——智慧积木拼拼拼”“萌眼观影”等。都具有立意新颖、视角独特的特点。若是一些具有较高级别或者区域性的大型阅读推广活动，图书馆一般只作为承办单位，其活动的开展需要依据活动的总主题进行，这样才能对阅读推广活动的分主题予以把握。

3. 调查读者需求

研究和调查家庭阅读需求，即为家庭阅读推广调研相应的读者需求。调研既是一种工作方法，也决定了家庭阅读推广工作的顺利与否。父母阅读、亲子共读以及孩子自读是家庭阅读的三个主要方面，而每一个方面都对不同的子领域有所涉及，这也需要图书馆进行调研和研究。

一般来说，开门纳谏型和广开言路型都是一种调研方法，当然也可以为对某一个项目进行调研或者去其他图书馆进行实地考察等，还可以通过和读者座谈、问卷调查等方式进行调研，不过，这都不能违背家庭阅读的要求开展。而且调查和研究之间的关系是既有相互联系性，又有相互区别性。具体来说，研究是建立在调查基础之上的，

而对调查进行深化和发展，则为研究。图书馆的前期调研工作是必不可少的，它可以有效掌握相关家庭阅读推广中读者的相关意见，并在此基础上进行研究和分析，为调研报告的形成提供依据，也能够有效地对家庭阅读推广的主题形成提供借鉴，有利于家庭阅读推广活动策划的优质进行。

4.制订活动方案

确定好具有创意的活动主题后，就要开始对活动方案进行制订。活动主题是活动方案制订的前提，而且需要进行详尽具体的书面计划的制定，要兼顾活动过程中的所有环节，如活动内容、活动目标、活动时间、活动标题、参与人员以及活动环节等。家庭阅读推广活动实施的前提条件，就是进行详细具体的活动方案的制订。因此，要仔细研究和分析活动方案中所涉及的每一个关键环节，并细细打磨推敲，有条件还可以预先演习一下关键步骤，确保活动方案的最佳化和活动的顺利进行。此过程中需注意的要点如下：

其一，活动主题要可以在活动标题中得以体现，并且要采用能够清晰表达出其含义的词组，这对吸引读者注意力是非常有效的，并且可以让读者产生情感上的共鸣，让读者积极地参与到活动中来。所以，活动标题需要和实际要求相统一，不但要对大众需求予以考虑，更要对分众需要进行关注。

其二，要体现出活动时间的针对性。家庭阅读推广活动的受众主要是少年和父母，因此，多以周末和晚上时间为宜。

其三，家庭阅读推广活动需要具有明确的活动目标。这有利于引导活动的正常开展，而且，设置预期的活动完成时间也能促进活动之后的评估工作的开展和活动主题相比较，活动目标的特点在于其具体化和通俗化，能够获得读者的认可和接受。

当然，对活动实施方案进行不断优化也是很有必要的。图书馆的初步活动方案制订后，还应该根据主办方、合作方的建议，进行不断的完善和修改，以便提高各个关键环节的可实施性和效率性。而且，在条件允许的情况下还可以事先进行预演，确保活动方案的可行性和可靠性。

三、数字阅读推广

（一）数字阅读推广活动与创新

和其他推广形式不同，数字阅读推广最关键的就是“数字”，这里的“数字”不仅仅指推荐的阅读内容是各种特色鲜明的数字化内容，还意味着，阅读的方法以及进行推广、使用的渠道也是数字化的。对阅读进行推广时，要对各种各样的工具进行巧妙利用，使每一位读者在数字阅读这片汪洋大海中都能根据指引找到自己需要的内容，要使读者对阅读途径以及可以阅读的资源等进行清晰地了解和掌握。

1.“微”活动

目前我们的生活中，微博、微信等已经十分常见了，这类新媒体形式可以说是无处不在，Web2.0的环境下，各种社交网络平台、共享协作平台迅速发展起来，微博、微信、博客等被广泛应用，可以说，我们每个人都能够发挥传媒、媒体的作用。

对于部分图书馆来说，覆盖范围广而且免费的新媒体形式是一个很好的选择。通过新媒体形式，不仅可以对各类资源进行推送，在图书馆进行公众服务方面，还可以塑造出一个全新的形象，可以说，这是一个宣传利器。在数字阅读推广活动中，“两微一端”，即微博、微信和移动客户端，主要能够从两方面发挥作用：①对用户进行引导，指引他们对数字阅读资源进行利用，比如进行资源的推介、提供资源的使用技巧等；②吸引更多用户关注，提升粉丝数量，对数字阅读的服务人群进行扩展，使数字阅读的影响力得到有效提升。这两方面的作用是相互依存，相辅相成的，只有创造出好的内容，才能吸引更多人的关注，而这些关注的人，能够享受到的数字阅读推广服务也会更多。

（1）微博：现在已经有不少图书馆借助于微博平台来开展数字阅读推广活动，虽然微博图文内容对字数有限制，但只要我们利用得好，依然能够策划并开展很多精彩的活动。不管是在线上开展活动，还是只是进行常规的资源推送，我们在文字以及图片方面都需要精心进行设计，不能太过死板，要活泼、亲切一些，让人产生愉悦感。只有这样，用户才会更容易接受，并愿意参与其中。因此，不仅仅要对语言文字进行规范，确保其表达清楚、准确且语意友好，对于配发的图片，也要进行设计，使其符合语言文本的意境需求，和文案相呼应，或借助图片对文案进行更加清楚的表达等。可以说，任何一条优秀的微博内容，或者说合格的微博内容，都应当是一幅十分精彩的文图作品。至于微博账号要如何开通运营和认证，在微博的网页中都有十分详细的介绍，这里就不展开说明了。下面，本书以新浪微博作为案例，针对数字阅读推广活动如何在线上进行开展，展开探讨和分析。

在微博上进行线上活动，通常可以划分成两种形式：其一，“1+N”模式，即通过微博进行宣传，发布链接，然后跳转到活动界面的形式；其二，微博活动，这是一个微博自带的功能模块，可以对此进行利用并开展活动。

“1+N”模式是很常见的线上活动形式。这里的“1”就是指我们在微博上发布的相关宣传语、广告等；“+”指代的则是具体的网页链接，我们要通过点击这个链接参与活动；而“N”则代表着具体的内容，它的形式就比较多样了，像知识问答、在线调查问卷、微书评、游戏题、推荐的数字阅读内容等都可以。

对于活动页面，在进行设计时要尽可能保证其清晰明了，内容不要太多，操作也不宜太过复杂。用户在参与活动时，需要填写的信息不宜过多，但关键、重要的信息一定不能漏掉。如果举办的是抽奖活动，在对获奖名单进行公布时，对于用户的信息安全一定要特别注意进行保护。

在对数字阅读推广活动的具体内容进行策划设计时，可以围绕以下方面来进行：数字阅读的资源库类型、数字阅读的使用技巧、数字阅读的内容、数字阅读的经验分享、数字阅读的达人竞赛、数字阅读推广宣传活动的相关征集，等。在策划设计推广活动时，有一个需要遵循的宗旨，即让更多的人了解图书馆的数字阅读资源，并鼓励大家进行使用。借助微博平台开展各项活动，看似容易，在实际进行操作时却也面临着许多问题、难点，比如如何设计研发合格的互动网页、微博文案如何撰写才能更加吸引人，除此之外，微博活动的开展还需要一定的粉丝基础。

对于微博平台本身的各种功能要进行熟练运用。新浪微博本身的一些栏目是具有一定的功能性的，比如“微博活动”，目前该栏目下主要有五大模块，包括限时抢购、预约换购、有奖转发、有奖征集、免费试用等，数字阅读推广活动主要可以应用的就是其中的有奖转发和有奖征集这两大模块，当然，不同的活动内容适用的模块是不一样的，我们可以按照实际需求进行选择。

在实际应用的过程中，使用这个模式开展相关活动的不太多。经过分析可知，这主要是因为，对于用户来说，已经广泛使用的“1+N”这种模式已经能够满足大家的需求，而且十分方便；此外，微博活动中自带的这些功能模块和我们理想的活动内容匹配度稍差一些，需要对内容进行调整以和固定的模块相匹配，其不能完全满足推广需求，存在一定的局限性。不过，这些功能也有其自身优势，不少用户自身能力、技术有限，并不能自主进行活动网页的研发设计，而这些功能是免费的，可以很好地满足这类用户的需求，使他们也能够进行同类活动。

在选择使用微博活动这种形式时，对于其各个模块的功能和使用方法，一定要十分熟悉，但是在实际应用时，也不要被模块本身设计时的一些思维惯性左右，应根据实际需要，对原本的商用范式进行调整改变，使其变成适用于数字阅读推广的一些应用范式。不仅仅如此，对于其他的应用功能模块，也可以积极地加以利用，这些模块和手机 App 类似，只不过在微博中换了个名字，叫作“应用”。

进入到微博应用的官方界面之后，可以根据自己的实际需求对模块进行选择，掌握各个模块的操作模式后，就可以着手开展活动了。但需要特别注意的是，在使用之前，一定要了解清楚该模块是否为付费模块。例如，“微博大屏”

这个应用曾经也十分流行，这个模块就是收费的，但是也会提供一些免费试用的次数或免费试用的简单版本。但是，这一类型的线上活动要想开展起来还是比较困难的，需要对各种应用及其功能进行深入研究和了解，对能够免费使用的模块的各种规则进行了解。此外，还需要了解模块和图书馆的活动是否匹配。不可否认，团队协作会使活动的效果变得更好。

（2）微信：微信对于图文的制作要求更加严格，力求精美。“微信公众号”是微信中使用最多的一个功能，它又可以细分成三种：订阅号、服务号、企业号。微信和网页不同，不能进行线上活动的开展，也和微博不一样，没有那么多活动模块，它其实和移动客户端有些相似，但是它又不是 App，和移动 App 有所不同。在微信上对数字阅读推广活动进行开展，也有案例可循。

微信公众号这个平台本身所能够提供的功能十分有限，而且也相对简单，对于线上活动的开展来说，很多需求是无法得到满足的。因此，有不少公司都有专门做微信功能研发的业务，比如预约功能。现在，使用微信的人越来越多了，可以说，用户量呈指数增长，在进行相关活动的开展时，一定要注意操作，因其用户基数大，如果运营得当，活动效果也将得到提升。

（3）图书馆移动客户端：图书馆的移动客户端，也就是我们常说的移动 App，是一类应用软件。通过此类 App，读者可以获取一些数字阅读资源，享受移动图书馆的相关服务。关于移动客户端，不少图书馆都是通过在宣传品上印制二维码来进行推广的，也有的会在进行读者服务活动时向读者介绍，推荐、鼓励用户下载安装相关的 APPo 我们在对 App 进行推广时，一般可以采用两种方式：体验方式、应用方式。

第一，体验方式。主要就是将移动图书馆的相关功能介绍给读者，使读者了解使用 App 后能够获得的便利。比如说，图书的借阅信息查询功能、续借功能、馆内讲座活动等信息的查询以及馆情资讯的发布等，此外*通过移动 App，读者还可以享受到各种数字阅读资源，它们都有正规版权，制作十分精良，且不需付费。但这种方式也存在一定的难点，主要包括：①在进行活动时，图书馆的网络环境要非常好，图书馆需要提供 W-iFi 服务，且要保证多人可以同时顺畅在线使用网络，如果在进行活动时读者还需要使用自己的网络流量来下载或者参与的话，会使整个活动的效果受到一定的影响；②活动的相关工作人员要对移动 App 的下载安装技巧特别熟悉，包括安装路径、如何注册登录等，以便于为读者答疑解惑。

第二，应用方式。这种方式主要是在用户的一些日常活动中加入 App 的一些资源或者功能，在对图书馆 App 进行推广时，通常会采取一些用户比较易于接受的方式。比如，可以在 APP±开通“活动报名/预约”这一功能。图书馆在进行各种实体线下活动前，可以先在 APP±开通预约服务，想要参与活动的读者只需要下载安装并登录图书馆 App，点击进入“活动报名/预约”界面，就可以对活动内容进行详细了解，并在线进行预约。在活动前期宣传时，也可以在海报上添加通过 App 进行报名/预约这一方法，引导用户下载安装 App 并进行使用。

第三，东莞图书馆 App 还有一个“扫描”功能。东莞图书馆对“电子书借阅机”进行引入后，对该资源进行了充分的利用，为每本电子书制作了二维码，用户只需要“扫一扫”，即可将电子书的内容下载到移动设备上° 这种方式十分新奇，很多用户都被吸引过来想要尝试，但是要想成功将所选中的电子书下载下来，就只能使用图书馆 App 中的扫描功能。这样一来，不少用户就会选择下载安装 App，不仅保护了资源的版权，还使 App 的下载安装量得到显著提升。

2. 数字阅读的创新方式

（1）英语口语挑战：这是一种寓教于乐的活动，所有人都可以参加。可以按照口语素材的难易程度进行分组，选取一些英文句子进行单句口语练习或者是对话练习，然后由机器作出评分。

（2）仿真书阅读体验：所谓仿真书就是指借助于集成芯片，把绘本、漫画等一系列的儿童读物书籍制成电子版图书，因此这种活动需要借助电脑和定制的阅读桌进行阅读。借助这类桌面显示器，多位读者可以同时进行阅读，这些绘本和漫画虽然没有电子版，但能够借助电脑来进行阅读，可以有效弥补纸质书副本少的问题。

（3）3D 电子书阅读体验：在《哈利•波特》中曾经提及，哈利•波特在魔法学校看报纸时，报纸上的图片不是静态的，而是动态的，3D 电子书阅读体验活动就是借助于平板电脑上的摄像头，对展板上的图像进行识别再现，通过平板电脑，读者可以和一些史前生物进行互动体验，不仅能够看到影像，还能够对史前生物的 3D 模型进行 360 度旋转，对相应的区域进行触摸点击后还能对相关的知识点进行了解和学习。

（4）音乐视频欣赏体验：很多人都会在图书馆里欣赏歌剧、听音乐，如果在图书馆里开办专业级的小型影剧院的话，大概没有读者是不愿意参与体验的。若能在图书馆里加入一些具备专业赏听效果的设备，可以制作出更加精良的赏听资源，也可以邀请相关的专业人士对赏听活动进行解读分析。

数字阅读设备外观十分时尚，且有强大的数字技术作为支撑，一经面世，迅速普及开来，图书馆的数字阅读体验活动也会就势开展起来。做一件事时要想使其呈现出最好的效果，就一定需要专业的人来做° 因此，在进行相关活动的开展时，需要图书馆积极配合，提供场地、宣传海报等，并协助进行组织，而作为数字资源内容的提供商，则需要派出一些员工来帮助进行介绍，针对该款产品的特色内容以及具体使用方法，为广大用户提供服务。只有各自在自身比较擅长的领域进行工作，才能使整体的作用发挥到最大，使整个活动收到良好效果。

对于图书馆来说，数字阅读推广这项业务是一项全新的服务，最初的宣传就是对针对各类数据库的，后来才开始使用各类社交媒体和数字媒体，宣传形式也从早期的海报宣传发展到了虚实结合的体验式宣传推广方式，不管是内容还是形式，其发展都是十分迅速的。

（二）“互联网+”背景下数字阅读推广创新

我们的社会已经进入到信息化的时代，在互联网社会中，图书馆是一个十分重要的基地，不仅可以为学校以及各种学术性机构的信息化建设提供良好基础，也可以为教学以及科研的开展提供服务。因此，在学校进行教学科研、培养创新型人才时，图书馆也要主动出击，顺应当下的发展趋势，进入“主战场”，推动“互联网+阅读”模式的建设，在与学校立德树人的要求相符合的情况下，开展一系列活动，如参考咨询、资源推送、阅读推广等，对资源的配置情况进行优化，使文献信息的利用率得到进一步提升，根据学校对创新卓越人才的培养要求，努力发挥自身优势以及育人功能，帮助大学生更好地成长、成才。

1. 实现数字阅读推广的多媒体化

数字化技术的发展给我们的生活带来了很多改变，大学生的日常生活也受此影响出现变化，需求也开始渐渐变得更加多元，对于现代大学生来说，单纯将文字堆砌到一起，并不能使他们的需求得到真正的满足。大学生们越来越喜欢那些能够借助于多媒体技术来展现的各种不同类型的资料，比如视频、声音、图画，等。因此，在面向大学生进行推送时，高校图书馆要对相关的数字化资源进行一定筛选，并进行恰当搭配，为读者提供一些具有个性化的精品资源，使他们对数字化阅读产生更加浓厚的兴趣。在进行具体实践时，对于格式转化这项技术，高校图书馆要紧紧抓住，并以此作为突破口，使数字化资源最终能够很好地呈现在平板电脑、电子书、移动电话等读者所拥有的移动阅读终端上，使读者不论何时何地，都能够方便快捷地享受到数字化阅读相关服务。

2. 利用高新技术服务方式

我们正处于“互联网+”的时代，可谓处处都是生机活力，在服务方式方面也变得更加高科技，同时，随着“互联网+”概念逐渐深入人心，服务也开始不断地进行升级。因此，高校图书馆也要在这方面下功夫，对于“互联网+”技术的相关特点进行充分了解和掌握，在进行数字阅读推广时，对其进行充分、合理的运用，使自身的服务水平得到提升。依靠“互联网+”技术进行服务，搭建起的数字服务平台综合性更强，在数字图书馆的建设以及数字阅读的推广服务过程中，对各种技术，比如云计算技术、大数据分析技术、物联网技术等进行充分利用，使它们进行更好地结合，并安排相对专业的人员在此基础之上进行服务，对阅读相关服务进行及时地升级优化，使数字阅读服务逐渐实现跨越式创新发展。

3. 构建适用于数字阅读推广的信息共享空间

信息共享空间是目前最新型的一种信息服务模式，它不仅仅是一种服务空间，对于资源还具有高度整合能力。信息共享空间的建设主要依靠的是互联网技术以及各种软、硬件设备，借助它们，在一个虚拟空间或者是实体环境中将丰富但有些杂乱的资源信息融合到一体。在这个过程当中，我们对建筑空间的构建要进行合理地安排和布局。在这个信息空间中，媒体从业人员、出版商、作家、专家学者以及读者等，都会相聚在一起，并在此进行交流和沟通，对自身所有的阅读资源进行共享，这对阅读资源的有效利用和传播具有一定的推动作用。

除此之外，对于大众来说，通过数字阅读推广这种形式对信息共享空间进行建立是十分新颖的，这也是我国高校在以信息共享空间为基础对图书馆进行建设方面所涉及的一个主要领域C因此，图书馆要紧紧抓住这个机遇，占据先机，不断进行创新探索，把信息共享空间的建设和数字阅读推广结合到一起，使其得到更加充分地发展。

4.拓宽多维化数字阅读推广服务方式

在图书馆数字阅读推广过程中，对“互联网+”技术进行利用时有两点措施需要特别注意：①加强基础设施建设，对数字资源进行丰富和补充，对网络环境进行进一步强化；②进行数字阅读推广时，以人为本应成为自身的指导思想，对于服务内容，也应借助创新的形式进行发展和完善。

“互联网+”的时代进行数字阅读推广，对于高校图书馆来说并不是一件十分容易的事，需要长久的努力和坚持。其中最为重要的一个环节，就是要以图书馆本身的条件为出发点，在工作方案的制订方面要更加注重其科学性、合理性，并在工作中认真执行。将来，图书馆在进行数字阅读推广时，一定会创新地将“互联网+”技术应用进去，使读者能够在更加优质的环境中享受数字阅读服务。

第五节　新环境下阅读推广工作的未来发展趋势

2020年是我国全面建成小康社会和“十三五”规划收官之年。“十三五”时期，我国在政治、经济、文化、科技等诸多领域攻坚克难，在新时代取得了举世瞩目的新成就。全民阅读作为国家“十三五”规划的一项重点文化工程，5年来得到了较好的实施，为书香社会建设奠定了坚实的基础，并将得到深入推进q

一、“十三五”：全民阅读工作的重要收获期

“十三五”时期是我国全民阅读工作的重要收获期。5年间，全民阅读保障工作稳步推进，国民阅读意识日益增强，全国范围内阅读氛围渐趋浓厚，随着国民素质和社会文明程度的逐渐提升，书香社会正日趋成型。

（一）加强顶层设计，行动方案先行

“十三五”时期，为进一步推动全民阅读活动，国家主管部门加强顶层设计，及时出台指导意见和行动方案，有效整合各种有利条件和资源，形成开展全民阅读活动的合力。2019年11月，中宣部在深圳召开全民阅读工作座谈会，2020年10月印发《关于促进全民阅读工作的意见》，及时、全面指导和部署各地各部门开展全民阅读活动。其中，特别提出加大阅读内容引领、组织开展重点阅读活动、加强优质阅读内容供给、

完善全民阅读基础设施和服务体系、积极推动青少年阅读和家庭亲子阅读、保障特殊群体基本阅读权益、提高数字化阅读质量和水平、组织引导社会各方力量共同参与利加强全民阅读宣传推广等重点任务。“十三五”时期，中央和各省区市新闻出版行政主管部门每一年度都会对“书香中国”系列活动作出精心规划和具体安排。“4·23”世界读书日，中宣部联合中央广播电视总台等单位连续多年举办年度“书香中国”全民阅读活动晚会，影响很大。每年度举办的全国图书交易博览会都以全民阅读为主题，开展了形式多样的读书活动，参展的出版发行单位统一开展优惠促销、读书讲座、作者签售、捐书助读等活动。

（二）活动主体广泛，内容丰富多样

全民阅读作为一项全民性文化活动，在“十三五”期间呈现出了多方参与、形式多样、协同推进的特点。活动主体不仅涵盖了政府机构、社会组织、出版发行机构、图书馆、企事业单位和学校等，甚至覆盖社区、农村和千千万万的家庭，使得全民阅读活动形式日益多样，内涵更加丰富。我国 31 个省（区、市）开展了全民阅读“书香中国”系列全民活动。如“书香中国·北京阅读季”“书香江苏”“书香浙江”“书香齐鲁”等。各地书香系列阅读活动，已初步形成了以当地党委宣传部主办，全民阅读领导小组成员单位协助承办，社会力量广泛参与其中的上下协同推广模式。各地多以“4·23”世界读书日为契机，围绕书香品牌组织开展一系列阅读活动，如“北京阅读季”的“北京大学生读书节”，活动深入到每一所学校；已经有 20 年历史的深圳读书月活动，已成为深圳市民文化生活的一个重要节日。此外，“书香上海”的“上海书展”，“书香江苏”的全民阅读领读者大会，“书香齐鲁”着力向农村、社区、家庭、学校、机关、企业、军营推进的“七进”活动，以及“书香中国·北京阅读季”的“金牌阅读推广人评选”、深圳读书月的“领读者大奖”等书香系列活动，都搞得有声有色，深入人心。阅读与出版共生发展。许多出版发行单位一直积极活跃在推进全民阅读工作的第一线。

“十三五”期间，全国出版单位积极组织图书捐赠，在为读者提供丰富阅读资源的同时，积极联合各类阅读组织开展多种形式的阅读服务，如中国出版集团公司举办读者大会、人民出版社组织读书会联盟、商务印书馆协办北京市直机关青年公务员读书大讲堂活动。公共图书馆从过去沿袭专业图书馆“重馆藏轻阅览”的办馆思路，迅速向重在公共服务转型。全国县一级以上公共图书馆通过结合当地实际情况及读者需求，进一步提升服务能力和服务水平，开展形式多样的阅读服务活动。国家图书馆的少儿图书馆在服务少儿阅读方面作出了突出贡献，少儿图书馆的讲堂已经成为许多著名少儿文学作家和评论家以及小读者们经常聚集的地方。上海图书馆开展“上海图书馆系列讲座”，广州市图书馆组织“岭南大讲堂”，深圳市罗湖区图书馆成立未成年人阅读俱乐部。现在，全国各地公共图书馆相继建立了少儿图书馆。即便许多专业性比较强的大学图书馆，为了更好地服务大学生们的阅读，也都在努力改变阅读服务方法。

（三）阅读生态多样，扩大覆盖人群

“十三五”期间，我国阅读生态日趋完善，以多样化的形式覆盖了各类人群。全民阅读成效的取得虽然得益于多重因素的共同作用，但面向各类特定人群的定向阅读推广却是其中一个重要方面。我们可以从亲子阅读、家庭阅读、校园阅读、社区阅读、农村阅读、公共交通阅读、公共媒体阅读及特殊群体阅读等面向特定人群阅读活动的广泛开展，明显看出全民阅读生机勃勃的可喜景象。

一是亲子阅读。“十三五”期间，出现了许多专门针对亲子阅读的读书会、阅读组织，其中最具代表性的当属悠贝亲子图书馆。作为一家亲子阅读服务机构，悠贝亲子图书馆深耕亲子阅读和亲子育儿领域，目前已落地全国300个城市3000家亲子图书馆，孵化了一系列亲子阅读指导培训、亲子研学等亲子阅读生态，为推广亲子阅读作出了重要贡献。亲子阅读正在社会上蔚然成风。中国新闻出版传媒集团在2016年创办的亲子阅读大赛“妈妈导读师”很快成为口碑很好的亲子阅读服务活动。这项阅读活动主要面向少年儿童，由亲子家庭共同参赛。大赛不仅考验孩子的阅读能力、亲子互动表现. 同时还考察家长对图书的选择能力与对孩子阅读的引导能力。该活动创办以来聚集了热烈的人气，充分说明人们日益高涨的阅读热情，以及对培养孩子阅读能力的重视。

二是家庭阅读。“家是最小国，国是千万家。”开展家庭阅读是营造书香社会的重要途径。“十三五”期间，全国第二、第三届“书香之家”评选活动，共评选表彰了2000个“书香之家”。与此同时，天津、广东、山东多地还组织开展本地区的“书香之家”评选活动，让更多书香浓郁的家庭受到表彰，从而使得全社会的书香氛围更加浓郁。

三是校园阅读。“十三五”时期，教育部等部委印发意见要求加强我国中小学图书馆建设，加强全国高等学校校园书店建设8全国各地教育系统通过制定规划、组织阅读活动、成立校园阅读组织等多种形式积极推进书香校园的建设。如2016年北京市西城区出台《小学推进师生阅读工作计划》，明确提出通过创建和营造“书香校园”“书香班级”，让读书成为同学们生活的一部分；2019年广西组织开展“书香校园•阅读圆梦”读书活动，引导中小学生开展图书阅读活动，创建书香校园；同年，由广西师范大学出版社联合广西各高校共同发起成立了全学段的广西校园阅读联盟。在全民阅读推动下的校园阅读，已经深刻影响到了我国中小学课程改革，“立学以读书为本”的课程改革理念正在得到普遍的认同。

四是社区阅读。“十三五”期间，全国各地积极开展书香满社区活动，致力于打造“书香社区”。北京一起悦读俱乐部长期扎根社区开展阅读活动，2016年至今，共举办了形式多样的阅读活动近300场，通过读友分享会、作者见面会、沙龙对谈等方式，为社区居民提供了交流阅读体验的平台，在满足社区居民阅读需求的同时，促进了社区阅读文化的传播。

五是公共媒体阅读。2017年春节期间央视播出《中国诗词大会》。节目围绕诗词展开比拼，给读者带来了高品质的精神享受，受到观众的热烈追捧，一举斩获史无前例的11.63亿次的高收视率，连带实现了诗词类图书销售的高转化率。以媒体节目制作带动阅读的，还有同年的《见字如面》和《朗读者》。这两档节目形式简单，但都突出了朗读与文本这两个阅读的重要元素，直击时下喧哗的外部世界，叩响了以阅读名义回归初心的警钟。在我国国民审美日益提升、

愈发追求精神培育的当下，公共媒体的阅读节目连续爆火，直接带动了一大批经

典图书的阅读。

六是特殊群体阅读。我国全民阅读具有均等性要求，面向的特殊群体主要包括残障人士、接受管制人员以及其他特殊人群。“十三五”时期，我国通过加大技术设备投入、提升服务水平等举措，基本满足了特殊群体的阅读需求。2017 年，我国正式启动“盲人数字阅读推广工程”，在全国范围内设有盲人阅览室的公共图书馆及盲人教育机构中配置听书机、盲文显示器等设备，保障其阅读权益。

（四）深化阅读研究，重视理论建设

随着阅读实践的蓬勃发展，如何科学开展阅读活动、怎样高效阅读、阅读行为如何影响阅读效果等理论性问题亟待作出科学性解答，阅读理论建设的重要性日渐凸显G“十三五”期间，我国在阅读研究领域作出了重要努力，涉及建设研究机构、构筑理论框架等多个方面。2016 年，湖南大学中国全民阅读研究中心成立，成为中国首家全民阅读专门研究机构，该中心聚焦我国全民阅读基本情况及推进工程研究、人才培养模式研究。中国新闻出版研究院在全民阅读领域一直处于重要地位，其每年发布的《全国国民阅读调查报告》是衡量和评价我国国民年度阅读状况的重要数据和指标。此外，根据 2019 年综合居民阅读水平和阅读公共服务水平，中国新闻出版研究院创建了书香社会指标体系，在全国范围内形成了一个统一、同口径、可比较的数值系统，客观反映出我国国民的阅读状况和各地阅读公共服务水平，实现了阅读情况开展的量化评测。

二、“十四五”：深入推进全民阅读

“十四五”时期是我国全面建成小康社会、实现第一个百年奋斗目标之后，乘势而上开启全面建设社会主义现代化国家新征程、向第二个百年奋斗目标进军的第一个五年。在“十三五”全民阅读工作基础之上，深入推进全民阅读，扎实推进书香社会建设，应当是全面建设社会主义现代化国家新征程的重要任务之一。

（一）高质量做好全民阅读规划

全民阅读作为一项覆盖面广、涉及面大的工作，也应当抓紧进行“全民阅读发展规划”的制订工作。为全民阅读工作的开展明确了方向和路径、方法，在顶层设计上，为此后几年来全民阅读的成效和繁荣景象提供了重要基础；我们建议相关部门，认真总结吸取全民阅读的有益经验，切实制订出一份更具新意和活力、更具创新精神的高质量的全民阅读发展规划。

（二）构建覆盖城乡的全民阅读推广服务体系

到 2025 年，基本形成覆盖城乡的全民阅读推广服务体系。

一是优质阅读内容供给能力显著增强。这就要求出版业加强优秀出版物的供给能力，还是要多出“好看耐看”的书，让更多的人爱上读书，读有所得，读有所乐。无论纸质出版物还是数字出版物，无论是网络传播还是实物销售，核心要求只有一个，那就是“开卷有益”，有益于世道人心。

二是全民阅读基础设施建设更加完善。这就要求“十四五”时期对全国乃至各地实体书店、图书馆的建设有一个规划，不能只用市场经济规律来对待实体书店的生死存亡，因为这里还承担着服务全民阅读的公益责任，当地政府理应予以政策和经费上的合理扶持。图书馆正在努力推行总分馆制建设，希望各地的分馆建设和运作更多地覆盖到距离城市特别边远的地区。农家书屋的数字化转型升级正在加大力度推进，但是农村阅读最重要的任务还在于有效引导，要高度重视引导农民读以致用，需要组织更多的志愿者、阅读推广人到农村开展深入浅出的导读。

三是全民阅读法治化建设取得重要进展。虽然我国已经有《中华人民共和国公共文化服务保障法》《中华人民共和国公共图书馆法》两部关系到全民阅读的法律得到制定施行，可是毕竟这两部法律还不是直接以全民阅读为主要调整对象的法律。希望“十四五”时期，国家继续加强全民阅读法治工作，应当明确社会各主体推广全民阅读的职责。当前，在有关全民阅读的各项法规规章中，对于社会各主体推广全民阅读职责的表述存在着一定的差别：涉及政府部门，一般措辞为“应当”，明确了其在全民阅读各项活动中的职责，而针对各类组织、机构，则多是使用“鼓励”“支持”等词汇，这就有可能影响相关条款落地的实效程度，一定程度上也制约了其他社会主体在全民阅读工作中效能的发挥

此外，“十四五”时期，还应当细化对特殊群体阅读权益保障的具体要求。对权益的最好保障当然就是出台相应的法规规章。保障阅读者的权益，特别是弱势群体的阅读权益，是全民阅读均等性的重要体现，也是对每一个阅读者追求无限可能与自我提升的鼓励。当前我国对特殊群体阅读权益的说明通常零星分布于全民阅读相关规章中，尚未出台专门法规，这在一定程度上弱化了权益的保障成效。随着我国综合国力的增强，在保护全体公民阅读权益的基础上，应进一步规划、完善对重点人群、特殊人群阅读权益的保护工作。

（三）重视阅读推广人队伍建设

阅读是一门科学。开展全民阅读，不仅是要让更多的人读起书来，更重要的是，要让我们的国民阅读力得到更大的提高，从而建设学习型社会，成为创新型国家：全民阅读工作应该高度重视全民的阅读能力的培养。要实现这一目标，首先要拥有一批具有一定专业能力的全民阅读推广人。全民阅读推广人不仅要善于引导民众的阅读兴趣，帮助民众形成阅读习惯，还要善于教授阅读方法。一定意义上来看，全民阅读推广人肩负的是促进全民阅读量和质共同飞跃的重任。近年来笔者应邀在全国不少城市作阅读主题演讲，每每与观众交流，就会触及一个话题：如何看待、应对孩子阅读课外书；或因为孩子课业繁重，或因为担心课外读物中某些情节会引起孩子效仿，不论是老师还是家长都对孩子阅读课外书问题不胜烦恼。而恰当地破解这种困扰正是阅读推广人的任务之一。正确引导阅读行为、挑选优秀阅读文本、构建健康的阅读心理等都是阅读推广人的职责所在。即便在不断加强学生阅读能力培养的中小学校，也明显看得出不少在职教师在阅读教学上感到心有余而力不足，亟须在阅读学方面得到专业帮助，更不要说社会上的广大人群，家庭阅读、亲子阅读往往随意进行，社区阅读、农村阅读的许多人也不明白从何入手，亟待阅读推广人发挥作用。可以说，全民阅读目前缺少的不是参与的人群，而是缺少称职的阅读推广人。全民阅读要达到提高国民素质和社会文明程度，特别是提高学习力、创新力的目的，培养阅读推广人势在必行。“十四五”时期，我国各地应当加强全民阅读推广人队伍建设。要建设好阅读推广人队伍，需要加强制度化建设，制定明确的细化标准，要有专门知识的学习和阅读实践的训练，空泛的号召只能造成实际培养工作中标准的下降和培养水平的降低，终将影响全民阅读推广的效果。“十三五”期间，不少省份虽然启动了全民阅读推广人队伍

建设，可是从总体上看，尚未形成系统、完整的制度，尤其是在专业能力的要求上明显不足。“十四五”时期，各地都需要加大全民阅读推广人培养的力度，要在队伍建设上做到规范化、制度化，在业务培训上加强专业化。全民阅读正由于其群众性，在活动的组织工作上难免存在着较大困难。一支相对稳定且专业水准较高的推广人队伍对于提高这项活动的吸引力、感召力具有较大作用，应当引起各相关部门的高度重视。

全民阅读是一项政府主导、社会参与、全民践行的活动。在以习近平同志为核心的党中央高度重视下，“十三五”时期，这项工作已经奠定了比较坚实的基础，即将开局的“十四五”，只要认真、全面、科学地做好专项规划并切实施行，必将取得新的更大成效。党中央已经提出2035年建成社会主义文化强国的远景目标，那么，这一远景目标实现之时，必定是国民阅读状况得到明显改善之日，而全民阅读在这一进程中应当发挥极为重要的基础性作用。为此，全民阅读工作必须保持持续深入推进的态势，为建成社会主义文化强国作出贡献。

第四章　公共图书馆在阅读推广活动中存在的问题

公共图书馆界在积极开展阅读推广活动，为全面带动全社会展开阅读，建立基础性阅读方式和阅读习惯不懈努力着，但目前，公共图书馆乃至全社会的阅读推广活动仍普遍存在一些问题，主要表现在：未形成全民阅读机制，没有建立全民阅读组织领导机构，在组织上缺乏指导机制和保障机制；经费的缺乏，制约了推广活动广度和深度的发展；全民阅读氛围不够浓厚；对阅读推广人培育不够，缺乏推广活动组织人才，无法开展高层次的阅读推广，缺乏大型阅读推广品牌，很难激发读者的参与热情；推广活动尚未制订整体规划，缺乏有效的指导机制和长效的推广机制；活动缺乏创新，影响力不够；宣传策略缺乏创新，社会各界参与度不够，呈现出应景性和短期性倾向；活动内容比较单一，缺乏特色活动，品牌建设亟待加强，公共图书馆数量及馆藏资源匮乏；图书会、全民阅读会等缺乏专业的图书馆员的专业指导；图书馆读书会运作，活动多于读书。组织全民参与、培养阅读习惯是推动全民阅读的工作重点和难点，公共图书馆在阅读推广中要以各种手段激发用户阅读兴趣。这些问题在一定程度上影响了全民阅读推广活动向更深、更广、更规范有效的方向发展。

第一节　公共图书馆发展不完善，建设不均衡

目前，我国公共图书馆的数量、藏书量、数字化程度参差不齐，而且发展也不平衡，导致无法满足广大读者的需求。具体来说，公共图书馆主要包括一级（省级）、二级（市级）、三级（县级）公共图书馆，而规模最大的是一级公共图书馆，二级公共图书馆和三级公共图书馆的规模相对较小，藏书量也比一级公共图书馆相对较少。省级公共图书馆计算机设备、存储柜设备等都比较先进，桌椅等配套设施数量较多。而市级和县级图书馆由于占地面积有限，阅读基础设施薄弱、条件落后、空间狭小、设备数量远远不及省级图书馆。而且书籍管理也存在一定的问题，有些优秀的文献书籍难以被读者查阅，造成公共图书馆应用功能的缺失，难以满足多数读者的阅读需求。

公共图书馆在全民阅读风气的倡导方面具有举足轻重的作用，国内外全民阅读风气佳的城市，有丰富的全民阅读资

源及方便的全民阅读场所，其公共图书馆数量及馆藏资源一定充足。然而，我们的地方政府花大钱举办各项赛事，对图书馆的重视程度严重不足，各省市的图书馆建设，大部分未有全盘的规划及整体政策，没有足够的图书馆设施、缺乏专业人员提供专业服务、不重视馆藏资料充实。图书馆无馆藏发展计划，未能逐年充实各种类型及各种主题数据，馆藏内容以休闲性居多，馆藏质量不符合民众全民阅读需求及学习、工作精进和自我成长需求。

现在人们都追求简单快捷的生活，公共图书馆也要符合人们的这种需求，尽可能

简化一切程序，为读者阅读提供方便。目前公共图书馆存在如下几个方面的问题：首先，没有简化借书程序、延长图书馆开放时间。其次，现在大家除了工作、学习之余，只有到晚上才有时间去图书馆借阅书籍。所以要提供自主查询设备，方便读者快速查到所要书籍的准确位置，以节省寻找时间。最后，要对每一位图书管理员严格要求，他们必须对所负责的馆藏图书充分了解其分类和大致位置，要主动为读者提供服务，帮助寻找。公共图书馆方便快捷的借阅条件可以更加有力地推动全民阅读。

第二节　馆员专业性有待加强，服务相对落后

在阅读服务满意度的相关调查中，有读者表示很多活动和服务都没有听说过，更不清楚内容形式。图书馆的活动宣传一般使用固定媒体渠道比如报纸、网站、微博、微信及图书馆内的电子屏幕，这都是公共单位常用的媒体宣传渠道。但是这些渠道都有一定的局限性：报纸本身的发行阅读量日渐减少，大多数人已经不再阅读报纸；官方网站和微信公众号开设的服务内容虽然很全面，几乎涉及目前图书馆开设的全部服务活动，但是读者使用和关注的仍然是自己熟知的部分服务功能，而数字图书馆、全民阅读平台功能的使用人数却不高；虽然开设有24小时自助服务，但目前能满足的功能非常有限。而且这些宣传的途径令读者处于必须主动去了解的状态，不能常去图书馆或者不能使用网络服务的读者是没有办法获得更多的活动信息的，而读者恰恰是以中学生和老年人为主，他们本身无法便利地使用网络功能，这就使得阅读服务的宣传力度大幅缩减，自然会造成很多读者无法了解活动信息的结果。

在国外图书馆非常重视说故事、读书会、全民阅读指导等活动，坚持一定要由专业的图书馆员负责，从选择适合的图书数据、为不同的对象设计不同程度的全民阅读活动，到实际执行，都是由馆员去做。反观国内公共图书馆在这类活动的执行上都交给毫无图书管理经验的志愿者，志愿者只经过简单的训练，对于如何在说故事活动中为不同对象挑选适

合的读物和故事、如何在读书会活动进行导读和为不同程度、兴趣，甚至有阅读障碍的民众选择适合的读物等方面指导能力不足。人员的专业性是影响活动效果的一个重要因素。为满足公共图书馆多元化服务的目的，很多馆员和领导都不是图书馆学专业出身，大多都缺乏图书馆专业的学科知识背景，加之传统图书馆服务以图书借还为主，很多人对专业素养不够重视，这导致在开展阅读服务活动的时候，不能准确地从图书馆服务整体的生态结构出发，宏观地构建服务体系和内容，因此也影响到了阅读服务活动的开展。

特殊群体和残障人士作为社会弱势群体，是我们全社会要关注的对象，公共图书馆也应该格外注重这些人群的阅读需求。目前公共图书馆没有营造良好的阅读环境，提供专人、专业的服务方式和帮助。如为失聪的群体配备手语老师，为他们讲解书中内容；为视障人士配备智能阅读器或建立盲文阅读室或有声读物阅读室等；为行走不便的残疾人提供轮椅、推送员，开设专门残疾人便捷通道等。在特殊群体和残疾人获取信息方面，公共图书馆应消除不必要的障碍，为他们创造良好的阅读条件。

第三节　过度迎合读者需求，书籍质量待提升

读者偏爱的图书馆个性化阅读服务和图书馆长期举办的阅读活动，最受欢迎的是电影放映，读者对活动内容和形式的需求是同样注重的，但是目前图书馆的很多活动似乎陷入了一种重视活动形式而忽视内容质量的思路中，在举办活动时关注点大多都在参与者的数量、活动的规模、媒体的关注度上面，虽然要想让读者关注就必须有一个好的平台，但是这实际上是跟公共图书馆“以读者为本”的服务宗旨相违背的。图书馆经常会举办众多展演活动，报告厅内载歌载舞，媒体也给予很高的评价和关注，但这却令很多需要安静阅读的读者苦不堪言，非常抵触这样的活动形式，反而对再度开展类似活动不利。而参与这些活动的读者也多关注在表演本身，对于活动本身的内容和意义反而不是很感兴趣，活动结束了，很多读者可能也就跟着忘了，没有达到实际的效果。

同时，为了吸引读者，图书馆会根据读者的需要开展一些服务项目，但其中一些服务并不是为了更好地引导读者形成长期、良好的阅读习惯和行为而开展的，比如图书到期短信提醒服务。开馆初期很多图书馆开展此项服务是出于便利读者的目的，但是由于技术条件的限制，导致短信提醒时常出现偏差，造成许多严重的纠纷，而短信提醒的存在也使得读者不再主动关注借阅信息，过分地依赖提醒，久而久之，对图书馆的各项服务都出现了过度依赖，要求图书馆能够提供全方位、无微不至的服务，对图书馆的工作性质也产生了

极大地误解。这对以后的工作都造成了很大的不利影响，所以图书馆需要满足读者的需求，但也要量力而行，不能过度迎合，这对于引导读者养成良好的阅读习惯有害无益，也违背了公共图书馆服务大众的初衷。

社会大众重视功能性全民阅读，为了投资理财全民阅读财经企管书籍，为了个人健康全民阅读养生保健书籍，为了满足口腹之欲全民阅读美食书籍，为了子女教养全民阅读亲子关系及儿童教育相关书籍；学生家长更是重视功能性全民阅读，对学习考试有帮助的全民阅读，如何让孩子得高分的全民阅读，家长举双手赞成，但对休闲全民阅读则不鼓励，一切以升学为重。民众在休闲生活中，选择全民阅读，享受单纯的全民阅读乐趣的情况，较为少见。另外，近年来，绘本图书大量盛行，大人小孩都爱读绘本，学校、公共图书馆、小区举办非常多绘本故事、绘本导读、绘本讲座活动。然而大量读绘本的结果，很多儿童停留在全民阅读图多字少的读物，遇到文字量较多的书，即不愿意全民阅读，或是产生全民阅读障碍，影响其全民阅读程度的提升和全民阅读理解力的增进。

第四节　活动缺少固定机制，形式缺乏创新

图书馆读书会运作，活动多于读书，传统的读书、讨论的元素愈来愈少，取而代

之的是聆听音乐、欣赏美术、观赏电影、参访名胜古迹等。尤其公共图书馆流行办理走读活动，以本土关怀为主的走读我国、走读城市活动，虽可增进乡土的了解，但是其中读美食、读建筑、读山水，休闲旅游成分居多，真正回到全民阅读本质、扎扎实实的全民阅读的成分少之又少。所谓“全民阅读活动”，全民阅读的成分少，活动的成分多。

图书馆开展服务缺少结构性和长期性。不定期举办的活动导致读者不能很好地把握活动时间，而且活动该内容上也缺少连贯性，久而久之，读者就会失去参与热度，活动也就不了了之，这就造成图书馆总是在想办法办活动，开展新服务，服务的内容和形式也越来越趋同，能引起读者兴趣的也越来越少。

目前公共图书馆开展的阅读服务和活动基本上形式接近，没有太多的创新特色，一部分原因是很多图书馆在创设活动方面没有太多的经验，也没有特别高素质的图书馆人才去创新。这就导致了很多公共图书馆复制其他图书馆阅读推广活动的模式，基本上是讲座、摄影展、读书沙龙、捐赠活动及新书推荐等，活动内容和形式也基本上差不多，阅读推广活动就局限在这些形式里面，很难得到改变和创新；另一方面是由于经费、人力的限制，没法开展太过复杂和多样的服务。

图书馆都是由政府财政支持运营，经费紧张是常有情况，虽然经费问题会在很大程度上影响图书馆举办活动开展服务的进度和形式，但是一味地依赖经费投入，并不能从根本上解决读者参与度不高的问题。活动形式单一，时间久了就很难调动起读者的积极性与兴趣，降低读者的参与热情。自然会直接导致公共图书馆阅读服务效果不佳，长此下去不仅浪费了图书馆的人力物力，对图书馆以及本地区的公共文化发展也是一种损失。

第五节　家庭阅读推广活动存在诸多问题

（一）活动缺乏系统性、长效性

一方面，目前，业界关于“阅读推广”“图书馆阅读推广”“公共图书馆家庭阅读推广”尚无标准的学术定义，缺乏成熟的理论指导，公共图书馆家庭阅读推广与图书馆的其他活动，比如图书馆书目推荐、图书馆营销、图书馆宣传、图书馆展览等活动盘根错节、边界混淆；另一方面，虽然我国于2016年正式发布了相关条例和规划，对“全民阅读”工作进行了立法推进和实践指导，2016年成立的中图学会阅读推广委员会图书馆与家庭阅读专业委员会也将致力于家庭阅读推广工作的专业研究与计划，但当前业界仍缺乏较为系统、明确、具体的家庭阅读推广计划。现阶段公共图书馆家庭阅读推广活动总体较为盲目、杂乱，尚未步入有序、长效、可持续发展的科学发展轨道。

（二）推广目标角色缺位

公共图书馆家庭阅读推广的主要推广目标是以家庭为单位的家庭成员。然而，现实社会中，由于文化传承的流失，传统家庭书香氛围在很多家庭已难寻，家庭阅读不被重视，家庭阅读意愿普遍不足。部分家庭阅读理念狭隘，阅读功利心强，阅读的出发点大多是“教育功能”，期望通过阅读迅速提高学习成绩、获取功名等，并非为了个人的兴趣和习惯而阅读。与此同时，科技飞速发展，新的信息技术和产品层出不穷，信息的来源和获取方式繁多，人们对书籍的阅读需求减弱，许多家庭的藏书量有不断减少之势，家庭阅读氛围随之减弱。家庭阅读的上述种种现状导致家庭阅读推广的目标角色缺位。

（三）推广对象覆盖面窄

现阶段，谈到家庭阅读推广，其对象大多数是儿童，且常常是4-12岁的儿童，对0—4岁期间的低幼段儿童、12岁以上青少年以及成年人的关注都较少，家庭阅读推广对象覆盖面较窄。实际上，无论一般阅读推广还是家庭阅读推广，其根本目的应是“全民阅读”，即面向对象应该是全体人员。无论是低幼段儿童的早期阅读，还是青少年、成年人、老年人的阅读都是重要的。但当前家庭阅读推广对此关注不够，这也意味着公共图书馆在家庭阅读推广需求挖掘方面尚有空当。

（四）缺乏核心阅读推广人团队

当前，公共图书馆家庭阅读推广活动多是与社会力量合作开展的，公共图书馆主要提供场地、平台，活动的具体实施大多由图书馆员辅助志愿者或合作机构完成。在此过程中，图书馆员常做些场务性工作，多为辅助性角色；而志愿者和合作机构不太稳定，常常难以长久坚持纯公益性工作，在工作一段时间后，大部分会独立出去，走向盈利，合作机构尤其如此。专业人员的知识结构不均，图书馆学专业人才较为缺乏，是图书馆目前存在的主要问题之一。总之，公共图书馆尚缺乏核心阅读推广团队，比如具备家庭阅读推广专业基础的图书馆员以及能够长期坚持做公益的家庭阅读推广志愿者群体等。

第五章　公共图书馆的阅读推广与实践

第一节　公共图书馆与全民阅读

一、公共图书馆与全民阅读的关系

（一）公共图书馆是全民阅读推广活动的主要阵地

公共图书馆是人们获取知识的主要渠道，也是文化和各种信息交流的重要场所，馆内收藏的数字资源丰富，而且是经过筛选和专业化整理的，还有大量实用性强的文献资料，如各种期刊、报纸、经典名著等，满足不同读者的阅读需求。公共图书馆是公益性质的机构，在号召大家多读书，推广全民阅读方面具有重要作用，不仅有丰富的文化资源，而且为人们提供了良好的阅读环境。此外，公共图书馆还承担着一定社会责任，作用无可替代，在推广全民阅读的活动中，公共图书馆是组织领导者，在全社会传播公平、现代民主等思想。阅读可以丰富思想，提高公民素质，读者如果能够长期坚持阅读，就会形成良好的阅读习惯，具有终身阅读的意识。

我国公共图书馆全民阅读推广活动的发展已经进入高潮，各个地区的公共图书馆都有负责推广全民阅读的机构，安排专业人员负责宣传推广。公共图书馆还举办了多种活动激发民众的阅读兴趣，让读者通过参与活动感受阅读的魅力，自觉培养阅读的习惯，树立终身阅读的理念。当前的阅读环境是纸质图书和电子图书共存，在这种情况下，公共图书馆可以改善多种阅读方式并存带来的不良影响，提供更多样化的阅读服务，以满足读者多样化的阅读需求，在全社会推广阅读，使公共图书馆得到越来越多人的关注。

（二）公共图书馆承载践行着全民阅读的文化精神

公共图书馆为人们呈现了一座巨大和丰富的知识宝库，便于人们深入、系统阅读，其作用是不可替代的。公共图书馆集中了不同地区的重要信息，人们可以从中获取各种所需要的知识和信息。与此同时，不分差别地向所有人提供需要的服务和知识，无论年龄、国籍、社会地位等。读者可以从公共图书馆中获取完整的文献资料，享受全面且系统的文献服务，公共图书馆对所有的读者开放，没有等级，人们可以从中了解到完整的知识体系。

我国近年来提出了要建设学习型社会，不断加强文化基础设施建设力度，因此公共图书馆的设施明显改善，尤其是馆藏文献数量明显增加，各类应用水平不断提升。

二、公共图书馆推广全民阅读的重要性

为了加快建设学习型社会，我国提出了全民阅读重要举措，全民阅读在国家公共文化服务体系建设中具有重要作用。阅读推广工作，就是以图书馆及相关组织为单位，引导读者养成良好的阅读习惯.培养阅读兴趣，提升我国国民阅读水平，最终实现全民阅读的目标。

《公共图书馆宣言》中明确提出了公共图书馆的任务是面向社会开展阅读活动，《中国图书馆服务宣言》也提到了图书馆要推动全社会形成全民阅读的风尚。公共图书馆具有丰富的馆藏资源，专业性和权威性强，在全民阅读中占据核心地位。公共图书馆最主要的功能之一就是推动社会阅读，这是其自身应该履行的使命以及其存在价值决定的。作为社会性质的文化服务机构，公共图书馆在向公众普及文化知识，提高公民文化素养方面有很重要的作用，因此，应在提升全民阅读能力方面起带头作用。从公益性文化组织的角度来看，公共图书馆满足了读者多样化的需求，形成了良好的社会阅读氛围。

《中华人民共和国公共图书馆法》的出台，确定了公共图书馆在推广全民阅读活动中的地位，未来也将发挥更大的作用。《中华人民共和国公共图书馆法》于 2018 年 1 月 1 日正式施行，其中有一条规定，公共图书馆是社会主义公共文化服务体系中的重要组成部分，所以在全民阅读推广活动中，应该起到推动和引导的作用，更好地服务于读者。全民阅读中的重要活动都是在公共图书馆开展，由此可见其在推广全民阅读活动中的重要性。有国家法律的支持，公共图书馆应该把握好时机，认真研究读者对于不同资源的需求、阅读服务等，做到理论与实践相结合，开展丰富多样且具有吸引力的推广活动，为公共阅读服务提供保障，在全社会形成阅读的良好氛围，为建设全民阅读推广服务体系保驾护航。

目前我国正在大力提倡全民阅读，在这一发展背景下，作为公益文化组织的公共图书馆，应该立足于当前实际，不断发展创新，为读者提供更优质的服务，将自身打造成全民阅读推广活动的重要推动力。公共图书馆要对自身服务水平的高低有清晰认识，在全民阅读活动中实现创新，使之更加多样化，提高公共图书馆的社会服务水平，积极探索提高其服务效能的方法，明确自身担负的责任，为民众提供更好的文化服务，从而进一步推动开展全民阅读活动。

图书馆是开展全民阅读活动的重要平台，阅读推广旨在培养全民阅读习惯，这是公共图书馆的重要任务之一，也是所有公共图书馆共同的追求，在某种意义上，以公共图书馆为单位开展全民阅读推广活动，对于社会主义核心价值观在全社会的推广、满足民众对于文化的需求、使现代公共文化体系更加规范等方面发挥着重要作用，同时也使公益文化单位焕发出新的生机。实际上，国家倡导全民阅读理念与图书馆阅读推广活动相互配合，二者共同发挥作用。首先，在全社会推广全民阅读，为图书馆阅读推广活动的创新和不断进步注入了新的活力；其次，全民阅读的内涵也随着阅读推广活动的发展不断完善和丰富。

图书馆开展的阅读推广活动与全民阅读发展的趋势要保持一致，从纵向深入挖掘阅读推广活动的潜能，推动图书馆阅读推广活动进一步发展。

三、公共图书馆推广全民阅读的重要作用

公共图书馆的主要功能是向民众普及科学文化知识、组织开展相关教育工作以及保存人类珍贵的文化遗产等，在推动全民阅读的活动中占据中心地位，也是重要的组织和实施机构。在公共文化服务体系中，公共图书馆也是重要的一部分，引领开展全民阅读推广活动。全民阅读活动需要公共图书馆积极参与，这样才能推动全民阅读活动不断发展，提供丰富多样的服务。

（一）建立学术文化社区，培养民众科学素养

公共图书馆是社会重要的服务机构，为社会提供文化、教育、信息等服务，传播科学文化知识，帮助民众获取信息，在社会主义文化生态建设中发挥着不可替代的作用。全民阅读是社会主义优秀文化传播的重要途径，也是提高公民文化素质的重要方式，以公共图书馆为主，不断完善服务体系，有助于深入开展全民阅读活动。实施全民阅读战略，首先要做的是通过丰富多彩的活动，激发民众阅读积极性，为民众阅读提供建议，从而从整体上提高公民的文化素养。从这一点上来看，全民阅读战略与公共图书馆的职能是相吻合的，公共图书馆与政府相关文化部门展开合作，开展多种形式的文化活动，大大拓展了图书馆在教育和文化方面的职能，还可以与社区合作，引导民众多阅读书籍，帮助民众提高自身素质，建立学术文化社区。

在知识和信息不断发展的时代，很多学科不断分化成更细化的学科，交叉学科和边缘学科层出不穷，知识和科学无论是形式还是内容，都更加细化和复杂。在这样一个时代，民众对知识的渴求也达到了新的高度，迫切需要学习新的知识，更好地融入社会。全民阅读的兴起和发展正是知识经济社会发展的必然选择，在公共图书馆的引领下，为民众提供知识文化服务，旨在构建全民阅读服务体系，激发民众自主学习意识，进一步提高全民文化素养。

（二）丰富民众精神生活，调整全民阅读职能体系

公共图书馆的存在就是为民众提供知识文化服务，承担着文化教育的职责，无论是学习还是科技创新、创作等与文化相关的活动，都需要图书馆的支持当今时代是知识经济快速发展的时代，任何组织和个人都需要通过阅读获取相关知识，提高自身科学文化素养。公共图书馆在推广全民阅读方面扮演着重要角色，满足人们日益多样化的需求，在人们精神文化生活中是不可或缺的。社会主义特色文化体系建设的重要举措就是全民阅读活动，它立足于文化，以提高全民族创造力和文化素养为目标，打造文化自信。公共图书馆具有丰富的馆藏资源，在此基础上不断创新阅读服务与推广方式，借助图书馆的文化职能，可以很好地解决民众对文化的需求，对促进社会主义文化事业发展具有重要推动作用。

当前，科学技术发展迅速，公共图书馆的作用也日益凸显，在传播优秀文化和先进思想方面是重要的平台，担负着文化教育的职责。公共图书馆主要负责普及科学文化知识，为读者提供图书借阅服务，以及管理文献资料等。其应该认真履行自身职能，激发民众阅读积极性，为民众提供更好的服务，满足他们精神上的需求。同时，做好文化教育工作，明确自身在提高国民综合素质方面起到的作用。当前，知识经济快速发展，政府相关文化部门提出全民阅读这一重要战略举措顺应了当前发展。公共图书馆是社会文化服务机构，应该认真履行自身职能，主动承担全民阅读文化开展中的重要任务，并从过去的经验中总结教训，完善自身职能体系。

（三）创新全民阅读模式，普及全民阅读服务范围

知识经济时代的发展改变了公共图书馆的服务范围和职能，以往图书馆主要负责向读者提供书籍借阅服务和信息服务，现在则向读者提供知识和智慧服务。在社会文化事业建设中，全民阅读具有系统性，公共图书馆在深化全民阅读服务中，能够激发民众的阅读兴趣，并根据民众的阅读习惯，为其提供需要的服务，根据民众需求，创

新服务机制和管理模式，使职能更加完善。作为为社会提供支持和服务的机构，公共图书馆主要是向民众普及科学文化知识，大力宣传优秀的文化和思想，在民众价值观塑造方面起到重要的引导作用。

公共图书馆面向大众开放，公众可以在图书馆中获取想要的信息和知识，借阅相关书籍。全民阅读活动的开展，形成了良好的文化氛围，大大提高了图书馆的知名度，吸引了更多读者，也会拓宽图书馆的服务范围。

（四）形成家庭阅读氛围，扩大公共阅读资源利用程度

家庭是社会的重要组成部分，儿童在家庭中接受启蒙教育，因此家庭阅读至关重要，承担着构建和谐进步社会的重任。公共图书馆家庭阅读推广让更多家庭参与到阅读中，在家庭中形成热爱阅读的良好氛围，这样可以带动整个社会形成良好的文化氛围，日益凸显阅读的重要性，不断完善阅读相关保障和责任机制。

公共图书馆资源丰富，为民众提供了多种阅读资源既有纸质书籍，也有各类电子图书，这些都是人类智慧的结晶。公共图书馆家庭阅读推广不仅可以带动全民参与阅读，也可以使公共阅读资源得到充分利用，提高利用率，让读者更加精准地获取需要的资源，提高公共阅读资源的社会效益。

第二节　公共图书馆阅读推广要求与条件

一、公共图书馆阅读推广的主要要求

公共图书馆的阅读推广势在必行，且推广活动必须紧密贴合读者的阅读理念和阅读需求。从目前推行全民阅读活动的经验来看，阅读多元化是最迫切也是最基本的需求，主要体现在阅读服务的多元化、阅读活动的多元化、活动推广渠道的多元化以及活动管理的多元化等方面。

（一）服务理念多元化

要实现全民阅读活动服务理念多元化，必须充分利用公共图书馆的丰富资源，推广公共图书馆阅读，不断丰富全民阅读活动的形式。

全民阅读活动必须重视读者的阅读需求，进行个性化的阅读活动以满足读者多样化的需求；公共图书馆必须保证阅读机会公平，确保全民都能有阅读的机会，实现图书资源的使用公平；全民阅读活动还必须时刻与社会主义核心价值观保持一致，坚守文化内核，通过阅读活动宣扬社会主流价值观，丰富读者的精神内涵；公共图书馆的活动推广必须不断开拓创新，丰富活动形式，做到服务理念多元化，为读者营造一个舒适的阅读环境，增强推广优势；公共图书馆必须充分发挥积极性和主动性，主动了解读者需求并尽全力满足，提高公共图书馆的服务水平。

（二）主题形式多元化

当前全民阅读活动的开展过程中，已经涌现出许多优秀的推广活动，这些推广活动之所以能够脱颖而出，活动主题发挥了巨大作用，在这些案例中，图书馆制定主题时充分考虑到读者需求，紧密贴合社会发展状况，发挥创新意识，并与当下社会人们关注的问题相融合，使活动主题具有巨大吸引力，从而激发读者的阅读欲望。例如，

在阅读过程中发布图书排行榜、举行图书知识竞赛、开展经典书目话剧表演等都是十分成功的活动主题案例。

实现阅读活动主题形式的多元化，不仅可以满足读者的阅读需求，丰富读者的阅读书库，还能在活动推广过程中激发民众阅读兴趣，养成良好阅读习惯，最终不断提高社会的文化水平。

（三）推介途径多元化

随着互联网技术的不断发展，网络在世界范围内得到普及。互联网技术也应用到了图书阅读领域。新媒体成为公共图书馆阅读的重要推广渠道，新媒体技术的运用使推广活更加多元化。图书馆的官方网站、官方微博账号、官方公众号等都成为图书馆推广阅读活动的重要途径，借助互联网也使推广活动的范围不断扩大，极大地提高了推广活动效果。

互联网技术的发展也改变了传统的阅读方式，借助移动手机用户端阅读为读者带来了许多便利。许多大型图书馆也推出了移动手机 App 阅读平台，通过手机进一步推广图书馆阅读活动，其兼具音频、视频等多种表现方式，可以满足读者的多样化需求，趣味性更强，激发了读者的阅读兴趣，实现了阅读活动的创新，是图书阅读顺应现代科技发展的重要表现。

（四）管理过程多元化

在众多图书馆阅读活动推广案例中可以发现，图书馆独立举办的活动效果会相对差一些，大部分成功案例中图书馆举办活动都少不了其他社会组织的帮助，社会组织的加入可以为活动提供更多资源支持，包括物资、人力资源等，增强阅读活动的管理机制，南京市图书馆举办的少儿阅读活动能够取得成功，离不开当地多个部门的鼎力相助。

公共图书馆在举办阅读活动时必须充分利用社会各界的力量，实现管理过程多元化，优化活动管理机制，才能取得更好地推广效果。

二、公共图书馆实现阅读推广的一般条件

（一）推广阅读的法律保障——阅读立法

目前全民阅读已经成为国家的重点项目，为了使全民阅读活动引起社会各界的重视，有学者建议对阅读活动立法，全民阅读不仅仅是对民众提高文化内涵的呼吁，也是国家文化精神的象征。然而，针对全民阅读立法也遭到许多人的质疑，全民阅读活动是每个人可自由选择参与的活动，并不具备立法的条件。全民阅读立法与儿童阅读立法不同，儿童的心智并不成熟，不具备明辨是非的能力和自我管理能力，因此，要在学校和图书馆等阅读场所中针对儿童设立相应的法律来保护儿童。不仅是国内，儿童阅读在国际上也引起重视，国际上不仅举办过多个趣味儿童阅读活动，而且在逐步完善儿童阅读活动的立法系统。

图书馆儿童阅读立法工作比较复杂，需要通过深入研究各项法律内容，再由国家立法机关正式立法，形成一套完整的法律体系。其中，既要包含对各项法律的详细解释，还需要不断地深入研究儿童阅读立法，不断完善法律制度。从当前儿童阅读立法体系上看，现阶段儿童阅读立法工作更注重法律法规规章制度等方面的指定工作，其中包括研究儿童阅读活动中的精神内涵、管理推广活动用户，保障特殊儿童人群享有平等阅读的权利，包括患有特殊疾病以及缺乏阅读条件的儿童群体。与此同时儿童阅读立法工作还要关注儿童阅读推广效果的提高，以及对阅读资源的合理分配，为儿童提供稳定安全的阅读环境。

法律在阅读推广活动具有重大作用，中国必须重视阅读立法，紧跟国际上的阅读立法进程，不断完善国家的阅读法律体系，用法律为阅读推广活动提供保障，促进全民阅读的实现，从而增强国家的文化自信，树立国际大国风范。

（二）阅读推广的资源保障——数据支持

公共图书馆的阅读推广活动是根据群众的需求开展的，必然离不开用户数据的支持，在开展阅读推广活动前，必须先收集用户关于阅读的相关信息，分析整理用户信息，了解用户的需求，将收集到的信息应用到活动方案的设计中去，从而获得更好的推广效果。公共图书馆可获取的数据支持包括用户的阅读行为数据、图书馆的馆藏数据、图书馆管理员的数据以及图书馆用户的相关数据等。通过借助数据分析手段，整合分析图书馆的馆藏与用户的相关数据，从中推理获取用户的阅读行为数据。公共图书馆要适应新媒体环境，离不开大量数据的支持，有了强大的数据支撑，才能更深入了解用户的需求，运用新型科技打造完美的图书馆阅读系统，为用户提供有针对性的阅读服务，提升用户的阅读体验，从而获得良好的阅读推广效果。

有了强大的数据支持，公共图书馆可以为用户提供更具针对性的阅读资源，通过互联网技术分析用户的阅读行为，及时获得用户对推广活动的反馈。除了强大的数据分析能力，公共图书馆还必须不断提高图书馆的活动服务水平，首先要提高图书馆管理员的工作能力和专业素养，使图书馆管理员尽快适应新媒体技术，并运用到活动实践中。强大的数据支持也一定程度上解决了图书馆管理员收集数据的困难，能够更加精准地把握用户的阅读需求，从而为用户提供更优质的阅读服务。

（三）阅读推广的体制保障——机制创新

公共图书馆要提高阅读推广活动的效果，还需要对图书馆的阅读推广机制进行创新，使阅读推广活动提供更加专业的服务，进一步满足用户的需求。只有不断创新阅读推广机制，才能保障公共图书馆推广活动持续顺利开展。通过收集大量数据以及分析过往成功案例可以发现，体制化、专业化是图书馆阅读推广活动的努力方向，建立系统的规章制度，为用户提供专业化的服务，才能更好地满足用户的阅读需求。其中，创新阅读推广机制是图书馆发展的重点问题，北京师范大学图书馆就十分注重阅读推广机制的创新并且取得了突出成果，其将图书馆的阅读推广工作与高校的人才培养结合，为图书馆阅读推广机制提供具有高素质的专业人才，建立专业优质的服务团队。

完善我国阅读推广体制必须不断创新图书馆的阅读推广机制。创新图书馆阅读推广机制必须充分利用理论知识，为图书馆阅读推广工作提供科学的理论指导，为阅读推广活动的开展指明正确方向。

（四）阅读推广的动力一素养提升

目前，国内的阅读推广活动已经初具规模，在后续的阅读推广活动中，要重视活动推广的模式方法，明确全民阅读活动的直接目的是增加民众的书籍阅读量但最终目标是提高国民整体的文化素养。因此要从提高文化素养的角度去筹备活动，在制订活动方案时要准确把握民众的喜好和需求，从成功案例中吸取经验，举办多样化、趣味性强的阅读活动，增强图书馆阅读活动推广效果，提高国民的文化素养。

图书馆管理员在图书馆阅读活动中也起着十分重要的作用，要做好图书馆的阅读推广活动，必须提升图书馆管理员的文化素养，同时要培养图书馆管理员运用互联网科技的能力，使其更好地适应图书馆阅读的新模式，便于更好地开展图书馆阅读推广活动。在进行阅读推广活动时，还要充分考虑民众的阅读素养提高的需求和实际情况，制定科学合理的活动目标，便于在活动结束后评估活动结果。

第三节 公共图书馆阅读推广服务模式

结合目前图书馆的发展趋势，可以发现图书馆根据自身的馆藏资源、自身的人才储备以及技术优势为大众提供的特殊服务主要有三类，这三类服务模式之间有明显的不同，不同服务模式的差别是服务对象不同，针对的群体种类也有差异，但是它们有共同的目的，就是促进全民阅读，提高我国民众的文化素养。

第一类服务——图书借阅服务。图书借阅服务是图书馆提供的最基础的服务，该项服务也是图书馆其他服务开发的基础，它决定了图书馆的基本职能以及图书馆的发展形态、发展形势。全民阅读时代，公共图书馆的发展依旧要以图书借阅服务为基础，在此基础上为用户提供更优质的阅读体验。经济时代的快速发展，需要人才具备专业技能，需要人才储备大量的专业知识，各行各业的人们都在加紧学习，寻找更好的学习途径，以此来提高自身的文化素质水平公共图书馆是贮藏知识的书库，是各种信息的聚集中心，受到了各行各业人才的青睐。在这样的环境下，图书馆应该关注到用户的阅读需求，开展读书活动，针对用户形成更加专业、更加个性的服务模式，满足群众个性化学习的需要，让人民群众养成良好的阅读习惯，提高民众的知识水平。

第二类服务——社区文化活动。图书馆为社会公众提供的是和阅读和文化生活相关的服务，通过阅读服务，图书馆和公众之间有了紧密联系。随着全民阅读时代的到来，图书馆也开始扩大自己的服务类型，服务开始从图书借阅转向社会文化活动。社会文化活动的开展需要图书馆和社区之间建立合作关系，然后由图书馆在社区中举办相关阅读活动，以此来满足民众的精神文化方面的需要，培养民众形成良好的阅读意识、阅读习惯。

第三类服务——科普知识展览。对于全民阅读活动来讲，科普知识展览是其重要环节之一。通过科普知识展览，人民群众对科学将会有更高的兴趣，人民群众的科学素养也会得到明显提升，科普知识展览是全民阅读活动开展的重点，阅读活动中可以设计和科学知识有关的文化展板，并展示科学案例、科学实验，以此来吸引人民群众的参与。参与可以是参观形式的，也可以是亲自动手参与的，目的是让人民群众体会科学文化的巨大魅力，提高人民群众的科学素养。

第四节 公共图书馆阅读推广工作实践

一、强化公共图书馆设施与馆藏资源

要想保证全民阅读活动能够顺利开展，就需要注重领导，完善机制，在政策上建立保障，在经费上给予大力支持，只有这样全民阅读活动才能持续地开展，才能获取广泛关注，才能行之有效。在健全的制度下、经费的有效保障下，图书馆可以积极扩大馆藏数量，以此降低人民群众的阅读成本。与此同时，还可以举办更丰富的活动，为人民群众提供多种多样的图书服务，吸引更多读者参与到全民阅读活动中。政府应从政策层面制定图书馆的设备配备标准、人员数量标准及图书馆藏的数量标准，标准的建立能够让图书馆按照标准配备设施、配备人员，只有达到了标准中要求的数量，图书馆才能为人民群众提供更满意的服务，才能更好地满足人民群众的需求。在建设地点方面，除了城市中心外，各个县乡也应该配备图书馆，而且馆藏应该定期更新，满足人民群众对图书的阅读需求。

人民群众阅读兴趣的培养需要立体化的阅读氛围，立体化阅读氛围的形成需要图书馆、家庭及学校三方的共同合作。对于社会来讲，构建阅读环境的重点是在社会内形成整体阅读的风气。比如，可以在世界读书日举办图书活动，也可以设立专门的阅读纪念日，渲染良好的阅读氛围；对于家庭来讲，构建阅读环境的主要形式是亲子阅读活动，亲子阅读活动的开展能够营造出非常和谐、非常温馨的家庭阅读氛围，这样的氛围能够培养孩子养成阅读习惯，也可以加强父母和儿童之间的交流；对于学校来讲，构建阅读环境的主要方法是加强课内和课外的阅读互动，学校图书馆可以将自身丰富的馆藏资源引入校内课堂中，为校内课堂教学扩展资源。除此之外，还可以在校园内举办和学生学习密切相关的阅读活动，为学生提供更多元的阅读方式，在学校里形成浓厚的阅读氛围。

作为公共图书馆，全民阅读推广活动的推进是其责无旁贷的义务，所以，一定要不断地优化图书馆的服务效能，为群众提供更加便捷的阅读体验。当今时代，图书馆应该简化相应的程序，为读者提供更便利的阅读体验。例如，借书程序应该精简，要提供自动化的图书查询设备，帮助读者更快地找到图书的位置，节约时间。此外，还应该延长开放时间。对于图书馆内部来说，人员的专业知识应该得到强化，人员应该充分了解不同种类图书的摆放位置，有热情的服务态度，积极地为读者提供便利的服务。

全民阅读活动的举办要想获得较好的效果，需要注意图书的趣味性以及图书的丰富性。通常情况下，读者在提高自身素质水平时，会选择阅读经典名著，经典名著能够为读者带来新的启发，在阅读名著的过程中，对名著的意义会有一个重新的建构。但是，这种建构并不是阅读所有名著都会得到的，想要获得这种效果需要阅读适合的名著。也就是说，图书馆在为读者推广名著时，应该了解读者兴趣，结合读者的认知水平、知识结构，为读者提供适合他们的经典名著，只有这样才能真正提升读者的文化素质水平。与此同时，名著的提供需要注意，要根据服务空间的不同，合理配备数量。

公共图书馆可以对本馆藏当中的具有特殊价值的资料进行加值，为人民群众提供更丰富的材料，图书馆中有很多古籍资源，将资源进行数字化加值后，研究者可以更便利地获取资源。除此之外，图书馆还可以和出版社进行合作，将原有古籍编写成文字比较通俗的书本，或者编写成绘画形式的儿童读物，书本的发行能够增加人民群众对当时历史的了解，人民群众也可以获得更加多元的阅读资源，有效地推动全民阅读。

二、实现公共图书馆通借通还与联盟机制

通借通还指把所有公共图书馆的资源集合在一起，搭建共同的服务平台，读者可以凭借有效证件从任意的图书馆借书或者还书，公共服务平台的出现不仅为人民群众提供了便利，也促进了不同图书馆之间的资源整合，创建了一种全新的文献利用方式，打破了空间限制。这种做法体现了以人为本的图书服务宗旨，极大满足了读者的阅读需求。通借通还工作的开展需要公共图书馆的大力配合，以平台为载体可以把原本独立的图书馆整合成一个能够覆盖全市人民群众的图书网络。

为读者提供服务还可以依靠图书馆联盟。图书馆联盟指的是不同的图书馆之间建立的合作关系，依托联盟不同图书馆可以实现资源的分享，联盟的出现既为图书馆图书工作的开展带来了便利，也推动了全民阅读活动的开展。例如，成都市建立的图书馆联盟——全市读者总库，这是一个数字形式的图书馆，它包含9000万册的图书资源，覆盖了全市21个区县，全市读者可以免费注册账号，使用数字图书馆中的资源。图书馆联盟的建设需要各个公共图书馆有协同发展的意识，共同创新，为读者提供更便利的资源共享平台，吸引更多读者利用平台资源；除此之外，图书馆还可以利用联盟关系采购特色资源，使图书馆的资源更多元化，为读者提供更多形式的资源，满足读者对资源的多元需求。图书馆联盟将各个图书馆的资源整合了起来，集中在一个共同的平台上，各个地区的人们都可以享受到全地区的图书资源，图书联盟的建立从整体上提高了图书服务的效率。

全民阅读活动的开展主要依靠的是公共图书馆，但是图书馆的力量毕竟是有限的，想要真正实现全民阅读活动的开展，还需要其他社会力量的加入，借助其他社会组织的优势资源。例如，图书馆应该和政府之间建立合作关系，使全民阅读活动能够获得政策、上的支持、资金上的支持；此外，图书馆还应该和学术团体建立合作，让专业人员指导全民阅读活动的发展；与此同时，图书馆也应该借用媒体推广全民阅读活动。总的来说，全民阅读活动的开展不是图书馆自己的奋战，是图书馆和社会力量之间的并肩作战，是社会资源和图书馆资源之间的相互配合。

从文化服务效益的角度来讲，想要获得效益最大化，就需要引入其他力量来支持文化服务发展，只有图书馆是不够的，公共部门、第三方或者是私营企业都应该加入进来，共同参与文化服务的建设。在进行阅读推广活动时，图书馆除了调动自身资源外，还应该和政府部门或者是书店以及行业相关部门联合合作，合作能够让各个主体资源互补，实现文化服务的多元发展，进而让阅读推广活动获得最大的文化服务效益。各个主体在合作过程中，应结合自身的优势，展开相应的阅读推广活动，例如，图书馆可以为读者提供它们需要的专业知识读物，政府可以发挥政策层面的引导作用，媒体可以发挥自身宣传传播的作用，扩大阅读推广活动的影响力。

三、提升图书馆员素质与服务质量

图书馆开展图书服务或全民阅读活动都需要人力资源的支持，这时，图书馆员的职业素质就特别重要，想要获得更好的全民阅读活动效果，想要吸引更多的群众参与阅读，就需要提高图书馆工作人员的素质及技能水平，只有这样才能提高图书馆的图书服务质量，而图书馆的图书服务质量直接影响了人民群众对阅读活动的参与兴趣和参与体验。因此，为了和人民群众之间建立长久的文化关联，图书馆一定要对图书馆工作人员进行定期的培训，以此提高图书馆工作人员的素养水平，让图书馆工作人员有正确的工作观念、道德观念，严格要求自己，热情地为读者服务，整体提高图书馆的服务水平。

综合图书资源，为读者提供个性化的服务。当今时代，民众对阅读的兴趣异常高涨，民众希望通过阅读来丰富自己的精神。公共图书馆在开展全民阅读活动的过程中，一定要注意更新服务理念，图书馆应该建立自己的内部管理系统，根据对民众兴趣的了解筛选资源、整合资源，形成个性化的服务体系图书馆应该从读者的角度出发，思考阅读内容的价值和意义，从民众的角度思考有助于图书馆为读者提供针对性强的服务。读者的阅读兴趣被满足了，全民阅读活动的开展必然会是顺利的0

图书馆除了加大对图书馆工作人员的培养力度外，还应该培养阅读推广人，阅读推广人承担了图书馆阅读推广的工作，图书馆如果想要为公众提供更好的阅读推荐服务，那么就必须建立自己的推广团队。首先，图书馆应该加大人才的引进力度，并培养人才，积极构建推广团队。应该招募和图书推广专业相关、有发展潜力的人才，除此之外，图书馆还应该为人才的培养提供机会，激发人才的发展活力、发展动力，不断地提高人才技能，让人才逐渐成为合格的家庭阅读推广人；其次，图书馆还应集合社会中的力量建设家庭阅读推广团队，社会力量包含很多，如公益组织、志愿者、民办机构等，图书馆应实行严格的考察，培养有图书工作意愿，并且致力于在图书领域发展的人才，最终打造出自己的社会力量推广团队。除此之外，社会上的高校或科学研究院可以根据自己的研究专业，为社会公众推广专业理论方面的知识，开展理论研究方面的阅读活动，培养能够进行理论研究推荐的阅读推广人。

四、创新公共图书馆服务模式与路径

图书馆发展一定要注意服务模式的创新，注意拓宽服务路径，服务模式和服务路径涉及图书馆的服务质量，而服务质量又影响了图书馆和人民群众之间的文化联系。知识经济时代，各个学科的知识发生了交叉，知识和信息变得更加复杂、多元，而且人民群众也要求获得更高质量的知识。在这样的情况下，公共图书馆必须改变传统的图书服务模式，要从实体图书的借阅开始转向信息化的技术服务，创新技术、创新服务模式，针对用户的兴趣和喜好为用户提供管家式的服务，这有利于图书馆和人民群众之间建立深厚的文化联系。

例如，有一些白天工作的读者想要在下班之后去图书馆获取知识，但是图书馆在那个时间段已经关门了，针对这样的情况，可以让图书馆全天候开放，解决用户阅读时间上的限制，为用户提供更加便利的图书服务，而且时间自由也可以激发读者产生一定阅读兴趣。

五、拓展公共图书馆阅读推广的读者对象

公共图书馆有职责和义务推广全民阅读，推广全民阅读的目的是让全国的成年人、未成年人及有阅读障碍的人都能够有平等阅读机会。只有全民的阅读权利是平等、公平的，人和人之间的差距才能缩小，人和人之间才能更加平等，这也是全民阅读最主要的目的。《中华人民共和国公共图书馆法》明确规定了图书馆为社会公众提供的服务必须是遵循平等原则的，必须是开放性的，必须在公正公开的情况下开展服务，因此，图书馆在进行全民阅读推广活动时，一定要注意活动的多样性，只有这样才能满足人民的阅读需求，才能更好地发挥全民阅读活动效果。

读者之间是有差异的，不同读者渴望得到的知识方向不同，而且读者的个人阅读经验、读书的目的都会表现出明显的不同，图书馆为了满足各种各样人民群众的需求，需要加强和读者、和出版社、和作者之间的互动，这能够满足读者个性化需求，也能够提高活动效果。通过深入的交流及互动，双方能够了解彼此在阅读方面的需求，而且有助于知识和经验分享。除此之外，主体之间的交流能够提升群众的人际交往水平，让人民群众有更多的人际互动经验，收获更多除了书本外的资源和经验。例如，在交流互动的过程当中，读者表明了自己今后的阅读方向和阅读需求，那么作者就可以掌握读者的潜在需求，就能有目的地创作，来满足读者的需求。图书馆工作人员在和阅读主体或者作者、出版社沟通时，也能够了解到他们的需求，在开展阅读推广活动时，更有针对性地提高图书馆的服务质量。

六、指导并培养读者的良好阅读习惯

图书馆有责任、义务为读者的阅读提供指导，也有责任向读者推荐新书。公共图书馆在未来的发展过程中，应通过好书推荐和读者之间建立更紧密的联系，完善和优化目前的新书好书推荐机制。

图书馆除了要做好图书推荐外，还要创建全民阅读团体。例如公司、图书馆、学校或社区都可以组建自己的阅读团体，团体可以涉及未成年人，也可以涉及成年人，还可以包含老年人，只要有读书兴趣的都可以加入到阅读团体中。除此之外。公共图书馆还应该联合学校图书馆或其他专门的图书馆，为阅读团体提供他们需要的各项服务。

公共图书馆的责任很多，其中就包含全民阅读。一个社会想要形成浓厚的阅读风气，则需要从儿童抓起，公共图书馆应针对儿童开展阅读推广活动，通过阅读培养孩子的理解能力、表达能力及想象能力，孩子具有较强的阅读能力也有助于后续学习。策划相关的阅读活动能够为儿童发展创设浓厚的阅读氛围，图书馆还可以倡导开展家庭阅读，利用亲子活动，在互动过程中，让孩子形成阅读习惯，而且亲子阅读互动的开展也有利于家庭氛围的温馨、和谐。

七、举办丰富的公共图书馆阅读推广活动

公共图书馆应联合出版社、媒体、政府或学校、书店及其他民间组织，共同开办全民阅读活动，调查全市人民群众的阅读兴趣、阅读习惯，然后有针对性地开展朗读节、小说月或读书节等活动。在社会营造全民参与阅读的浓厚风气，吸引更多市民加入到阅读活动中，让市民的生活和阅读联系得更加紧密，让市民的生活中有浓厚的书香气，让市民在书籍魅力的影响下，积极乐观地生活。公共图书馆在举办全民阅读活动时，应注意阅读活动的趣味性、形象性。

有趣的活动能够激发读者阅读的兴趣，能够让读者意识到阅读活动的魅力和乐趣。例如，在开展相关主题的阅读活动过程当中，公共图书馆可以为市民打造阅读平台，鼓励市民通过各种形式参与阅读，比如，手抄报的形式、读后感的形式、图片摄影的方式、视频记录分享的形式等。公共图书馆从建立至今，一直坚持读者至上的理念，为读者提供服务始终是它们的工作理念，但是随着互联网的发展，新媒体的快速崛起，以纸质图书为主要阅读载体的公共图书馆发展遭遇了冲击。在这样的情况下，公共图书馆开展全民阅读推广活动就必须了解读者的真正需求，只有满足读者的需求，公共图书馆才能长久发展。民众书籍需求了解应该从以下几个方面入手：首先，了解读者阅读需求以及它们自身的知识层次，根据需求和知识涉猎的范围有针对性地为其提供阅读书目；其次，公共图书馆应该结合电子设备，为读者提供全新形式的阅读体验，因为当今年轻人更加依赖互联网、依赖手机，相比于走到图书馆阅读，他们更喜欢躺在家里的沙发上，通过移动终端来阅读，所以，公共图书馆应该改变自己的服务模式，积极跟上时代的发展速度，找准时代的发展方向，避免被时代淘汰。

阅读的方式除了自行阅读书目之外，还可以聆听他人对书目的讲解。公共图书馆应该在阅读活动的形式上创新，为公众提供授课或者讲座形式的阅读活动，每期阅读活动都应该有明确的主题，图书馆应该提前做好活动预告，吸引读者提前预约。图书馆可以邀请某些领域的专家来充当活动的“图书”，让“图书”和读者之间进行线下的亲密交流，他们可以在交流的过程中分享经验、分享感悟，交流和互动容易激发出火花，容易让彼此获得潜移默化的成长。

此外，公共图书馆在举办活动时，还可以结合阅读日、读书节等节日。在特定的节日举办图书阅读活动能够吸引更多读者，能够激起读者更多的热情，能够为读者打造一场有关阅读的年度盛会。全民阅读日当天，全国范围内会有非常多的有关图书的活动，无论是在图书馆、书店还是学校，都会看见很多的图书推荐活动，比如图书讲座、图书签售会、作者分享会等。图书馆可以在节日当天邀请作家举办签售会或举办图书展览，为民众提供和作者面对面交流的机会：丰富多彩的阅读活动能够激发人民群众的参与热情，能够让活动获得巨大成功。

在举办活动的过程中，图书馆要注意为民众推荐经典的阅读书目。图书馆除了举办国学讲座、成立图书会外，还可以呼吁高校或者是中学成立自己的文化研究社团，或定期开展经典书目的讲座，引导大家阅读中文经典，逐渐地将以往只有专业人员研究的名著经典推荐给读者，比如唐诗宋词当中的传统文化、敦煌遗书记录的前世今生，或中国建筑的历史发展历程等。将这些传统文化内容引入阅读活动中，可以加深民众对传统文化的了解，这不仅能够提高民众自身的修养水平，还能够增强我国民众的民族自信：

公共图书馆有着责无旁贷的推广全民阅读活动的责任，在活动开展过程中，公共图书馆可以积极借鉴其他国家的发展经验，营造浓厚的读书氛围，让我国民众能够养成良好的阅读习惯，为我国民众阅读能力的提升作出贡献。

八、建立公共图书馆阅读推广长效机制

公共图书馆开展全民阅读推广活动应该是长久、持续的，为了保证阅读推广活动能够长久稳定发展，应该建立负责活动开展的领导机构，完善阅读活动的推广机制。公共图书馆可以在人员配置允许的情况下，开设专门从事阅读推广活动的部门，为部门的运作提供经费、提供人员，以此来保证阅读推广活动的长期有效。活动的长期开展能够吸引更多的读者参与阅读活动，读者也能够感受到阅读推广活动的浓厚阅读氛围。在建立推广活动部门时，图书馆应根据自身的实际情况建设出高质量、专业性强的阅读推广活动队伍，队伍不仅应该具备活动推广的理论基础，还应该具备操作能力，以便于阅读活动顺利实施。

公共图书馆开展全民阅读推广过程中，应注意阅读品牌的树立和打造，公共图书馆应该在自身服务的基础上将自己推广的阅读活动打造成阅读品牌，让活动更加充实。例如，图书馆可以举办“读书节”系列活动、“小说月”系列活动等，并在活动的基础上开展评选活动，评选出活动当中的“读书达人”“读书团体”或“书香家庭”等，以此来鼓励读者更好地参与读书活动。与此同时，选出来的“读书达人”“读书团体”或“书香家庭”都是读者身边的典范，有了这样的榜样作用，读者将会更加认真地参与活动，将会获得更好的阅读效果。此外，图书馆还可以结合我国传统节日，比如说春节、端午节、国庆节、中秋节等节日，有针对性地开展和节日相关的读书活动，比如可以开展中秋节征文活动、端午节文化讲座活动或国庆节经典朗诵节目，呼吁广大市民群众参与阅读，提升文化修养，培养阅读习惯。在举办活动与评选的过程中，需要注意图书馆品牌塑造，形成品牌更容易吸引读者的注意力，更容易和读者保持长期的联系和互动，能够让读者受到读书活动潜移默化的影响和熏陶，可以启迪读者，有利于读者主动、自发地继承和弘扬我国优秀的传统文化。

九、建立公共图书馆阅读推广反馈机制

图书馆阅读推广活动想要具备更大的创新力与自主性，可以从以下三个方面入手：其一，在法律层面作出规定和调整，为图书馆阅读推广设立法律层面的规范，明确推广活动需要遵守的基本框架，让公共图书馆在开展阅读推广活动时能够有规定可以参考；其二，图书馆应成立内部专门负责阅读推广活动的部门，该部门的主要工作就是阅读推广服务，让阅读推广活动有专职人员负责；其三，阅读推广活动要建立健全评价机制，通过机制的作用使推广活动真正发挥效果，而不是流于形式的应景。

在当前技术时代下，图书馆可以利用大数据技术，定期分析数据背后体现的阅读反馈。例如，可以每年分析图书数据的出版状况，对我国的出版市场发展有一定了解，在了解的基础上，出版行业及图书馆可以参照阅读数据来制订图书的出版计划、营销计划、收藏计划。为了更好地、更有针对性地为读者推荐书籍，图书馆可以统计读者的爱好，根据读者的爱好购置书籍、推广书籍，以此来吸引人民群众参与图书馆的阅读推广活动，让人民群众感受到阅读的魅力：公共图书馆还应该整体上分析最近几年的就业情况，探索读者对书籍的兴趣变化趋势，根据变化趋势，对读者未来的兴趣发展作出预测，这有利于图书馆有针对性地开展图书推广活动。

对于阅读推广活动来讲，活动反馈至关重要，这比活动形式的创新、活动规模的扩大还要重要，因为反馈体现读者对活动的参与性反应，体现了读者是否了解阅读活动的内容。《中华人民共和国公共图书馆法》明确规定，图书馆应该进行定期的服务报告，积极听取读者的建议，应该建立健全反馈机制，为读者提供反馈渠道，公共图书馆的发展应该接受来自社会人民群众的监督。用户反馈代表的是读者对图书馆服务的满意程度，经典阅读推广活动的发展必须重视图书馆和读者之间的沟通和反馈，只有在交流和互动的过程中，才能完成对经典阅读的理解。交流和互动跨越了时空，突破了地理空间限制，是跨越年龄层、跨越思想、跨越：心灵和生命的对话，不同读者可以从书目中获得不同的对话体验。反馈机制的建立能够让读者从自己的角度理解经典作品、认识经典作品，让经典作品中的思想和道理为读者的人生认知服务，帮助读者解答生活困惑。反馈平台的建立既可以是线下，也可以是线上的。线下平台可以在图书馆的入口处设置意见箱，线上则可以在微信公众号或微博等平台上提供反馈窗口，反馈机制的建立能够快速地解决读者的阅读困惑。

第五节　基于社交网络的群组式阅读推广模式研究

一、引言

随着移动互联网的纵深发展，人们的阅读方式正经历着一场潜移默化的转变，从纸质阅读到数字阅读，再到移动阅读，均体现出阅读模式的创新。“互联网+阅读”时代，更是让移动社交阅读焕发出了光彩。这种通过用户人际关系网络，在线传递阅读信息，分享阅读体验的新型阅读模式，受到了广大读者的喜爱与追捧。

在移动社交与移动阅读如火如荼地开展的同时，也引发较多的争议与质疑。豆瓣读书等阅读社区中，读者表现出的阅读热情仅限于娱乐化、网络文学，而对传统文学、专业知识阅读则呈现出冷清、孤寂的状态；拇指阅读等APP阅读平台中，社交阅读分享大多局限于书籍推荐与书评，好友相互对阅读的回复与点赞，且缺乏群体性、共同参与的交互阅读及缺失深层阅读和深层思考；Facebook、微信社交群组阅读中依赖好友相互间推荐的阅读资源则呈现出大量碎片、松散、无序的情景，没能形成相互关联与层次，却造成了读者阅读耐心的缺失与注意力的涣散。这些状况都说明：“社交网络”＋“阅读”还处于浅层结合期，未能基于读者社交链实现有效阅读交互与激励，更谈不上对读者阅读认知的提升与思想的升华。

社交阅读正成为国民阅读的一种新趋势，如何顺应这种趋势，在充分发挥社交网络优势的同时，弥补或消除其存在的不足，构建积极互动的阅读环境，激发读者阅读分享与交流的欲望，促进读者实现系统性、深层次、有意义的阅读，成为阅读推广领域亟待解决的问题。本文在基于社交网络平台的阅读推广中引入群组模式，对群组式阅读推广的意蕴内涵、环境构成要素、实现策略进行深入研究，并依据分析成果，设计与实施案例，验证其应用效果，以期为社交阅读的推广活动提供一种可行、有效的参考模式。

二、文献综述

基于社交网络阅读的研究已成为近两年来国外阅读领域研究中的热点。大量广泛而深入的研究从不同的角度揭示了社交网络阅读，其主要内容可以分为4个部分：

（一）社交网络对用户阅读的意义

J.White等提出社交媒体可以支持学生的阅读，能促进对阅读内容开展批判性的讨论，是一个参与和互动的建构主义学习。D.Tamir等通过心理学与神经科学的相关理论与研究，论证了阅读与社交网络、社会认知的关系。

（二）基于社交网络阅读的资源推荐算法与技术研究

M.Waumans等提出一种新的算法，产生了无向、加权等多种类型的阅读网络。A.Kochtchi等建立了一个新的可视化分析系统，用于对社交网络阅读中互动探索和阅读标签的提取。

（三）基于社交网络的阅读促进方法、激励策略等

C.Liu 等基于用户在社交网络阅读中的需求，建立了一个简短的阅读评论流，帮助用户提高快速阅读技巧和概述总结能力。J.Fox 与 C.Anderegg 将 Facebook 用户的行为分为：被动、活动、互动 3 个类别，指出用户规范性和可接受性的行为是增强网络互动的有效策略。

（四）社交网络阅读对用户的阅读绩效影响

C.Asteman 等研究了 Facebook 在线阅读环境中，大学生对阅读资源开展交流辩论，有利于参与阅读与学习及对复杂科学话题的理解。S.Tsvakootaba 等对澳大利亚放射学领域的网络阅读进行了实验，论证了阅读网络中人员的关系密度、位置与角色等网络特征对专业知识发展及非正式知识共享之间的相关关系。L.Sesek 与 M.Pusnik 对斯洛文尼亚国家中“新时代读者”进行了跟踪研究，在提出社交网络对通俗文学阅读必要性的同时，也指出用户社交阅读行为处于弱链接状态。

国内有关社交网络阅读的研究相对较少，张月群等提出图书馆阅读推广过程中，要充分利用社会网络环境下馆员与用户联系的便宜性，了解个性化、情景化的用户需求，充分利用用户资源使用数据和相关专家推荐榜单，分学科、分层次、分阶段地向用户推荐现阶段的经典图书和其他资源。

国外高度关注社交网络阅读的相关研究，其研究的理论与实践不断加深，研究涉及的领域、对象、范畴也不断扩大，正逐步形成完善的研究体系。而国内的研究尚处于起步阶段，相关策略方法的研究尤为薄弱，更缺乏对阅读成效的实证分析与数据支持。如何通过社会网络开展阅读推广，实现读者的深层次、关联性阅读，仍需要开展深入细致的探索，基于社交网络的群组式阅读推广将是其中一项重要的研究尝试。

三、基于社交网络的群组式阅读推广模式构建

（一）社交群组式阅读推广的内涵

群组模式的出发点是基于某种紧密关系将不同用户组合在一个社区中，从而把用户从相对封闭的好友关系疏导至群组，创建一种新的更开放的社交关系，实现信息的传播与分享。基于社交网络的群组式阅读推广则是通过群组中的社交关系结构，将群组成员组织起来，按一定的目标、任务和形式，开展阅读活动。

这种推广模式与传统阅读推广模式截然不同，它赋予了推广活动全新的意蕴与内涵。在充分认同推广人员对阅读活动的策划、组织、引导作用的同时，这种新型的推广模式更关注如何利用社交群组，在阅读过程中发挥群体动力，通过群组成员间相互影响、相互促进，增强读者对阅读的正向情感与投入程度，推动其参与阅读的能动性，进而对碎片化、无序化的阅读进行资源关联与整合，达成对阅读知识的高效迁移与创新运用，实现深层次、有意义的阅读。

（二）社交群组式阅读推广的环境特征

较之传统的阅读推广环境，基于社交网络群组的阅读推广环境更为复杂，社交网络、读者、同伴、推广人员、阅读资源是其基本构成要素，这 5 个要素相辅相成，缺一不可。

社交网络是社交阅读推广的先决环境，它所构建的开放式、扁平化、平等性的关

系网络，为参与其中的读者与推广人员之间奠定了平等、合作的关系。这种“去中心化”的阅读环境，打破了传统推广活动中读者被动参与阅读的局面，使推广人员成为了阅读的同伴与支持者，这将有利于读者从心理上认同推广活动，进而投入到分享、交流的阅读过程中。

在社交网络的群组式推广阅读环境中，读者是单一的个体，能够按照自身的需求与能力开展独立阅读，通过自我阅读管理实现对阅读资源的获取、信息转换与知识建构。与此同时，读者也是社交网络中的一个节点，利用群组相互间的连边关系开展资源传递、协同阅读与体验分享，通过相互影响与相互作用，规范阅读行为，深化阅读认知，改善阅读绩效。

在协同阅读过程中，一方面同伴相互间的信任感能使读者畅所欲言地对阅读问题开展讨论与探索，有利于激起思维的火花，突破原有单一的阅读思维定式，促进知识的关联与迁移，实现相互间知识的互补。另一方面，同伴相互协同阅读，能使读者轻松观察到友人的阅读行为与阅读成效，激发自身参与阅读的意愿。同伴相互间的期望与认同，更能让读者获取正向情感激励，增强阅读的行为动力，驱使自身持久地投入到阅读的协同活动中。

在基于社交网络群组的阅读推广环境中，推广人员扮演着双重角色：作为推广活动的管理者既要对群组的阅读进行策划、组织、监督、修正与评估，对不同的读者个人搭建阅读支架，提供阅读支持；要作为社交网络群组的一部分，要以普通读者的身份参与协同阅读，与同伴相互促进、启发、深入与激励，增强读者对群组的归属感与认同感，引导读者深层次阅读、并使得阅读更有意义。

社交网络群组阅读推广中的阅读资源可分为 3 个层次。第一，所呈现的阅读资源来自推广人员的推荐阅读材料，也包括读者自行搜索的与阅读主题相关的零碎的、补充性资源。由于读者自身在知识结构、学科背景及阅读经验上有差异性，因此，所呈现的资源具有多元性、分散性、碎片性的特征。第二，这些资源在经过群组成员的分析、讨论、探究后，生成为阅读学习笔记、阅读知识图谱、评论与反思等资源，这是读者开展有效阅读后，对资源的高度结构化联结，具有集成性、系统性，有利于读者对阅读内容更深刻的理解与记忆。第三，随着读者更进一步地阅读交互，读者作为资源的创建者，从简单的内容阅读转移并演化为对阅读资源的整合与创新，资源具有了生成性与创造性，这是知识迁移与重构的成果，是阅读突破局限，创新发展的终极实现。

（三）社交网络群组式阅读推广的实现路径

1. 组建关系紧密的群组

过大或过小的团队规模均不利于知识的扩散与创新，且成员深度阅读交互与协作的开展必须是建立在成员相互熟悉、相互信任的基础之上。因此，在基于社交网络开展阅读推广之初，推广人员首先要为读者提供相对紧密的、稳定的、大小适合的阅读群组。建立有效的社交群组绝非一朝一夕，推广人员可以利用已存在的社交网络开展群组分割。通过挖掘读者原有的阅读数据进行阅读偏好、能力、习惯等分析，从而初步筛选出较为相似的读者阅读特征组建不同子群，以子群中读者的社交情感为纽带，建立一个能够分享资源、创建互联的网络群组，建立稳定融合的群组关系，消除阅读孤独感，增强阅读积极性。此外，在组建推广子群时，推广人员还要充分兼顾成员的异质性，即在对已存在的社交网络进行群组分割时，适当扩大群组成员的年龄、性别、地域、学科背景等因素的异质，这有利于在协作阅读中，群组成员从不同的思维角度呈现出更多的阅读信息与观点、激发持续参与讨论的热情，为实现成员间紧密的连接互动提供动力。

2.注重群组社交网络资源的聚合

知识、人、资源聚合可以产生“协同增效”效果。阅读之初，社交网络群组成员由于自身阅读的差异性，造成对阅读知识掌握的片面性与孤立性。但事实上，这些知识个体之间有着千丝万缕的联系。为了揭示知识之间隐含的关系与结构，则需要群组成员对资源进行不断补充，并按知识的逻辑结构找出资源的相互连接点，层层递进，实现对知识融合与创新。推广人员要采用多样化的推广策略促进读者参与并投入协同阅读，鼓励读者呈现个体阅读信息，并通过自主交流、探讨、评价等交互活动将网络中数量庞大的信息与碎片化的知识连通起来，引导读者将各种知识融会贯通，使知识从碎片、杂乱、无序中的状态整合为系统、有序、渐进的体系结构。

3.提供动态、层次性的阅读支持与协同

在基于社交网络群组的阅读推广中，推广人员要根据阅读推广经验的积累，在专业化、标准化的前提下，制定开放性、差异性的阅读目标，鼓励读者按自身的特定倾向与需求选择不同的阅读目标开展阅读。在读者进行个体阅读时，推广人员通过跟踪读者的阅读进度，进而帮助读者扩展阅读资源、提供疑问反馈、增强阅读技能、缓解阅读压力、提高阅读自信、开展阅读管理、分享阅读体验。在读者进行协同阅读时，推广人员要以读者的身份与其他读者一同解决阅读疑难问题、加深阅读理解、响应阅读反馈，展示阅读成果等，引导读者阅读资源利用不同的角度、不同的层次进行发散思考与探索，通过知识的不断交融与启发，实现集体思维与集体智慧的共享，提高读者的深度阅读认知与高阶思维能力。

4.扩大群组间的阅读情感体验

通过社会网络关系建立的阅读群组中，读者之间有着平等、互助、信任的良好关系，推广人员应充分利用这种关系，推动读者在群组平台中分享个人的阅读成果，并开展点赞、转发、回复、反馈与评论。通过相互间的阅读激励与竞争，点燃读者的阅读热情，促使读者激发起超越自我和同伴的欲望，释放潜在的内驱力，不断地修正与调整自己的阅读行为，提升读者互动参与度。推广人员还应根据不同读者群体的交互阅读形式，组织开展主题探究式、任务驱动式、互助合作式等形式多样的阅读，从而增强群组凝聚力，使读者间形成融洽友爱、默契配合的阅读同伴关系，在高效的阅读互助过程中，增强读者正向的情感体验，构建起相互影响与相互启发的阅读生态行为。

四、结语

基于社交网络群组开展推广活动是智慧型阅读推广的新诉求。案例实践表明：基于社交网络的群组式推广对读者的阅读认知与阅读行为有着积极、显著的改善作用。但面向不同背景特征的读者，如何利用社交网络有效开展群组阅读推广仍需要从样本研究对象、读者心理状况、个体行为规律、绩效影响程度等多方面进行全面深入的因果论证与持续性跟踪探索，从而催生出具推广理论性、普遍性、适用性的，使基于社交关系的阅读走出尴尬境地，通过群组式阅读推广，高效实现对阅读信息的传播与分享，运用与创造，进而推动全民阅读格局的发展与革新。

第六节　“微时代”的经典阅读推广策略

伴随新媒体的飞速发展，文化及信息的传播产生了深刻的范式转换，以微传播为主要驱动的“微时代”已进入到人们生活的方方面面，深刻影响着人们的阅读方式、思维方式以及理解方式。而以新技术和新装置为手段的全新信息获取方式也正迅速改变着我们的阅读，表现在阅读方式、阅读内容、阅读频度、阅读量度以及阅读深度的多向度转型等方面。经典作品是人类文明的结晶，阅读经典作品对个体成长、对社会发展都有着重要的意义，推广经典阅读无论怎样强调都不为过。以完整性、深刻性、开放性以及价值性为特征的经典作品，在“微时代”的阅读背景下，其推广任务已不仅是读或不读的问题，还是为什么读和怎么样读的问题。

一、“微时代”及其特征

“微时代是以信息数字技术为基础，是采用数字通信技术，运用音频、视频、文字、图像等多种方式，通过新型的、移动便捷的显示终端，进行以实时、互动、高效为主要特征的传播活动的新的传播时代。”对“微时代”而言，日新月异的新技术的发展，使微时代呈现出日益加强的趋势：无论时间与空间、社会与文化、传播与接受都正在变得越来越“微化”。

（一）“微装置”依赖与微传播的用户高黏度

对手机、平板等移动硬件的高度依赖以及对微博、微信、微商等软件平台使用的高黏度，是微时代的一个典型特征。“技术性的装置不但是一个有使用功能的装置，同时也是一个深刻影响人们思想、情感和行为的范式塑造者。”美国人里夫金更是指出，在很大程度上，文化的创造依赖于介质的性质。阅读介质的改变同时改变着文化、思维和行为，对微装置的依赖是微阅读（或称“碎片化阅读”）行为和习惯形成、固化和强化的强大动力。微时代的阅读已经成为人机协作的阅读，阅读中的读者成为装置的一部分，并且装置也成为阅读过程的一部分。

以微博、微信为代表的微传播以极高的使用黏度占据着用户的时间。以微信为例，据 CuriosityChina 公司制作的 2015 年微信用户数据报告，微信已覆盖 90%以上的智能手机，25%的微信用户每天打开微信超过 30 次，55.2%的微信用户每天打开微信超过 10 次。微传播几乎挤占了用户的所有碎片时间，主宰着用户的阅读内容、阅读方式并以互动的方式干预着读者的阅读过程。

（二）信息的极速传递

一个指尖即可完成的裂变式传播，不仅简单、快捷、即时，而且还具有互动性和交往性，并且目标受众由于社交圈的交叉性和交互性而具有不可控特征。

（三）信息的高度娱乐化

微时代下的信息内容除了“微”这一典型特征外，高度娱乐化是其另一显性特征。“一切艰深、费解、复杂的信息都趋向于简化和有趣，吸引眼球的视觉愉悦成为微文化的微信息和微叙事的基本构成方式。”甚至晦涩难懂的专业术语都可能以大众化语言甚或网络语言充分表达，辅以图片、漫画、表情包等表现形式来抓取读者注意力。

（四）阅读的“过度注意力”模式

美国学者凯瑟琳•海尔斯认为当下有两种注意力模式，一种是传统的深度注意力，另一种是过度注意力（或译作“超级注意力”），后者的特点是其焦点在多个任务间不停跳转，偏好多重信息流动，追求强刺激水平，对单调沉闷的忍耐性极低。过度注意力的优点在于能够适应高速度、高信息度、快速变化的社会环境，适合多任务工作处理。微时代的各种“微”化倾向，更是加强了过度注意力的发展，读者越来越远离深度注意力的认知模式。深度注意力的缺失，容易使人依赖简单便利的问题解决方式，抗拒深度思考。微传播带来更多阅读的同时，也带来了阅读的困扰，过度注意力下频繁跳转的界面剥夺了阅读中的理解力、判断力与思考力，导致思维弱化。

二、微时代下经典阅读推广所忽视的问题

随着国家对全民阅读的日益重视，我国的经典阅读推广研究也逐步向纵深方向发展，在微时代下如何推广经典越来越受到研究者的重视。学界在经典阅读环境创设、推广活动创新、专业馆员服务、现代技术支持等多方面都有较系统的研究，推动着经典阅读推广向更深入、更细致的方向发展。阅读推广研究基本涵盖了从理念到实践，从实体到虚拟的各个层面，涌现出大量的研究成果，为打造书香社会，促进全民阅读起到了重要的推动作用。目前的经典阅读推广侧重对阅读推广的方式方法的宏观研究，较少基于问题从微观上解决经典阅读“读不下去”“读不深入”的研究。

在实践中，阅读推广的经验介绍及活动开展以图书展、图书漂流、真人图书、读书节、征文比赛、社交网络推广等，从活动形式、活动内容到活动开展的具体步骤以及活动反馈和效果都有较详尽的研究成果。针对微时代下阅读特性的，如武汉大学“拯救小布之消失的经典—2015 武汉大学读书节经典名著在线游戏”、四川大学图书馆的“微拍电子书”等成功案例，都成为微时代下阅读推广的积极应对策略，在推广实践中呈现出主题形式、宣传渠道、组织管理及品牌价值的多元化趋势。

推广经典阅读绕不开以微阅读为表征的微传播时代。微时代下的经典阅读推广的不仅是经典文本及其所承载的价值（包括文学性、思想性、价值观等），同时也是深度认知模式的推广，整体理解力、判断力、深度注意力的推广。

笔者以中国新闻出版研究院近 5 年的全国国民阅读调查（2011-2015 年，第九次至第十三次）为据，对与微时代下阅读推广相关的主要指标进行分析，结合经典阅读调查指标及经典阅读推广文献研究，认为在微时代中的图书馆经典阅读推广忽视了 5 个方面问题。

（一）经典阅读推广对微阅读的忽视

数字阅读接触率与偏好纸书的阅读率近 5 年呈现出此长彼消的趋势，图书阅读量 5 年来虽未有大的波动，但其中电子书阅读量却有长足发展，以微装置为介质的阅读迅猛发展，而从第十二次阅读调查开始增加的对微信阅读时长的调查，更显示出对微阅读的重视。时间的碎片化加剧，也让阅读微化严重。把经典与微阅读对立，往往是以经典的阅读篇幅为依据，而忽略了微阅读时长与经典的可连接性，即连续的微阅读同样能够阅读长篇的经典著作。对于微阅读来说，一部大部头的经典读本，其文字量无论是纸版或是电子版都已经显得与微阅读格格不入。而图书馆经典阅读的推广基础却往往是以书目为基本单元，十几万字或是几十万字的阅读量对微阅读来说是不能承受之重。诚然，经典作品的推广必然是以其完整性为前提，被割裂的经典也必然不能体现经典的价值。但是经典阅读推广对微阅读形式的忽视，必然导致推广经典的局限性。如何让经典在日益普及的微阅读形式下得以推广并保证经典的完整性，是图书馆必然面临的课题。

（二）经典推广对阅读深度的忽视

读者个人阅读满意率近 5 年均徘徊于 20%上下，显示出读者对阅读的质量有较强的期待。阅读满意率指标是读者对自己阅读的主观综合评价，并不能反映出读者在哪些方面满意或是不满意。而纵观目前对经典阅读的调查与统计，大部分仅限于阅读篇目、阅读量、阅读时长、阅读频次和阅读结构等可统计的指标，对于阅读的完整度、阅读深度、阅读的效度等不可量化的指标却因操作困难而难以统计，因其统计的困难，在经典阅读推广时难免无据可依。在当下，对信息的强力浏览或扫描式阅读其实是在剥夺阅读、剥夺思维，碎片化的微阅读如果没有理解力、思考力、判断力、反思评价力等的参与，就有可能造成整体认知结构障碍。目前，经典阅读存在的问题不仅是阅读量和阅读时间的减少，更是阅读完整度、阅读深度的缺失。

（三）经典阅读推广对阅读媒介的忽视

第十三次全国国民阅读调查数据显示：我国成年国民每天接触新兴媒介的时长整体上均有不同程度的提升，手机阅读接触时长增长显著，人均每天微信阅读时长为 22.63 分钟。阅读媒介不仅影响着阅读方式，同时也深刻影响着阅读内容及读者对内容的理解方式，即不同的阅读媒介规定着对阅读内容的不同理解方式。哪些内容是被强化的，哪些内容是被弱化的，在纸媒与网媒之间是不同的。比如：纸媒之下的“一千个读者，就有一千个哈姆雷特”，在影视媒体之后，不同观众心目中的哈姆雷特形象就几无差别。新媒体“强化了散漫、强化了呈现、强化了感性与审美，从而弱化了集中、弱化了提议、弱化了理性与思考”。而同样作为数字化阅读，电脑阅读与手机阅读在阅读状态、阅读环境、阅读时长以及思考方式等方面也是存在差异的。我国的经典阅读推广往往仅对经典本身展开推广，对经典在不同媒介下的阅读未有充分区分与重视，尤其是对相同文字内容的不同媒介表现下，在推广上未进行区分。开展经典阅读推广，图书馆就应当重视不同阅读媒介的力量，尤其是在微阅读媒介下应采取不同的推广策略。

（四）经典阅读推广对创造深度阅读需求的忽视

图书馆经典阅读推广注重读者需求，通过纸本或电子图书等提供丰富阅读资源，举办经典阅读讲座进行阅读指导，开设经典阅览室打造阅读环境等，有效地提升了有经典阅读需求读者的经典阅读量，是对读者需求的有效满足。但是，经典阅读推广往往忽视对经典阅读需求的创造，即隐性需求显性化，浅层需求深层化。尤其对“读不下去”的经典来说，就是要把阅读需求转为阅读行为，把泛读转为精读，把略读转为深读。微时代之下，信息提供与推送几乎占据了读者所有的碎片时间，如果仅是满足读者的经典阅读需求，那么经典阅读推广仍然是一种被动的对已有需求的满足，达不到推而广之的目的。微时代之下，阅读推广就要让经典不仅能够被微阅读，而且能够被读完、读深。

（五）经典阅读推广对关系推广的忽略

大数据时代，对现象背后产生的原因的省察，可能是有用的，但对有些现象来说并不是很重要的。传统的对因果关系的重视，已经被对相关关系的重视所取代。“相关关系通过识别有用的关联物来帮助我们分析一个现象，而不是通过揭示其内部的运作机制”。比如，亚马逊销售额的三分之一都是来自于它的个性化推荐系统，虽然计算机不知道为什么喜欢海明威作品的客户会购买菲茨杰拉德的书，但是这似乎并不重要，重要的是销量增加了。

目前，图书馆利用相关关系的经典阅读推广，多是利用 QQ、微信、微博等社交关系进行推广，已经是对关系推广有所重视，大大提高了阅读推广效率。除了读者之间的社交关系之外，图书馆还应梳理与经典及经典阅读行为的各种相关关系，如经典与环境、性别、年龄等的关系，阅读行为与其他行为之间的关系等，并利用其进行阅读推广。如四川大学图书馆的“微拍电子书”活动，即是运用阅读行为与微拍行为的关系，利用“90 后”读者群喜爱的新媒体新技术与阅读的结合，通过集中读者注意力，引起读者兴趣，以促使读者参与行动。图书馆掌握着本地区或社区读者借阅的大数据，其目标受众的针对性更强，在利用相关关系进行经典阅读推广方面仍有很大潜力可挖。图书馆的经典阅读推广往往囿于自身，视野受限。在相关关系的利用中，比如未能主动揭示经典阅读的“有用关联物”，缺乏对“有用的关联物”的主动把握和有意识、有针对性的推广。

三、微时代下的经典阅读推广策略

微时代下的经典阅读经历了一个从传统经典化到去经典化的过程，阅读推广者必须在对微阅读充分理解与尊重的基础上进行阅读推广，顺势而为，让读者重拾经典，让阅读从去经典化到重新经典化。对图书馆人来说，在微时代的经典阅读推广中首先要成为一个有准备的人，成为推动者，让经典在微时代不仅能读得下去，而且能读得深入。

（一）让经典适应微阅读：经典的“微化”处理

让经典适应微阅读，适应微时代，并非简单地打破经典的完整性，经典“微化”处理不仅指经典文本要适应微阅读形式，更是指要适应微时代的思维与行为方式。

1. 数字经典文本的“微化”服务对微装置的依赖已经使阅读不再是单纯的个人对文字的阅读，而是成为阅读手段与阅读内容结合而成的人机交互的阅读，依赖于虚拟的阅读环境，是一种多感觉阅读，在多种形式上提供意义。因此，进行阅读推广时就要使经典文本的呈现状态能够适应微阅读，在以经典内容为主之外，在多种形式上提供服务，实现读者与经典、读者与作者、读者与读者以至读者与推广者的有效交流与对接。

（1）重视读者阅读体验，做到阅读即服务（readingasaservice），为经典的内容打造微阅读的形式。如开展“共读一本经典”活动时，可利用微信号等媒介每天推出合宜的阅读量，设计编排适合微阅读的经典文本呈现方式，减轻阅读压力，消除阅读障碍。由于微阅读状态下的读者对单调沉闷的耐受度低，为减少阅读长篇经典的压迫感，可在保证原著内容完整性的前提下，把原文的大段文字适当分段、留白。晦涩难懂部分提供通俗易懂的图文解说微链接，另以图片、颜色等醒目形式突出经典的精彩华章。在文中插入与内容关联的话题等兴趣点，延长关注度，以适应数字媒介下读者的认知负荷，降低认知成本。适当的阅读量不仅适合读者的微阅读需要，而且相同阅读进度的内容能够满足读者阅读时的互动需求，及时发布阅读感悟，实现读者间的深度交流。

（2）深入理解经典，为经典找到切合的推广方式，让经典能够从各种角度进入读者的阅读视野。图书馆作为专业阅读推广者，推广经典必然要建立在对经典的深入理解上，根据不同经典的特点建构多元的呈现方式，以适应读者的微阅读需求。以我国古典“四大名著”之首的《红楼梦》为例，推广者可利用主题推广组织文本内容及关联知识，以可见、可感、可理解的方式呈现给读者。基于《红楼梦》的博大精深，推广者可从目标受众特点入手，从“人物”“事件”“诗词”“美食”“建筑”“服饰”“礼仪”“养生”等方面选择主题，靶向推广，以读者易于接受的微阅读时长与篇幅呈现经典内容，引发兴趣，促使读者由线上的主题微阅读转向线下的整本阅读。经典阅读推广者应该从形式推广、活动推广逐步转型，成为经典的深度推广者。

2. 让纸本经典阅读适应微时代下的思维方式与行为方式

指尖决定的阅读，表明了阅读内容选择的个性化与形式的简约化，要让养在“深闺”的经典更接近读者，图书馆的经典阅读推广就要具有读者思维，把让读者走向经典变为让经典走向读者。

（1）图书馆可以在传统分类法的基础上，对经典的内容、主题、关键词、意义等进行语义提取、分类，借鉴“凌乱标签”（网络中流行的一种新的组织信息的方式，是由读者自由创造的，带有强烈的个体阅读经验、生命体验等个性化特征的信息标注形式），让读者参与添加条目、分类，实行多重分类，纸本经典多处上架，数字经典则可从多种语义标签中检索、获取，增大被检索概率。例如，豆瓣网成员为《三国演义》添加的标签多达1608个，读者不仅可从“三国演义”“古典文学”“小说”“罗贯中”“古典名著”“历史”等中规中矩的标签检索，也可从诸如“神秘主义”“冷兵器”“75万字”“没有读完”等充满体验、感性和不确定的凌乱标签中得以检索。

（2）对纸本经典的借阅也需重视读者体验，扩大读者话语权，开放规则制定。比如，微时代下读者的阅读除了“微”之外，也更注重表达与互动。纸本经典传统的借阅期限如每本书借期30天或60天，对大部头或是较难读懂的经典来说，可能就无法满足读者的时间需求。而对于乐于表达的读者来说，纸本书的禁止涂写与标注也会让阅读不能尽兴。图书馆可在人员、经费和流通等条件允许的情况下，开放读者话语权。例如经典文本的借期在合理的范围内由读者说了算，或者设置部分可涂写的纸本经典，让读者的感受可及时、充分地表达及交流。

（二）经典阅读管理：对阅读深度的干预

微时代下的读者以更即时、简洁的方式获取各种资讯、他人的思考结果及各种文化的观点与意义，而无须耗时费力进行提取、分析、反思、批判，或者联想、推理、顿悟，因为一切都唾手可得。当下，对经典的推广不仅是对精神及文化的自觉引领，也是对微时代下深度注意力和深度思维的推广，经典阅读推广对阅读深度的干预就显得尤为重要。

1.顺应读者微阅读需求，引导读者完整阅读经典

在越来越“微”的时代里，与其对抗碎片化，不如因势利导帮助读者完成完整的经典阅读。事实上，大多数读者的时间是在反复地刷微博微信的过程中被更加碎片化了，过度注意力下的阅读使读者对单一沉闷的忍受力降低，经典的“读不下去”也势所必然。图书馆开展经典阅读推广需要顺应碎片化下的微阅读与被频繁切换的注意力。

（1）顺应读者微阅读需求，合理分解阅读任务。适当分解阅读任务，可以有效减轻读者阅读压力。线性的，如按章节、按叙事顺序等分解，非线性的，如按主题、人物关系、逻辑关系等分解。比如在做微信公众号推广时，可设计推出连续的阅读单元，推出诸如“五分钟读经典”等推送文章，并附本馆纸本资源方位及数字资源链接，方便读者线下阅读。既顺应了时间的碎片化，又保证了经典的完整性。

（2）抓取读者注意力，鼓励创意推广，增强阅读刺激水平。单纯只有文字的经典文本很难引发过度注意力下读者的关注度，阅读推广应当注重推广时对读者的刺激水平，适当增加些合宜的娱乐性因素，鼓励创意推广以引发关注。微信微博等推广都可配以生动、活泼、贴切的插图、漫画，甚至网络表情，或者稍显夸张的网络语言，方便读者刷屏的居中排版等，以“山不就我我就山”的深度推广精神，主动向读者靠近。还可增加游戏设计以刺激阅读，如经典阅读进阶奖励，“通过游戏化策略推进，激发读者的参与度与投入感，增加其参与乐趣和黏性”。

2.制造阅读议题，进行深度阅读引领

微时代下，阅读引领在经典文本的深阅读中起着很重要的作用，推广者应善于引领读者深入文本，然后超越文本。正如本雅明童年时的体验“你从来不是阅读书籍，而是住在里面，闲荡于行与行之间”，阅读需要移情体验和行动上的参与。当前，经典阅读权威或阅读领袖的地位下降，自媒体下的读者更需要参与和交流式引领以及与当下接轨的思想碰撞。

（1）管理读者微评论，让阅读成为有深度、有温度的阅读。经典阅读推广者同时也应是阅读者，对所推广的经典给予阅读引领和反馈，是图书馆经典阅读推广的深度拓展，也是对微时代下读者深入阅读的一个有力推动。如利用微博、微信等进行阅读推广时，要关注微博、微信的读者留言，并给予积极回应，以提升阅读质量和参与热情，鼓励思考，促进反思，推动阅读，延缓读者关注力的转移。对读者留言的回复与评论会激发读者对经典阅读内容进行二次、三次重复阅读，有利于阅读走向深入。在此基础上，还可建立经典阅读微信交流群、QQ群等，对经典的深度阅读、深度交流给予支持。

（2）以微创作等推广形式激发深阅读。2016年2月网友@杜子建发布微博（新浪），以唐代诗人韦应物《简卢陟》中的一句“我有一壶酒，足以慰风尘”，征求续诗，激发了广大网友的续诗潮及创作热情，其中不乏佳作。经典文本的开放性使微创作得以可能，以经典文本为基础的微创作会促进读者的深阅读，拉近读者与经典的距离。在微时代下，经典阅读推广的征文活动可转变为微创作等形式，降低参与的时间成本，适应读者时间的碎片化，提高读者的参与度。

（3）以与当下接轨的思想碰撞引领深度阅读。以2015年8月15日正式上线的微信公众号知更社区为例，其定位是服务于读书会和读书人的知识社区。其文章选编“皆

是经典著作中符合当下语境的‘酷炫’思想，如《弗雷泽〈金枝〉：为什么有的人总喜欢找‘替罪羊’？》《叔本华：如何用一种痛苦来结束另一种痛苦?》等”，更容易引发读者共鸣。而在推广阅读苏格拉底时，知更社区推出的“读苏格拉底，有什么用”，以当代人更容易引起兴趣的“情绪管理”“如何说服别人”“聪明人的品质”等作为推广点，打造了更易被接受的经典与读者的相遇方式。经典阅读推广要善于让经典与当下的思想、问题与热点相结合，让读者主动深入阅读经典，带着兴趣与问题的阅读更易让读者进入深阅读。

（三）创造阅读需求：善于看到需求，并达到对深度阅读需求的满足

“技术逻辑下，读者按照日趋精准的算法，机械地阅读一篇篇‘个性化推荐’的文章，阅读各种智能终端设备为你筛选的方向”。这种基于读者偏好或习惯而推送的阅读，几乎完全覆盖了读者的微阅读时间。因此，经典阅读推广除了要持续满足阅读需求外，还要善于为读者创造阅读需求，变被动推广为主动推广。

1. 细分读者群体，利用大数据创造需求

经典阅读推广可利用读者阅读偏好的学历因素、地域因素等大数据，根据潜在需求进行有针对性的推广。比如 2016 年 1 月 29 日，《人民日报》在官方微博发布“大数据告诉你 2015 年 9 所高校大学生图书借阅排行榜”后，网友@菏泽中院评论读者借阅倾向时总结为北大政治派、复旦技术派、山大历史派……阅读偏好一目了然，高校图书馆可据此向学生推荐相关主题的经典著作，提高经典阅读率。

2. 满足读者深度阅读的需求，利用专职馆员推广经典，把推广做细、做精、做深

图书馆要善于利用馆员学科背景优势，结合馆员对经典著作的偏好及研读深度，组建专业化的经典推广团队，把有深度、有温度、有共鸣的经典主动推送到读者面前。例如，借鉴以传承中华生命智慧为目标的燕京读书会的做法：燕京读书会以精读儒释道经典为内容，并邀请学者、专家等从各种角度阐释、推广国学经典，帮助读者反复把经典读细、读深。图书馆可根据不同馆情，从著者、年代、国别、学科分类等角度对经典进行专业化细分，组建专业的经典阅读推广团队，把对经典的推广做得更加精致、深入。

（四）借力经典阅读相关关系，促进经典阅读推广

大数据时代，无处不在的终端和计算能力不但使个人行为变得可以追溯，甚至态度与情绪都可被数据化从而可据以分析。对大数据的挖掘和利用，让数据产生了集体性价值和潜在价值。读者的检索行为、阅读行为、社交行为等大数据，都可被作为关系数据进行分析，阅读推广利用对相关关系与社交关系的揭示来推广经典会达到事半功倍的效果。

1. 利用相关关系，创造关联条件，增强经典阅读的“可接触率”

首先，提取经典阅读相关关系中的“有用关联物”，创造经典阅读推广的关联条件。对图书馆检索数据及读者阅读行为进行分析，找出最相关词条，或通过代理合法取得与阅读有关的数据信息，分析与经典阅读有关的各种相关关系，找出比较强的相关关系，据此进行经典阅读推广。如沃尔玛公司在飓风来临时把蛋挞放在靠近飓风用品的位置以增加销量，就是对相关关系的运用。而前述亚马逊推荐系统得出的一项结论，喜欢海明威作品的客户会购买菲茨杰拉德的书，也是对相关关系的有效运用。经

典阅读推广应善于从看似无关的关联物中抓取相关关系，如阅读某经典的内容相关、时间相关、空间相关、环境相关、选择相关，以至性格相关、兴趣相关等相关关系中寻求最相关条件，快捷、有效地推广经典。

其次，利用相关关系增强阅读经典的“可接触率”。让经典阅读与其他行为通过相关关系连接，创造关联条件，利用经典的作者、国别、文体、主题等，尤其是内容的辐射与关联，增强经典阅读资源的“黏性”与关联度，让经典随时与目标读者相遇。

2. 利用社交关系，推动互动传播，让每一种关系都成为推广节点

微时代下，阅读正在经历着从个体阅读到人机协作阅读、从传统阅读到社会化阅读、从独立阅读到共享式阅读的转变。阅读不仅是独立的和私人的，同时也成为社会的和分享的阅读。经典阅读推广应充分利用读者的社交关系以及有聚合效应的传播平台，善于借力来推广经典。

充分利用社交关系的互动传播、推广，让每个读者都成为推广节点，辐射推广。微信群、QQ 群、MSN 等社交圈既是对个体身份的认同和彰显，又是对个体身份的隐匿，每一个人都既是群体又是个体，相似的兴趣、阶层或价值观等让阅读分享更容易引发共鸣，促进推广。群成员通过阅读、交流、分享、转发，可使推广效率在很短时间内成倍提升。经典阅读推广者可依据经典进行分类，打造各具特色的微信公众号“圈粉”，聚集有相同兴趣爱好的读者，让订阅的读者通过评论、交流、分享等行为对经典的阅读更加广泛、持久和深入。图书馆要善于利用各种社交平台，让经典阅读推广由单向推广转向多向推广。经典阅读推广以生动、有趣、活泼、开放、可分享、易传播的形式与内容呈现给读者，让每一个读者都能够成为经典的推广者与促进者。

第六章　国外儿童阅读推广对我国的启示

第一节　国外儿童阅读推广的发展

国外对于儿童阅读的认识远远早于我国。不仅如此，儿童阅读推广所涉及的相关领域，比如世界范围内儿童图画书、儿童阅读教学研究、儿童图书馆的诞生也首先是在国外，并深刻影响了我国的儿童阅读推广与教学、儿童图画书理论与创作实践、儿童图书馆的发展等方面。

早在 1658 年，世界上第一本儿童图画书 TheOrhisPictus①就在德国纽伦堡面世。②而在这本书的前言中，第一次提到了“全语言”（WholeLanguage）这一旨在强调意义的全词教学方法。但在后来美国的儿童阅读教学中，这一名词并没有被延续使用。直到 20 世纪 70 年代后期，“全语言”这一名词才开始出现在美国教育界，之后的八九十年代，美国儿童阅读教学的“全语言”运动达到巅峰° 可见，儿童图画书的诞生，与儿童阅读教学的研究密不可分。

在儿童教育学领域，西方国家对儿童早期阅读教学的研究一直非常重视，在儿童早期阅读教学的理论和实践方面也进行了很多探索。有关早期阅读的研究始于 20 世纪 50 年代，当时研究的重点是早期阅读教育的价值，即探讨是否有必要进行早期阅读教育。到了八九十年代，早期阅读问题成为美国儿童早期教育界关注和研究的重点，并涌现出了大量的研究成果，Journal of Educational Psychology（《教育心理学杂志》）于 1910 年在美国创刊后，有关阅读教学的研究大量涌现，这些研究直接影响了美国儿童早期阅读教学的发展变化。

儿童阅读教学的理论研究和实践主要应用于国外的幼儿园、中小学的教学环节。早期阅读的培养、阅读困难和障碍的克服、阅读素养的培养和测定、阅读效果的评价等，都成为主要的研究课题。

儿童图画书的创作和出版方面，欧洲国家尤其是英、法、德等国，一直处于世界前列。美国于 20 世纪 30 年代成为图画书创作的主流国家，如今可说是图画书生产的大国与强国。②英美国家的图画书市场非常成熟，作品数量庞大，风格多样，优秀图画书作家和画家人才辈出，出现了诸多“大师”级人物而且这些图画书的国际影响很大，获得诸多国际知名奖项，版权输出到世界各地英美国家的图画书创作影响了我国的近邻日本，带动了日本国内的图画书（又称绘本）创作高潮。“绘本”的概念随后传到了我国，由于两国具有相似的文化背景，日本绘本的创作理念和儿童阅读推广理论，均对我国产生了很大的影响。

而儿童图书馆的诞生远可追溯至 1861 年，英国曼彻斯特公共图书馆设置儿童部；到了 1865 年，英国伯明翰公共图书馆开始对儿童开放借阅服务；同年，巴梗黑德首创了英国的儿童图书馆。随后，全英各地纷纷仿效。至 1929 年，英国的儿童图书馆数量已达百余所。随着儿童图书馆的发展，1947 年，英国图书馆协会青少年图书馆部成立。美国儿童图书馆的正式兴起始于 19 世纪 20 年代③从 1827 年麻省创设非正式的儿童图书馆开始，美国儿童图书馆事业得以不断发展。1838 年，麻省创设的非正式儿童图书馆并入纳克敦社会图书馆内。1885 年，哈诺耶女士（首先提出创办儿童图书室理念）成立儿童图书分馆，该馆后来成为纽约公共图书馆的儿童部。1890 年，布鲁克林公共图书馆设立儿童阅览室。至此，儿童图书阅览室已成为美国公共图书馆的重要部分。

儿童图书馆的诞生和发展历程，也是国外儿童阅读推广产生和发展的过程。作为儿童阅读推广活动的主要支撑者和参与者，国外的儿童图书馆从产生之日起就担负着重要的促进当地儿童阅读的重任；图书馆的业务设置、读者服务和理论探讨也都围绕着这一任务而展开。

除了学校等教育机构、图书馆等公共服务机构在儿童阅读推广中责任重大，每一个家庭，每一个家长，都是儿童阅读推广中的重要环节。家庭日常生活中的亲子阅读一直以来受到社会各界的重视和提倡；长期以来，西方国家中产阶级家庭孩子睡前的二十分钟亲子阅读，成为一种标志和惯例。西方国家的政府也大力提倡家庭阅读和亲子共读的方式，以此培养孩子的阅读兴趣和习惯；“使阅读成为生活的一部分”，成为很多推广活动的目标和口号。

第二节　国外儿童阅读推广理论研究

按照以上对国外儿童阅读推广发展的历史总结，对国外儿童阅读推广方面的理论研究，也大致可以分成学校、图书馆、家庭、团体等不同方面的研究领域。

一、国外教育机构的儿童阅读推广理论与研究

有关儿童早期阅读方面的研究，包括早期阅读学习过程、儿童阅读困难、阅读成功或失败的影响因素、预防和干预阅读困难、阅读教学等领域。而“什么是最好的儿童早期阅读教学理论与方法”成为美国的专家、学者和一线教师一直以来讨论和争辩的焦点。不同的早期阅读理论和教学方法，对美国早期阅读的教育教学实践都产生了重要的影响，对早期阅读教学的种种争论和反思至今没有停止。

1964-1967 年，美国教育办公室实施了“一年级阅读教学联合研究项目”计划，对早期阅读的教学方法进行了评估。内容包括系统化语音教学、有意义连贯性阅读等教学方法等。同在 1967 年，吉尼•夏尔推出了《学习阅读：大辩论》一书，指出系统化语音教学法要优于其他早期阅读教学方法。20 世纪 70 年代，美国开始实施追踪到底计划，目的是通过对各种阅读教学方法的长期效果进行比较，以确定哪些教学方法和模式对小学阶段的劣势生最有效果。

1997 年，美国国家研究院成立早期教育委员会.其重要职责就是要解决对儿童来说什么是阅读，如何才能进行积极有效的阅读教学，如何避免和预防阅读困难的发生等问题。1998 年该机构出版了研究报告《预防阅读困难：早期阅读教育策略》。该报告以预防阅读困难为出发点，在综合考察了已有阅读教学理论《预防阅读困难：早期阅读教育策略》础上，针对不同年龄阶段的儿童特点提出了不同的阅读方法 o1999 年又

推出了《正确开始：提升儿童阅读成就指引》的研究报告。该报告标志着早期阅读教学的相关问题在美国受到前所未有的重视。联邦政府和各州相继出台了相关的政策和法规对早期阅读进行规范和推动。同时，相关的研究也不断深入，涌现出了一批在该领域具有较大影响力的专家、学者 2002 年 1 月，布什总统签署《不让一个孩子掉队》的教育改革法案，该法案以提高学生的阅读能力为核心，强调重视儿童早期语言能力的培养，用科学的研究成果提高课堂指导的质量。随后，布什又签署了国会通过的《阅读优先计划法案》，每年资助 10 亿美金给各州政府，摸索最有效益的阅读教学方法。从一开始，拼音教学就主导了“阅读优先计划”，这项计划的联邦官员希望从科学的角度将教学的研究转换为实际的教学计划。他们主张，只有定期及系统的拼音教学才是“科学性”的阅读研究，拼音教学、相关阅读技巧、词汇的掌握、阅读的流畅度及阅读的理解能力是有效阅读的基础。

除此之外，国外还有一些从事阅读素养评价和测试的研究。“国际阅读素养进步研究”，是由国际教育成就评价协会主持的、对四年级学生（950 岁的儿童）阅读素养进行评价的国际比较研究项目。主要目的是建立大规模的比较研究，深入理解教育系统中的教学策略及教学实践。①这一探讨约 9 岁儿童学业成就的国际性阅读测试，同样关注儿童在家庭和学校中阅读经验以及阅读能力获得的影响因素。②而作为联合国经济与合作组织（OECD）开发的一个国际性合作项目，国际学生评价项目，从创立之初就很重视对阅读素养的研究，并将它作为首次测评的重点内容。如何让学生不仅学到知识，还能更好地丰富思维空间，提高阅读质量，具备运用知识的技能，一直是 PISA 关注的热点。因此，阅读素养作为 PISA 测评的三个素养之一，从一开始就受到了重视。从 2000 年开始，PISA 测评首次在世界范围内展开评估，并以阅读素养作为测试重点。

同样，目前美国的“全国教育进展评估”，是美国国内唯一长期连续的中小学生学业成绩测量项目，具有较高的国际影响与学术价值。2000 年，NAEP 提出了《教孩子阅读：一个对阅读的科学研究文献及其对阅读教育启示的证据本位评估》的报告，对各类研究进行综合评估后认为，有效的阅读教学包括 5 个重要的必备条件，分别是音位意识、拼音、词汇、流畅性和理解，而音位意识教学是教儿童阅读的最有效方法。这份报告对美国早期阅读教学产生了重大影响，在《不让一个孩子掉队法案》中的“阅读优先计划”，即以该报告的研究成果为基础。

二、国外图书馆对儿童阅读推广的相关研究

国外图书馆领域对儿童阅读推广的研究主要集中在图书馆尤其是儿童图书馆如何发挥自身的服务职能、更好地服务儿童读者方面。例如，Thomas（1982）的论文梳理了美国少儿服务在 19 世纪末 20 世纪初之间如何诞生的历史过程。提出少儿服务有 5 个组成要素：专门馆藏、专门空间、专业人员、针对少年儿童的服务与活动、合作网络。通过这 5 个要素可以看出，美国少儿图书馆界如何抓住少儿读者的特点，迎合他们的需求，尽可能吸引少儿用户，提高图书馆资源使用率，为少年儿童的健康成长、教育需求和信息需求作出最大的贡献。

目前国外儿童图书馆研究的领域主要集中在儿童图书馆服务、新技术在儿童图书馆中的应用和儿童信息检索行为。在宏观层面，国外儿童图书馆研究涉及图书馆服务、数字图书馆、国际儿童数字图书馆等；在微观层面，则涉及儿童信息认知和检索行为、

在线信息系统设计、检索工具、任务类型等影响儿童

检索效果的维度。在传统图书馆研究视角的基础上，目前更加注重从儿童用户群体视角出发，在儿童信息空间、阅读环境、阅读体验、信息需求、信息教育、检索行为差异等方面纵深开展调查研究，为构建适合儿童发展规律的图书馆提供翔实的数据参考。

在图书馆服务方面，国外儿童图书馆尤其重视馆员的自身素养、专业知识背景和面对儿童读者的服务能力。在图书馆专业教育方面，美国的图书馆专业不设本科部。考入图书馆研究生院的学生，来自不同的专业领域，如英语语言文学、外语、历史、哲学、人类学、心理学、生物、医学、工程、计算机、金融、工商管理、音乐、美术等。任何一门专业都可能和图书馆工作、少儿服务发生联系，成为每个馆员独特的优势。这样，也使得馆员们拥有各自不同的学科背景，更有利于保证其服务质量。而且，美国大多数图书馆在招募少儿服务专业人员时，要求应聘者从美国图书馆协会认可的图书馆研究生院硕士毕业，具备儿童文学素养，能开展包括讲故事在内的各类少儿服务活动。中小学校图书馆的要求比公共馆更高，要求馆员同时具有图书馆系和教育系的背景，并和其他教师一样持证上岗。因此学校图书馆员与教师同级，享受同等待遇。

在学校图书馆的服务保证方面，国际图联、联合国教科文组织出台了一系列的服务指南。《儿童图书馆服务发展指南》论述了儿童图书馆的使命：通过提供大量的资料和举办各种活动，为儿童提供一个体验阅读的乐趣、探索知识的激情和丰富他们想象力的机会。公共图书馆应培养孩子和家长们充分利用图书馆的能力以及使用纸质和电子载体资源的技能。公共图书馆负有支持儿童学会阅读、为他们推荐书籍和其他载体资料的特殊责任。公共图书馆必须为儿童开展如讲故事之类的一些特别活动，以及开展与图书馆服务和资源相关的其他活动，应该鼓励孩子们从小使用图书馆，因为这样就更有可能使他们日后一直成为图书馆的忠实读者。在使用多种语言的国家，应该为儿童提供他们母语的图书和视听资料。《学校图书馆服务指南》指出，为了促进学校图书馆的服务，学校图书馆与公共图书馆合作将是一个好办法。指南还简要列举了合作协议所

应包括的内容以及合作领域。于 2010 年 8 月举行的第 76 届国际图联大会，最初计划时共有 14 个卫星会议，其中一个卫星会议的主题即为儿童阅读权利的实现构建桥梁：儿童图书馆与学校图书馆间的有效合作。可惜最终该卫星会议因故取消。美国、英国、加拿大等国家在公共图书馆与中小学图书馆合作方面，已经进行了比较深入的探索和实践，研究涉及合作的方方面面，其中包括大量关于合作模式的研究，如加拿大一份长达 144 页的调查报告《公共图书馆与学校图书馆合作：评估列表》；还有关于学校图书馆与公共图书馆合作的成功条件的研究，如 KenHaycock 认为，合作需要“信任、眼光、意愿、尊重以及充分认可合作与协作的价值和智慧”等。

三、国外对家庭阅读的阅读推广研究

家庭和父母对儿童阅读的影响一直以来都得到了很多人的重视，“大声为孩子读书吧”成为很多阅读推广活动的宣传语，也被称为最简单易学的亲子阅读的方式。美国的畅销书《朗读手册》中，作者吉姆•崔利斯通篇给出的建议。归纳成一句话，也是大声读给孩子听。而且这一做法不仅仅适用于家庭，学校、图书馆等场所同样需要如

此。此类面对家长、教师和图书馆员的阅读方法指导和阅读推广策略的图书，也不在少数。

美国学者在研究中发现，在小学低年级阶段容易产生阅读困难的儿童常常是那些入学时在某些领域缺乏学前知识和技能的儿童，在字母知识、语音的敏感性和对阅读基础目标的熟悉程度以及语言能力方面表现尤其明显。并且研究者也证实，婴儿及学步期儿童所生活的不同环境对他们阅读能力的发展具有很大影响。

同样，有关预防和干预阅读困难的研究也表明，父母和家庭对儿童阅读影响重大。DeBaryshe（1995）等人的研究表明，父母对有关读写技能尤其是阅读的看法和态度，会对儿童读写技能的提高产生很大影响，父母对读写技能的态度和期望，甚至对儿童学习阅读的态度有长期影响。在对影响儿童阅读的父母行为的研究中发现，问答的形式是父母与孩子就文本内容进行互动的重要，该计划为怀孕 3 个月到孩子 3 岁的父母设计。对这项计划的追踪研究显示，参与计划的 3 岁儿童的语言表现明显好于对照组儿童。美国开展的另一项对父母进行指导的计划是“学前儿童家庭指导计划”，该计划为儿童提供学前预备技能，并使阅读成为父母和儿童共同参与的一项活动。此外，Whitehurst（1994）还进行了对话阅读培训计划，即父母鼓励儿童成为故事的讲述者，对儿童的反应进行评价并通过复述和增加信息扩展儿童的反应内容。

四、国外对特殊儿童的阅读推广研究

国外对特殊儿童的阅读的相关研究也比较丰富，主要集中在对各种特殊儿童的阅读辅导，以及对阅读障碍或困难的改善和矫正方面。相关的研究认为，对阅读困难的干预措施主要有 3 类：对有困难的儿童实行改善疾病和预防并发症的干预措施，利用早期检测设备来识别可能发生的问题，对所有家庭进行预期指导。此外，对患有残疾和认知障碍儿童的研究也是一个重点，主要包括对有听觉障碍的儿童的研究、对有语言障碍儿童的研究和对有认知缺陷儿童的研究。比如，有些学者认为，失聪儿童在阅读中的严重障碍是他们不具备阅读所普遍需要的言语基础，此外他们也受到阅读经验少的限制，因此对有听力障碍儿童的早期筛查和对符号语言的学习的早期干预，对他们今后的阅读、学习极其重要。相关著作很多，比如 Lexington School 编写了针对听觉障碍孩子的系列教程，包括 Teaching Reading to Deaf Children（聋哑儿童的阅读教学）、Teaching Arithmetic to Deaf Children（聋哑儿童的算术教学）、AParentsProgramінaSchoolforaDeaf（校内针对聋哑儿童的家长项目）等，从阅读、算术、单词学习、演讲各方面的图书，方便教师学习和应用。

当然，国外有关儿童阅读方面的研究肯定不仅仅限于以上所列。除了阅读障碍外，有关阅读治疗、阅读评价标准、阅读理解考试、阅读网站的研究内容与成果，也值得我们借鉴或参考。

第三节　国外儿童阅读推广实践

国外儿童阅读推广的实践活动非常丰富，已经形成了上自政府下至每个社会个体，从出版界到图书馆界，从各级学校等教育机构到各种文化团体的、全方位的综合推广体系。这些来自各方面的推广实践，能够带给我们一些启发，方便我们借鉴。

一、各国或地区政府支持下的阅读推广实践

世界各国政府均充分认识到了儿童阅读的重要性，不遗余力地借助各种方法促进儿童阅读推广活动的开展。为了加大推广力度，各国元首除了自己以身作则、定期参与阅读推广活动之外，还通过立法等方式，从国家的高度，推动儿童阅读推广的发展。

（一）美国政府的阅读推广举措

美国政府从20世纪80年代起就开始持续关注儿童阅读°1983年，美国教育部组织“教育质量委员会”调查中小学教育现状，发表了著名的《国家在危险中：改革势在必行》的调查报告，形成了以强调“阅读、计算、写作”为特色的教育改革的大趋势，对美国甚至全世界儿童阅读推广活动影响深远。

克林顿时期，美国掀起了名为“美国阅读挑战”的教育运动，动员全社会的力量来帮助儿童阅读，以实现所有美国儿童在三年级末能够独立、有效地阅读的目标：当时的教育部发布了《怎样支持美国阅读挑战》，号召每一个美国人通过个人的或专业的努力帮助孩子阅读，并对各阶层、各团体提出了具体要求。2002年，美国总统布什签署了名为《不让一个孩子掉队》的教育改革法案。布什总统在该法案中说，“今天，将近70%的城区四年级学生在国家阅读测验中未达到基本的阅读水平”，他还进一步指出，“我们的国家正在逐渐地被分为两个国家一个国家的公民具备阅读能力，而另一个国家的公民则不具备这种能力；一个国家的公民心怀理想，而另一个国家的公民则没有理想。”为了使每一个孩子到三年级时都可以进行熟练阅读，该法案设立T“阅读第一”项目，为儿童的早期阅读提供适当的指导，帮助儿童消除阅读方面的障碍，运用阅读策略训练来提高学生的阅读能力。

之后的6年时间中，布什总统多次提议加强儿童阅读项目的实施。教育部网站常年报道有关“不让一个孩子掉队”这一项目实施过程中的各项统计数据。在该网站的部长角栏目中，“不让一个孩子掉队”的内容甚至置于高等教育之前，足见对该项目的重视程度。而且，2008年1月7日，美国教育部网站的头版头条新闻报道布什总统在芝加哥HoraceGreeley（贺拉斯-格里利）小学与师生们讨论阅读问题，并作专题发言。

历届总统夫人也经常在节假日参加各种儿童阅读活动，比如在白宫举办读书会，第一夫人亲自给孩子们读书，或到图书馆参与阅读活动等。最值得称道的是劳拉•布什，她毕业于得克萨斯大学儿童图书馆系，对图书馆儿童阅读有深刻认识她认为：“一个人的阅读习惯是从小养成的，若错过了儿童时期的培养，则将很难在成年后再培养劳拉•布什自从入住白宫后，就以热心倡导阅读而出名”她致力于推进美国的儿童阅读活动，尤其是积极推荐儿童阅读图画书。她举办了白宫有史以来的第一届“国际合作鼓励阅读会议”。并促使国会图书馆发起了美国第一届“全国图书节”，掀起全国促进阅读活动的新高潮一在总统及夫人的亲力亲为下，在政府的政策扶持下，美国的儿童阅读得到了全社会的支持除《不让一个孩子掉队法案》之外，联邦政府出台的多项法律如《国防教育法》《初等与中等教育法》等，都将阅读作为重要条款单独列出，从国家立法的高度推动阅读教学的发展，对美国早期阅读教育产生了重大影响。而且，在联邦政府和总统的推动下，美国各州政府也高度重视早期阅读教育，出台各自的阅读推广政策，各行政区建立图书中心，广泛开展阅读推广活动，致力于儿童阅读推广工作的普及和提高。比如1995年，由保德信基金会资助，儿童图书馆服务学会管理的“为阅读而生：如何培养爱学习的宝宝计划”，最早在北卡罗来纳州莱斯利佩里纪念图书馆、宾夕法尼亚州匹兹堡市卡内基图书馆及犹他州普洛佛市立图书馆共同展开，后来逐步扩展到美国各州。这是基金会、图书馆、医疗照护机构携手合作的项目，目的是为读写能力较差的父母、未成年人的父母提供儿童读写能力相关知识与有关资料，以提升儿童读写能力，减少可能出现的文盲数量，使父母认识和了解家长在儿童早期阅读与读写能力发展进程中所扮演的重要角色和关键作用，做好孩子的第一任老师。

（二）英国政府的阅读推广举措

作为世界上国民阅读率最高的国家，英国政府对儿童阅读的重视不亚于美国：政府和国家元首对儿童阅读推广活动都非常重视，最典型、影响最大的则是众所周知、享誉全球的“阅读起跑线”该计划最初在1992年由慈善机构——图书信托基金会、伯明翰图书馆服务部和基层医护服务信托基金会联合发起的。该计划免费为每个儿童提供市值60英镑的资料，这些资料分装在不同款式的帆布包里，根据儿童成长的实际需要，分年龄段以不同的方式分发。图书信托基金会的网站上有非常详细的有关此计划的具体介绍和指导。

作为世界上第一个专为学龄前儿童提供阅读指导服务的全球性计划，该计划所提供的服务礼包包括：“阅读起跑线”婴儿包、“阅读起跑线”高级包、“阅读起跑线”百宝箱“触摸图书包”蹒跚起步来看书活动“儿歌时间”“双语资料”7类面对不同年龄段、不同阅读层次，甚至不同语言背景的儿童所提供的、适合各自需要的阅读内容。通过礼包赠送活动，力图让每一个英国儿童都能够在早期阅读中受益，并享受阅读的乐趣，培养对阅读的终身爱好。在后来的推广效果评估调查中，也被证明确实收到了良好的效果。目前，参加该计划的国家包括：英国（发起国）、日本、韩国、泰国、澳大利亚、美国、智利、意大利、墨西哥、波兰、南非和印度等，我国部分城市也开展了类似的图日阅读起跑线LOG。

除了“阅读起跑线”计划外，图书信托基金会还开展了“一起写作”计划和“国际儿童图书周”等活动，都是比较有特色的阅读推广活动。

（三）日本政府的儿童阅读推广举措

日本政府出台的有关儿童阅读推广举措由来已久，从1947年制定了《教育基本法》和《学校教育法》，并于该年11月举办了第一届“读书周”活动开始，有关儿童阅读方面的法律法令出台了不少。尤其在2000年“儿童读书年”后，日本全国掀起了儿童阅读推广活动的热潮。同年1月，国际儿童图书馆创立并于5月实现部分开馆。2001年“儿童读书推进会”成立，在全国推广“绘本世界”活动。同年4月，“Bookstart支援中心”成立，推行针对0～12个月婴幼儿的阅读活动。2001年3月，文部科学省制定了《21世纪日本教育新生计划》，并将2001年定为“教育新生元年\2001年12月颁布了《儿童读书活动推进法》，确定了儿童读书活动的基本理念及必要事项。2002年，文部科学省又发表了“关于推进儿童读书活动的基本计划”（即“第一次基本计划”），确定每年的4月23日为“儿童读书日”。

2008年3月，日本确定了少儿阅读推广的“第二次基本计划”。2008年6月，《图书馆法》修订。2008 年 7 月，日本内阁会议作出了《关于国民读书年的决议》，将 2010 年定为“国民读书年”；并采取了一系列措施推广儿童阅读，包括提高学校和家庭的藏书量、促进学校开展读书活动、对读书活动的有效性进行调查和向联合国提议确定“国际儿童读书年”等。文部科学省《关于推进儿童读书活动的基本计划》（2008 年）详细规划了 2008 年以后的五年间促进全日本儿童读书的活动。该文件从家庭、地区、学校、社会团体和宣传等五个方面做了具体安排。2013 年 3 月，日本文部科学省公布第三次（儿童阅读推广基本计划成草案），面向社会公开征求意见。该草案明确了今后五年（2013—2017 年）制定政策的基本方针和具体实施办法。2013 年 2 月，日本青少年教育振兴机构发布了《关于儿童阅读现状及其影响、效果的调研报告》。此份报告通过对 20～60 岁共计 5258 名成年人和 20 岁以下 21168 名初、高中生进行的问卷调查，首次研究论证了“儿童时期的阅读活动，对其成年后意识、能力的影响和效果”。

除了立法和行政工作之外，日本政府还设立了支持儿童阅读推广的基金。“孩子的梦想”基金成立于 2001 年 4 月，主要用于支持各种儿童成长体验活动、儿童阅读活动和儿童教材开发普及活动。可以看出，新世纪以来，日本政府几乎每年在儿童阅读推广上都有新举措，以加强国内的儿童阅读推广力度，并多次借助法律或法令的方式对这些活动给予政策上的积极支持。

二、国外图书馆领域的阅读推广实践

国外的图书馆系统在儿童阅读推广中占有十分重要的地位，也发挥着不可替代的作用。

（一）美国以国会图书馆为代表的图书馆儿童阅读推广活动简介

从 1965 年起，由美国图书馆协会或美国国会图书馆图书中心发起的“图书馆，启智计划合作”“出生即阅读”“图书馆里每个孩子都做好了阅读准备”等项目给美国的儿童阅读带来了一定的影响。1977 年，美国图书馆协会下属的青少年服务部第一次出版了《图书馆青少年服务指南》，通过实例的形式对图书馆的青少年服务提供指导。2008 年 3 月，YALSA 发布《图书馆 12～18 岁青少年服务指南》，对图书馆青少年服务进行总体的规定，认为图书馆青少年服务应当与图书馆的整体计划、预算和项目融为一体。2012 年 5 月，YALSA 发布《国家青少年空间指南》，为图书馆青少年服务虚拟和实体空间的构建提供了指导性意见，并提供了若干个青少年空间构建的成功范例，供少儿馆参考借鉴。

而美国国会图书馆里专门负责推动全民阅读的单位是图书中心，由第 12 任国会图书馆馆长丹尼尔·J. 布尔斯廷于 1977 年依据公共法案成立，目的是利用国会图书馆的资源和威望刺激人们的阅读兴趣，以促进图书、阅读、文学、图书馆的发展和图书的学术研究。

国会图书馆图书中心的活动经费来自企业或其他部门的捐助，活动组织则由馆内专职人员负责。自成立以来，图书中心开展了一系列全国性的阅读推广活动，不仅成为美国阅读推广活动的“总部”，而且对全世界的阅读推广活动都产生了很大影响。

成立伊始的 1977 年 10 月 22 日，国会图书馆的专家和作家、学者、出版商以及中心咨询委员会就举行会议，讨论如何刺激阅读：1979 年 11 月 14 日，哥伦比亚广播公司（CBS）电台《西线无战事》播放了“读多一点点”阅读推广的节目，由明星推荐图书，鼓励读者“读多一点点”关于第一次世界大战的图书 1983 年 5 月 190，图书中心举行全国“广播和阅读”会议，探索广播、口语、阅读和图书融汇的新途径，同年 9 月与 ABC 少儿电视台合作推出《O.G.船氏读书多》节目，故事主角是一只书念得多因而很聪明的猫 1987 年该中心发布《国家阅读推广主题》，1988 年 12 月 5 日，里根总统签署公告《青少年读者年》，作为次年的阅读推广主题，1989 年 1 月 30 日，当时的第一夫人芭芭拉•布什出任“青少年读者年”读书营荣誉主席 o1992 年 1 月 26 日，美式橄榄球电视节目向 7000 万观众播送了“读多一点点”的信息 1996 年 9 月 10 日，由探索传播公司学习频道和图书中心合作开发的“伟大的图书”电视系列节目，在国会图书馆大堂举行开播三周年庆典 o1998 年 6 月 27 日，公共电视阅读和文学推广项目“在名人之间”首播，图书中心是该项目几个教育合作伙伴之一。2001 年初第八次国家阅读推广运动“讲述美国故事”启动，当时的第一夫人劳拉•布什出任荣誉主席，通过组织讲故事和传说，鼓励阅读，宣传使用图书馆和其他美国文化遗产。2007 年“文学书信”项目打破纪录，有 5.9 万青少年给他们喜欢的作家写了信。图书中心还和“儿童图书委员会”合作，巡回全国选拔“全美青少年文学大使”协助各地青少年阅读活动的推广。2008 年 1 月 3 日，著名儿童文学作家约翰•席斯卡担任首届儿童文学大使，第二任大使是荣获纽伯瑞文学奖、林格伦纪念奖和国际安徒生大奖的凯瑟琳•派特森 2009 年国会图书馆青少年读者中心正式向公众开放，这是该馆 209 年历史上第一次专门为青少年开辟领地、提供阅读空间。除了建立青少年读者中心，图书中心也建立了自己的阅读网站，并委托全国童书阅读素养联盟”代为管理，为成人、教育工作者、家长，尤其是青少年，提供各类阅读资源。

综上所述，国会图书馆图书中心通过广播、电视、网络等大众媒体，以明星、第一夫人、知名作家为活动带头人，扩大阅读推广活动的影响力和号召力的做法，不仅收到了良好的传播效果，还为我们提供了阅读推广的范本。而且，图书中心还在 1987 年发起“国家阅读推广伙伴”计划，至今已吸收超过 90 个机构成员，包括民间和政府组织，并每年召开会议，促进项目和招募新合作伙伴。图书中心还发展了广泛的、国内和国际的非正式阅读推广网络，对每项阅读运动都鼓励在社区、州、国家以及国际层面上进行经验交流，并在几个国家促成了阅读推广中心的成立，且已推广到南非和俄罗斯° 2007年国际图书节由俄罗斯第一夫人柳德米拉-普京主持，2007年10月9日～11日在莫斯科举行。图书中心通过政府和私人机构的合作，在过去 30 年取得基金、个人和公司对项目、出版物和阅读推广项目的资助和支持。此外，一些联邦机构也偶尔对特定项目进行拨款。

如今，全美 50 个州都建立了各自的州立的图书中心，作为国会图书馆在各州的隶属机构。这些阅读推广伙伴和州立图书中心成员根据各自情况也发起和执行了许多项目。而且，依据地方性公共图书馆未成年人服务的相关标准，美国各州州立图书馆或图书馆联盟纷纷颁布或修订公共图书馆相关标准，加大力度推进儿童阅读推广活动的发展。

同时，为了促进不同图书馆的合作与交流，美国政府、各州政府、行业协会等各方都大力支持和促进公共图书馆和中小学图书馆建立长期有效的合作促进机制。①在各种教育法案的支持下，公共馆和中小学馆的阅读推广合作对中小学生阅读起到了较好的影响作用。

（二）英国图书馆的儿童阅读推广活动

英国公共图书馆从维多利亚时代起就主张自己是教育机构，不仅支持自学者阅读，还作为社区信息集散中心，为人们提供更正式的集中教育机会。到20世纪60年代，“社区信息服务”（简称CIS）的理论概念在西方国家得到了广泛采纳，图书馆的角色逐渐定位为“为读者提供各类性质的信息服务的社区信息服务中心”。英国的公共图书馆也在20世纪60年代之后加入了社区信息服务提供机构的行列，并作出了卓越的成绩。如在英国东部的剑桥郡，布雷顿区市民建议局的工作人员和社区卫生委员会的代表相互合作，在布雷顿区图书馆内为当地市民提供“布雷顿援助计划”，并在之后发展成为专门的社区信息服务项目（PIG）。此外，伦敦市的分区图书馆还与一些义务咨询中心合作，为各分区的市民提供相关的社区信息服务项目（LUG）。②这一定位使公立图书馆不仅成为图书的集散地，还是社区居民获取所有生活信息和服务的便利场所，这可算是对公共图书馆职能和作用的一种全新定位和理解，也大大拓展了公共馆的生存和服务空间，使社区居民与图书馆的关系更加密切。

而遍及全英国的图书馆阅读推广活动，则发端于20世纪80年代末期，兴起于20世纪90年代，2000年后走向成熟和兴盛。20世纪80年代末期，一些图书馆获得了公共图书馆发展激励计划的基金支持，开始举办一些文学作品的推广活动，如英国北部的儿童图书节，赫里福郡和伍斯特市图书馆的现代诗歌推广活动等。

1992年，一个主题为“阅读未来：公共图书馆中的文学场所”的重要会议召开，研讨了3个主题：图书馆的角色、阅读推广、合作伙伴的工作。会上，艺术委员会发布了第一笔图书馆基金，提供10万英镑的合作伙伴基金以促进图书馆在推广文学作品方面的新实践。同时，英国政府为鼓励作家创作和公众读书，多年来推行了一项公共出借权利计划□根据该计划，经议会通过发布了《公共出借权利法案》，规定凡登记注册的作家，都可根据其著作在公共图书馆出借的次数，从中央基金获得一定比例的收入。一个作家最高可获得6000英镑，从1995年至1998年，中央财政每年为此项计划拨款均超过490万英镑。除了前面提到的十分系统的“阅读起跑线”计划之外，“夏季阅读挑战”也是英国阅读社针对儿童举行的一项长期阅读推广活动，由阅读社负责协调，至今已有十几年的历史。该活动在每年暑假七八月份开展，鼓励4〜11岁的儿童在这两个月里至少阅读6本书，每年的主题由图书馆选定并推荐相关的图书。比如2014年是魔幻主题，牛津市中心的儿童图书馆内设置专门的推荐书目书架，每本推荐图书封面都贴有该活动的标识，方便孩子们选择借阅。为了鼓励孩子们阅读，图书馆还为完成一定阅读任务的孩子们提供小奖品，孩子们每完成一个阶段，比如读够3本、5本、6本书或更多，可以到图书馆员那里领取一个小奖品。活动期间，图书馆馆员会为来馆借阅的每一个孩子详细介绍这次活动，包括活动主题、推荐书目等；并赠送本次活动的相关材料：活动介绍，活动奖品情况介绍，精心绘制的阅读地图、阅读记录表等该活动在英国97%的公共图书馆中开展，得到了英国广播公司（BBC）等多家主流媒体的襄助，是目前英国最大的儿童阅读推广活动。

（三）日本图书馆的儿童阅读推广举措

日本文部科学省公布的第三次《儿童阅读推广基本计划》（草案）中，将逐渐盛行的趣味阅读活动“书评汇”列为近年来颇受瞩目的阅读推广方式之一。“书评汇”的基本规则为：①参与者各带一本自己喜欢的书；②按顺序对各自携带的书进行5分钟的书评介绍，个人介绍完毕后，可同其他参与者就此书进行交流，时长为2～3分钟；③所有内容介绍完后，按多数人的意见评选出最值得一读的图书。趣味阅读活动“书评汇”给孩子们带来了游戏般的读书体验，旨在“以书为媒，拉近人与人、人与知识的距离”，在锻炼孩子们的图书甄选、语言表达能力等方面，都起到了很好的作用。日本国内很多家公共图书馆都举办了“书评汇”活动，收到了一定的效果。

对于中小学图书馆，日本文部科学省还采取推介阅读示范区的方式，向全国推广示范区的儿童阅读推广活动。被选取的10个阅读推广示范区，各区的学校图书馆与当地中小学、幼儿园及多家机构密切合作，开展了丰富多彩的阅读推广活动。比如北海道惠庭市开展了图书再利用、幼儿园阅读活动；茨城县大子町以推广家庭阅读等方式促使孩子自幼养成良好的阅读习惯；群马县伊势崎市提倡每天20分钟的亲子共读、晨间阅读；千叶县袖之浦市选编了含100册图书的推荐阅读书目，鼓励儿童利用图书馆资源进行学习竞赛；岐阜县飞騨市的学校图书馆在休息日对外开放、鼓励学生制作创意绘本及阅读记录本；爱知县吉良町将每月20日定为该町“无电视•无游戏日”并策划实施阅读推广活动；大阪府高槻市以培养阅读能力为目的，定期举办书话会；鸟取县大山町在面向新生儿实施“阅读起跑线”计划的同时，以3岁幼儿为对象，幼儿可从5册绘本中任意挑选一本带回家，同时也将获得绘本阅读书单，这种名为“阅读新起点”的计划深受孩子们的喜爱。

（四）德国图书馆的儿童阅读推广活动

德国图书馆的儿童阅读推广活动中，最著名且有代表性的是德国布里隆市图书馆乌特•哈赫曼馆长设计的“阅读测量尺”。根据不同成长阶段孩子的特点，“阅读测量尺”分成赤、橙、黄、绿、青、蓝、紫以及粉红、桃红、橘红10段，分别对应0～10岁的儿童，诠释了该年龄段儿童的阅读需求，正确引导儿童阅读书籍。近年来简明方便的“阅读测量尺”由公立图书馆在孩子出生后赠送，为孩子们提供最佳阅读和语言提高的信息指导。②从根本上说，这种“阅读测量尺”类似于我们的分级阅读，可以为不同年龄段的孩子提供适合他们的读物，满足儿童的阅读需求。

除此之外，德国公共图书馆和学校教育机构联合实施的青少年儿童阅读推广网络项目ANTOLIN也值得一提。在该项目网站上，按青少年儿童的不同年龄段，列出了相应的阅读书目和启发思考的问题。有意愿参加ANTOLIN项目的学生，通过学校班主任老师报名，在网页上进行阅读账号注册、参与活动。该项目实施阅读积分奖励活动，即每阅读完老师或网页上的推荐图书后，就可以在网上回答关于该书的由浅入深的各种提问；回答正确便会得到相应的网络打分并自动积累分数。年终达到一定阅读积分的学生，将得到ANTOLIN项目机构颁发的阅读证书；达到“资深”级别的读者还可以得到阅读基金会的邀请，参加多种有趣、有益的大型阅读推广活动并可获得丰厚的奖励。ANTOLIN项目在德国青少年儿童中广泛流行，据统计，截至2013年5月，德国、奥地利和瑞士三个德语系国家中一共有约210万中小学生参加了ANTOLIN项目，共阅读了项目提供的5万多册青少年儿童读物。该项目不仅有效地促进了青少年儿童阅读兴趣的提升，学校班主任老师也可以借助该阅读推广项目的平台，掌握学生的阅读状况，家长也可以了解孩子的阅读与理解能力，进行有针对性的辅导。

德国联邦家庭事务、老年、妇女及青年部设有德国少儿图书工作委员会。从2008年开始，委员会和德国图书馆协会共同启动了“阅读起航”行动。图书馆也和出版社合作，定期向出版社提供青少年阅读需求内容，使出版社在出版图书时能突出各年龄段孩子的特点。图书馆的阅读推广活动，集中了社会各界的力量。

三、各种团体组织的阅读推广活动

在儿童阅读推广的过程中，各级各类社会团体组织也发挥了很大的积极作用。

（一）联合国教科文组织的阅读推广活动

1946年11月正式成立的联合国教育、科学及文化组织，其使命在于通过教育、科学、文化、传播与信息，促进建设和平、消除贫困、可持续发展和文化间对话。联合国教科文组织倡导和组织了关于和包含阅读推广的很多活动：如很多以阅读推广为主题的各项活动，又如扫除文盲、全民教育、终身学习等活动，实质上也是阅读推广。

联合国教科文组织的阅读推广活动主要是由联合国教科文组织提出理念、计划，向成员国发起号召，然后各国家和地区自主地由有关政府部门、图书馆、学校、非政府组织、企业和媒体等机构具体组织和实施，联合国教科文组织提供支持和帮助。20世纪70年代，联合国教科文组织实施了“国际图书十年飞1970∽1980和“国际图书年的活动计划，且以1972年的“国际图书年”最为显著，该年的口号为“全民阅读”。联合国半数以上的成员国为“国际图书年”成立了国家图书委员会，超过400个非政府组织参与了该项活动。各国和地区响应“国际图书年”活动所开展的活动概括起来有：发展出版和印刷能力，向儿童和成人捐赠图书，鼓励翻译，保护本地文学，举办书展，评选文学奖，发展图书馆，组织阅读协会和俱乐部，举办有关阅读的讲座和读书会，通过多种媒体宣传读书理念，等。

20世纪80年代的目标则为“走向阅读社会”，1997年3月5日联合国教科文组织总干事和埃及文化部部长签署了关于发起国际“全民阅读”项目的备忘录，同年7月24日～25日第一届国际“全民阅读”专门委员会会议在埃及城市阿斯旺举行，“发出了国际社会进一步开展阅读推广努力的讯号”。1995年10月25日至11月16日召开的联合国教科文组织第二十八次大会通过28C/3.18号决议，正式确定每年的4月23日为世界图书与版权日。

2001年，依据“世界图书与版权日”的成功经验，联合国教科文组织发起“世界图书之都”计划，每年由联合国教科文组织与国际出版商联合会（IPA）、国际书商联合会（IBF）和国际图书馆协会联合会（简称“国际图联”，IFLA）共同评选出一个城市，以“世界图书之都”的名义庆祝和传扬人类的图书事业和阅读活动，任期始于当年的4月23日，终于翌年的4月23日。当选“图书之都”的城市必须已有效果显著的众多阅读推广活动，并在担任“图书之都”那一年实施为该年特别制订的阅读推广计划。

（二）美国RIF阅读推广组织

RIF始于一位名为玛格丽特•麦克纳玛拉的辅导老师将自己孩子阅读过的图书拿出来，送给那些没有图书的学生，并鼓励孩子自主选择图书。基于这种经验，1966年11月3日，玛格丽特与华盛顿的一批老师以及学校志愿者发起了一项分发图书、推广阅读的活动，也即RIFo1975年，美国国会开始关注RIF这项卓有成效的活动，并且创立廉价图书发行计划，该活动为RIF全国性的图书分发计划提供专项资金:RIF的使命是通过促进儿童与其父母及社区成员共同进行阅读，从而使得阅读成为一种乐趣并融入儿童的生活之中，成为其生活中有益的一部分。在儿童群体中，RIF最为关注的是0~8岁儿童中的弱势群体，通过向那些需要书籍的儿童分发各种适合的读写资料、唤起儿童的阅读意识随着该项活动的不断发展,RIF成为一项由美国联邦政府支持的国家级项目，后来成为美国建立时间最早、覆盖范围最大的非营利性质的儿童教育机构。在联邦政府的支持下，RIF以燎原之势在美国迅猛发展，1977年该活动已经惠及全美50个州的100多万儿童。2004年，美国现存历史最长的大学生女性互助会“卡帕卡帕伽玛”与RIF合作，发起了阅读是关键的推广计划该计划由遍及美国的140个卡帕分会通过各种慈善活动募集资金和图书，以支持RIFo除了为生活贫困的弱势儿童提供免费的新书、举办各种趣味性的阅读活动以激发儿童的阅读兴趣之外，RIF还致力于吸纳社会上热心于从事儿童阅读推广服务的志愿者，并为其提供从事该项活动的培训和资料。在总部的整体统筹指导下,RIF所有的项目均要遵守为儿童提供免费的新书供儿童自主选择并拥有的准则，RIF所吸纳的社区志愿者也要融入儿童的阅读之中，从儿童的角度出发，举办各种既有激发性又有趣味性的阅读推广活动，唤起儿童的阅读意识，指引儿童的阅读方向。

具体来说，RIF下有3个项目：BookforOwnership（BFO）、CaretoRead（CTR）和FamilyofReader（FOR）oBFO的服务目标有3个：①为儿童及其所在的家庭提供免费的新书和各种获取知识的资料；②推动儿童阅读；③推动社区对儿童阅读活动的支持。BFO项目的开展包括挑选、采购图书、编制执行图书分发计划、处理文件档案工作、开展并提升阅读推广活动的趣味性、吸纳热心于公益事业的志愿者加入RIFBFO这些活动的开展都是由当地志愿者所完成的。除此以外，BFO项目的开展必须与社区挂钩，社区需要为该项目提供不少于整个项目资金比例25%的财力以支持图书的购置。对于那些生活贫困的弱势儿童而言，自主选择一本图书并能够拥有这本图书的机会，为其提供了一次运用个人权利、保持个人尊严的有益尝试。这些看似平常的机会，却能够激发出儿童更大的潜能，有助于其独立自主地作出各种选择。

CTR项目的目标有3个：①通过培训儿童看护人员、创造知识氛围浓厚的环境，提升托儿所和儿童看护家庭的育儿质量；②促使儿童看护人员及家长为儿童阅读儿童书籍，并提升其甄别童书质量的能力；③促进儿童看护人员在其看护过程中养成为儿童阅读书籍的习惯，对于儿童家长亦是如此oCTR项目的宗旨是为托儿所及家庭中的儿童看护人员提供有益于儿童成长的必备知识°

FOR项目的目标则是：①提升家长的阅读技巧，通过家长与孩子分享书籍以增进家庭成员之间的互动关系；②提升家长在孩子教育过程中作为一名引导者的自信心；③培养家长与家长之间对于儿童阅读教育的互助关系。④鼓励项目顾问尽可能满足家长在儿童阅读方面的需求。当你将阅读的权利授予孩子的父母，你已将阅读的权利授予给父母的孩子了这句写在FamilyofReader项目下的第一句话阐释了该项目的目标。

（三）国际儿童读物联盟

TheInternationalBoardonBooksforYoungPeople，简称IBBY，于1953年成立于瑞

士苏黎世，在全世界69个国家成立了分会，它是与联合国教科文组织、联合国儿童基金会有正式咨商关系的国际非营利政府组织，其宗旨是通过儿童图书促进国际了解，使世界各地儿童都有机会接触到具有高文学水准和高艺术水准的图书；鼓励并支持各国尤其是发展中国家的高品质图书的出版和发行；对那些致力于儿童和儿童文学事业的人提供援助和培训；激励儿童文学领域的研究和学术事业。

近年来，国际儿童读物联盟与许多政府组织、非政府组织和个人合作，募集物资，进行了各种形式的阅读推广：通过设立安徒生奖，奖励儿童作家；通过设立“朝日阅读推广奖”，奖励那些为阅读推广作出贡献的团体；开展“海啸恢复计划”推广阅读、帮助受灾地区恢复教育；发起国际儿童图书日，唤起人们对于读书的热爱和对儿童图书的关注；设立IBBY残疾青少年图书文献中心，为残疾儿童提供阅读场所；主持了许多关于童书写作、插图绘画、出版、推广及发行工作的专题讨论会；出版儿童文学季刊《书鸟》，促进了儿童文学的发展。IBBY通过各种阅读推广活动引导世界各地儿童阅读书籍、培养良好的阅读习惯，为全世界儿童阅读启蒙作出了重大贡献。

IBBY阅读推广形式多样，内容丰富多彩，概括为以下4个方面。一是设立奖励机制，鼓励各团体进行阅读推广。二是募集资金，组织图书与资金捐赠，建立摩托车图书馆和移动图书馆。三是实地深入交流活动：工作人员与儿童面对面交流，为他们讲故事、表演木偶剧、指导绘画等。四是对儿童教育工作者进行培训，传授一些教育经验和技巧；组织研讨会，共同探讨有关图书推广的一些问题，互相交流经验。IBBY的阅读推广活动具有以下4个特点。一是非常关注阅读贫瘠儿童和图书缺乏地区的需求。二是注重交流与合作，发挥民间阅读组织的作用；IBBY组织的阅读推广活动大部分都与相关组织合作，活动涉及内容广泛，注重发展阅读文化。三是从图书制作、图书编辑到地方文化推广等，IBBY从多角度出发，开展的活动涉及出版的各个环节。最后，IBBY的阅读推广注重推广活动的延续性：对于每个项目不是一蹴而就，而是定期在活动地点持续开展活动，在不同阶段有不同的规划。比如在“海啸恢复计划”中，摩托车图书馆在灾后重建完成后，即交给当地的组织负责运营，使摩托车图书馆长期发挥作用。“授人以鱼，不如授人以渔”，对于灾后恢复计划，他们不仅仅是捐款和捐赠书本，还对教师进行了各方面的培训，从硬件和软件两方面为灾区提供帮助。

四、国外学校等教育机构的阅读推广活动

英美国家的人们普遍认为，儿童的阅读能力是学校教育的重要组成部分，阅读能力的培养是学校教学的重要内容。从幼儿园开始，教师就带领孩子们大量阅读。阅读的内容，不是故事片段，更多的是一本完整的图画书，或是连续几天读完一本多章节的书。课余时间，老师也鼓励孩子们阅读，鼓励孩子们使用学校图书馆。除了学校图书馆外，每个班级都有一个自己的图书角，孩子们不仅在课余时间可以自由选取阅读，也可以借一本带回家，和父母一起阅读：老师会给每个孩子一个阅读记录本，要求孩子记录下每天回家阅读的情况，要求填写的表格包括阅读内容、阅读评价、阅读中碰到的新词、自己认为比较好的词汇或描写等内容。这个习惯，从学前班开始，一直持续到小学各年级。

一般来说，英美学生的语文课以阅读教学为主。有的地区有的学校甚至没有语文教材，而代之以阅读书单。阅读、数学和写作往往成为同等级别的考核项目。学生的成绩单中包括数学、写作、阅读成绩，还会附上具体的所阅读图书的考核内容和考核结果。目前在美国，有一种标准阅读考试软件“star Reading Testn”被许多小学校所采用，甚至在我国的一些国际学校里也采用这一软件检测学生的阅读情况。这一软件拥有大量题库，被试学生可以在网上进行计时阅读测试，包括填空、选择正确答案、选择匹配词等。类似一种统考的方法，许多学校以这一考试的结果来进行阅读成绩的统计和考核。这个软件的开发得到联邦政府“不让一个孩子掉队”项目的资助。

制定阅读书目也是学校语文教学的一个重要方面，教育工作者往往要根据学生的能力和潜力，确定一个合适的阅读范围。这项工作一般由教学人员和图书馆员合作进行。有许多学校依据几十年前由一位俄罗斯学者利乌·维果茨基提出的“ZoneofProximalDevelopment”（最近发展区）理论和框架，制作适合每个孩子自己的、循序渐进的阅读书目。

同样，日本的各级学校也非常重视学生阅读能力的培养。其中，加大学校图书馆建设投入和在学校大力提倡“晨读”活动是其采取的有代表性的举措。“晨读”活动最早于1988年在千叶县发起，并迅速在全国范围内推广开来。1993年3月，文部省颁布了《学校图书馆图书整备标准》，设定了与实施义务教育的中小学校规模相对应的藏书配备目标。同年颁布的《学校图书馆图书整备五年计划》中规定，地方财政支出500亿日元用于将中小学图书馆的藏书量提高1.5倍，1996年召开了“学校图书馆整备推进会议”来推行此项工作。1997年6月《学校图书馆法》进行了部分修订，规定学校规模只要超过12个班，都必须指派司书教谕。学校图书馆馆藏量的增加，客观上为学生的阅读提供了有力保障。

五、家庭的亲子阅读实践

日本一年一度的“儿童读书周，活动，旨在鼓励孩子们从小亲近书本、感受阅读乐趣、养成良好的读书习惯，促进其各项能力发展。2013年第55届“儿童读书周”活动于4月23日至5月12日举行。同时，围绕“如何推广家庭、地区阅读”这一课题制订了一系列方案，例如建立家庭儿童文库、鼓励父母陪伴孩子读书等。还对如何营造家庭读阅读环境提出了三点建议：一是让孩子知道父母也喜欢读书，读书有益身心健康；二是在孩子所能接触到的地方都放上一本书，即使每天只读一页也要表扬孩子，让他们觉得读书是件有乐趣的事；三是父母要和孩子一起读书。

国外对家庭中亲子阅读的重视和推广由来已久，从“大声读给孩子听”的宣传口号，到学校鼓励孩子们借书回家和父母一起阅读的具体行为，从发端自英国、推广至世界许多国家的“阅读起跑线”计划，到日本“儿童读书周”上“建立家庭儿童文库，鼓励父母陪伴孩子读书”的各种活动，无不渗透着对家庭阅读的提倡和推崇。

在著名的吉姆·崔利斯的《朗读手册》一书的绪论开头，就引用了史斯克兰·吉利兰所著《阅读的妈妈》一书的文字（见第一讲附文）。

拥有一个每天读书给孩子听的妈妈，是孩子一生最大的财富，从中可见家庭亲子阅读对孩子的重要性。其实，参与亲子阅读的不应该单单是妈妈，父亲也应该参与到亲子阅读的行列中。几个世纪以来，英美国家的中产阶级家庭，孩子睡前二十分钟的读书时间已成为惯例。孩子阅读习惯的养成，是从小慢慢浸润的过程，让阅读成为孩子生活中不可或缺的一部分，让阅读成为孩子从小习得的习惯，可使孩子受益终身。

六、出版社的儿童阅读推广实践

英美国家的出版社作为儿童阅读产品的提供商和生产者，在儿童阅读推广方面更是不遗余力。

为儿童提供品种多样、形态各异的图书产品，满足儿童的阅读需求并引领儿童阅读的新趋势，是出版社的基本和重要职能。国外的儿童读物呈现多样化、系列化、数字化的特质出版商为婴幼儿、儿童、青少年等各个年龄段的少儿用户准备了形式丰富的儿童读物。刚出生不久的婴儿就拥有适合此阶段阅读的硬纸板书、撕不烂的书、不会湿的防水书、洗澡书、玩具书、布书，等，家长可以从孩子摇篮期就开始培养其阅读兴趣。很多儿童读物与玩具配套，阅读与游戏配套，书与手工配套，形式不拘一格，创意无穷，能激发少儿无限的想象力和创造力。

同时，作为出版机构，国外的很多出版社也会推出针对不同儿童年龄段的分级读物，比如牛津大学的牛津阅读树系列，是在充分研究儿童阅读规律和阅读行为的基础上，针对不同年龄段的儿童读者创作、设计的适合他们学习和阅读需求的出版物，封面采用不同的颜色来区别不同年龄段和阅读级别。

很多国家的政府、阅读推广机构、各种社会组织也会通过设立各种图书奖、出版奖来鼓励出版商及童书创作者不断致力于优秀儿童出版物的研发、创作和出版比如我们比较熟悉的美国纽伯瑞奖、凯迪克大奖、英国凯特•格林纳威奖、国际安徒生大奖等。这些大奖图书，也常常成为读者选书时候的标准和参考，起到了很好的宣传推广作用。

有时候，国外的出版社也会和图书馆、学校合作，进行儿童阅读方面的推广活动比如在世界读书日开展图书展览活动、图书义卖活动等，既宣传了自己的图书，使自己的图书能够进入学校，被孩子们所了解，提升了自己的知名度，又和图书馆、学校一起进行了阅读理念的推广。

当然，国外的儿童阅读推广动员了方方面面的力量，是全社会共同作用的合力。不仅如此，阅读已经渗透进每一个普通人的日常生活。在国外，日常生活中与阅读相关的产品也比比皆是，尤其在面向妇女、儿童的产品中，如书型的耳坠、书架图案的围巾、文字的手链、眼镜造型的挂件等，有关阅读和图书的元素已经成为人们生活中日用品的一部分，这也是发达国家整个社会从上到下、从总统到普通百姓都关注阅读的现实反映。

第七章　公共图书馆儿童阅读推广

第一节　公共图书馆儿童阅读推广的目的和意义

一、儿童阅读推广服务的目的

儿童阅读推广服务既是社会发展的需求，又是儿童阅读的需求，其目的是通过培养儿童的阅读兴趣，养成良好的阅读习惯，提高儿童阅读能力，从而在全社会营造阅读的良好氛围，推动素质教育向前发展，最终实现儿童的全面发展。

（一）培养儿童阅读习惯

儿童阅读推广服务最直接目的就是培养儿童的阅读习惯。儿童的好奇心很重，外界的一切事物对于儿童来说都是新鲜的，外界给予儿童什么，儿童就会接受什么。因此，把握好这个时机，通过适当的方式，主动将阅读介绍给儿童，让儿童自然而然地接触阅读，久而久之就会激发儿童的兴趣，对于儿童培养阅读习惯，会达到事半功倍的效果。

（二）开发儿童智力

在儿童中推广阅读，不仅仅是为了培养儿童的阅读兴趣和提高儿童的阅读能力，更进一步的是为了使儿童获得阅读带来的益处，其中较为直接的益处就是能够在儿童早期开发出儿童智力和潜力，提升儿童的整体智力水平。儿童阅读推广服务让儿童接触图书、绘画，帮助儿童了解书中的人物和故事，儿童从听故事，到自己复述故事的过程中，有了自己对事物的看法，形成了独立的思维，从而锻炼儿童独立思考的能力，也提升了语言表达能力。

（三）为实施素质教育提供助力

素质教育是以提高学生的全面素质为目标的教育，注重开发人的智慧潜能，注重学生的德育培养和个性发展。在全社会提倡素质教育的今天，素质教育的概念已经深入家长的内心，那么，怎样实施素质教育成为了学校和家长们所思考的问题。读书，作为一项有益身心健康的活动，越来越受到学校和家长们的重视、儿童的欢迎。书籍在拓宽儿童视野的同时，也在潜移默化地影响儿童，书中的美德故事最能够达到教育儿童的目的。

二、儿童阅读推广服务的意义

读书，不但能获取知识，提高个人修养和国民素质，也能增强国家的综合实力。儿童是民族的希望，是国家的未来，儿童阅读的状况直接影响着国家的生存与发展。重视儿童阅读习惯的培养，有利于全民阅读和终身阅读的推广，是一项具有长远意义的事情。目前，世界各国均重视儿童阅读的培养，尤其是美国、日本、西欧等发达地区，采取形式多样的措施推广儿童阅读，并且从婴儿刚刚出生就开始推广阅读。我国各地图书馆也采取多种儿童阅读推广服务项目，力图让全国儿童都能有书读、读好书。

在提倡素质教育的今天，阅读更是成为儿童生活中不可缺少的一部分，既能提高儿童的学习能力，又能帮助儿童培养兴趣爱好、拓宽视野。

（一）有利于培养终身阅读

儿童阅读推广服务所带来的效果是长远的，不仅在儿童阶段具有重大意义，而且惠及到成年阶段，成为培养终身阅读的措施之一。儿童一旦从小培养起读书的兴趣，就会将兴趣延续到以后，终身都会热爱读书；相反，如果在儿童时期没有养成阅读的良好习惯，成年人这一生都很难再对阅读产生浓厚的兴趣。因此，儿童阅读推广服务将会是儿童受益一生的活动。

（二）有助于推广全民阅读

儿童阅读推广服务面向的群体非常广泛，推广对象包括所有儿童、家长和教育工作者，向儿童推广阅读的同时，也向成年人传达了阅读的理念，影响着成年人的阅读态度和习惯。儿童阅读推广服务的这种广泛性扩大了受益群体，使得全体儿童受益终身。儿童成长后，延续阅读习惯，因此，成年人中大部分都会保留这种读书习惯，人人爱阅读，人人有方法，社会整体的阅读氛围将会进一步有所提升，全民阅读逐渐形成。

第二节　公共图书馆儿童阅读推广的形式与特点

一、公共图书馆儿童阅读推广服务的形式

为了在广大儿童群体中形成“好读书，读好书”的良好阅读氛围，公共图书馆通过开展多种多样的活动形式，吸引儿童到公共图书馆中来，让儿童爱上图书馆，将阅读变成“悦”读。儿童阅读推广服务的形式种类繁多，不过，万变不离其宗，大致可以分为以下几大类：

（一）资源输出式服务

儿童阅读推广服务的重点在于主动性，公共图书馆改变一直以来被动地将图书陈列馆中等待读者借阅的服务模式，主动地将图书资料送到儿童读者手中，推出主动服务的行为模式，激发儿童的阅读兴趣。

德国的公共图书馆为了支持婴幼儿的早期阅读，在儿童刚刚出生时就将“图书礼包”送到医院，包括图书馆的相关介绍和阅读指导等。同时，德国的纽伦堡市立图书馆与学校合作，创建了“旅行箱图书馆”服务，将相关阅读主题的图书资料、CD、视频资料、地图及观察工具等装入旅行箱，并借给学校，配合学校的主题活动，将阅读带到学生身边。[]台湾高雄市图书馆自2005年起开展“送书香到教室”活动，为班级办理集体借阅证，取得良好收益。

流动图书馆也是公共图书馆资源输出的一种重要形式，将公共图书馆的图书资料输送到社区、农村地区、城郊接合部、回迁安置点等资源匮乏地区，让偏远贫困地区的儿童也能享受到城市公共图书馆的文化服务，在阅读中寻找乐趣。合肥市、无锡市和福州市大力开展流动图书馆服务，给儿童带去了图书和知识，同时也在缩短城乡差距上作出了贡献。

（二）故事演绎式服务

故事是深受儿童喜爱的一种阅读体裁，能够将儿童的视线吸引到书中来，使儿童对阅读产生浓厚的兴趣，讲故事能够达到培养阅读兴趣和寓教于乐的目的。公共图书馆组织故事会，带领儿童阅读，引导儿童正确的阅读方向，为同龄儿童提供游戏和交流的空间；组织讲故事大赛，鼓励儿童深入阅读书中故事、理解故事内容，并通过自己的理解，运用自己的语言描述故事情节，锻炼儿童的理解能力和语言表达能力；组织角色扮演、课本剧表演等，让儿童选择故事中自己喜欢的角色，根据故事内容和角色语言，来进行情景再现，帮助儿童体会人物的感情，学会思考。

例如：温州市图书馆的“海龟哥哥讲故事活动”、贵州省图书馆的假期志愿者讲故事活动、广州图书馆举办绘本分享活动“两只小猪引发的故事”、杭州西湖区图书馆推出的“儿童情商智乐园”、台湾坚持20多年的“林老师说故事”以及公益组织“高雄说故事妈妈”志愿者讲故事活动等。德国公立图书馆鼓励儿童将听到的故事画出来，既能激发儿童的阅读兴趣和想象力，还能让馆员及时了解儿童对故事的理解情况。

家长是培养儿童阅读兴趣的重要主体，因此，亲子故事会是儿童阅读推广活动的重要内容。家长通过为儿童讲故事，抛出问题，启发儿童思考和发挥想象力，有助于加深儿童对故事内容的理解。亲子共读促进亲子互动，有助于建立良好的亲子关系。与其他家庭一起阅读、交流、互动，儿童学会聆听、探讨，也能得到更丰富的阅读感受，同时体会到分享阅读的快乐。

（三）第二课堂式服务

公共图书馆具有社会教育的基本职能，具有为读者提供阅读指导和教育的责任和义务。在儿童阅读推广服务中，公共图书馆利用自身的环境优势和人力资源优势，邀请儿童教育学家和儿童阅读推广人，定期为儿童及家长举办讲座和培训，向家长介绍引导儿童阅读的技巧和方法，指导家长如何为儿童挑选适合的少儿读物，关爱儿童成长，提供咨询服务等，帮助家长真正成为儿童的“第一任老师”。

由温州市图书馆开办的“蝴蝶爸妈”阅读推广培训班、广州市图书馆开展的“幼儿早期阅读”系列讲座和台州市图书馆开展的“儿童艺术教育”系列讲座等阅读推广服务，深受儿童及家长的欢迎。

（四）阅读宣传式服务

为了吸引广大儿童读者到公共图书馆来，喜爱阅读，公共图书馆会定期组织儿童读者在图书馆多媒体放映厅免费欣赏优秀动画片、儿童电影，以及主题影像资料，一些根据童话改编的动画片和电影以生动活泼的人物形象吸引广大儿童，从而吸引儿童阅读童话原著、漫画等儿童读物，主题影像资料播放后，馆员组织延伸讨论，介绍主题相关书籍资料等。首图在世界读书日举办“书眼看世界——与高卢英雄一起历险”的主题活动，成都市图书馆通过“书香光影伴我行”活动，吸引小读者，达到宣传公共图书馆儿童阅读活动的目的。

公共图书馆开展儿童阅读推广服务的一种主要形式是儿童阅读书目推荐、制作书目推荐单，将近期出版的优秀儿童读物分门别类，制成宣传手册，推荐给家长。美国的公共图书馆不但参与学校的课程，还参与制订儿童阅读书目活动。集体阅读和评价也是吸引小读者阅读的好办法，如日本的“书评汇”活动。公共图书馆还根据儿童的不同年龄及身心特点，开展分级阅读推广活动。例如，德国布里隆市图书馆乌特•哈赫曼馆长设计的“阅读测量尺”，将儿童成长分为10个阶段，分别用赤橙黄绿青蓝紫及粉红、桃红、橘红表示。家长通过带领孩子来到图书馆测量身高，根据身高对应的颜色，就清楚什么类型的读物适合孩子，知道如何指导儿童阅读，深受广大家长的喜爱。

（五）参与实践式服务

现代的公共图书馆不仅仅是儿童阅读的书屋，更是儿童嬉戏娱乐的天堂。儿童阅览室的功能已经远远超出了它最初的用途，从单一的提供书籍借阅，逐渐发展成儿童阅读交流、制作手工作品、举办各种类型比赛等，满足儿童成长过程中对精神文化的需求。

公共图书馆举办的一些儿童参与实践类的阅读推广活动激发了儿童的兴趣，深受儿童和家长的喜爱。深圳市盐田区沙头角图书馆主导的“小桔灯”计划中的创意坊、读书游园会；海宁图书馆马桥分馆举办的“书，我要找到你”的少儿寻书比赛、“小小纸世界”儿童折纸比赛、才艺展示和“小小图书馆理员”的寒假活动；唐山市丰南图书馆的主题手工活动丰富多彩：“种子贴画”“带翅膀的心”“我要飞”“我的爸爸”橡皮泥手工活动等，都是在传统阅读推广的基础上发展而来，将儿童阅读推广由传统的以“书”为中心，演变到现在的以“儿童”为中心，真正达到服务小读者的目的。

二、公共图书馆儿童阅读推广服务的特点

（一）主动性

公共图书馆儿童阅读推广服务最鲜明的特点是主动性，即公共图书馆根据儿童的需求，通过调查、了解、研究儿童的阅读需求和特点，对儿童读物进行加工整理，将儿童可能需要的阅读文献主动地提供给广大儿童群体。在这个过程中，公共图书馆一改往日的被动陈列读物的方式，化被动为主动，积极地将可能的需求呈现到小读者面前。公共图书馆的儿童阅读推广服务的资源输出式服务就具有极大的主动性。

公共图书馆所提供的这种服务是建立在对大量儿童读物整理和筛选的基础上进行的，帮助家长和儿童区分出适合不同年龄阶段的读物、适合亲子阅读和儿童独立阅读的读物，分门别类地将合适的书籍推广到家长和儿童的手中。这不但提升了公共图书馆的服务质量，而且也提高了服务对象利用图书馆的效率，促进图书馆和读者之间的交流和沟通。

另一方面，公共图书馆这种主动的方式可以使儿童较早接触图书馆，对图书馆有了认识和了解，形成初步印象，在脑海中将阅读、知识和图书馆联系在一起，在接触阅读的过程中，逐渐将阅读融入日常生活当中。

（二）平等性

在图书馆学界，图书馆服务的平等原则已经成为业界共识。阮冈纳赞的《图书馆学五定律》的第二定律：“书为所有人”，强调的就是平等，并且明确地阐述：“第二定律则一视同仁地向每个人提供图书，将严格认真地坚持看书、学习和享受机会平等的原则。不把一切人——穷人和富人、男人和女人、陆地上的人和海员、年轻人和老年人、聋人和哑人、有文化的人和文盲集中起来，不把地球上每个角落的人引进知识的天堂，不保证他们得到知识女神萨拉斯瓦蒂（Sarasvati）的拯救，第二定律就不会停止前进。”

平等原则也体现在儿童阅读推广服务中，图书馆面向所有儿童开展推广服务，无论是婴幼儿还是入学儿童，无论是正常的入学儿童还是特殊学校的弱势儿童，无论是城市儿童还是乡村儿童，都有机会享受到公共图书馆的阅读推广服务。尽管偏远地区的图书馆资金有限，阅读推广服务受到限制，但发达地区的图书馆根据当地实际情况，牵手贫困偏远地区，关怀儿童阅读成长，采取不同形式的阅读推广服务。

（三）互动性

公共图书馆开展儿童阅读推广服务与服务对象的互动性表现在：公共图书馆主动调查了解儿童、家长和教育工作者等服务对象的阅读需求，并提供阅读服务和指导，服务对象也可以主动要求图书馆提供特殊的具体服务，同时，一定时期，服务对象会向图书馆作出反馈，给予图书馆良好的回应。

图书馆的主要工作是提供书籍和文献的借阅，一借一还就是一个互动交流的过程，儿童、家长和教育工作者等服务对象获得了自己需要的图书和知识，公共图书馆掌握了服务对象的借阅习惯，从而有针对性地开展推广工作。

公共图书馆为儿童开展的许多活动互动性也很强的，例如故事会比赛、演讲比赛等，都是公共图书馆提供娱乐场地、组织比赛，而其中的主角是儿童，由他们认真准备、参加比赛。在这过程中，公共图书馆和儿童互相熟悉，既能达到比赛活动的目的，也为图书馆以后的阅读推广服务奠定基础、积累经验。

（四）全面性

图书馆的藏书众多、种类庞杂，涵盖多个门类和学科，能为儿童提供内容丰富、个性、全面的阅读资源，是儿童的阅读资源宝库。然而，大量的图书馆藏书并非都适合儿童阅读，许多深、难、偏的内容不易理解。那么，在众多书籍中如何找到适合不同年龄儿童阅读的优秀图书，成为了儿童和家长迈向图书馆智慧大门的一大障碍。为了解决这一问题，图书馆帮助儿童搜集适合不同年龄的图书，寻找类型丰富、适合儿童独立阅读和亲子阅读的书籍，定期制作优秀书目推荐单，这也是儿童阅读推广的主要任务之一。

儿童阅读推广服务的开展，使儿童能够轻松选择自己感兴趣并且适合自己阅读的书籍。这些推荐书籍针对儿童群体，不但具有知识性、趣味性，而且种类多样，涉及面广，能够打开儿童的视野，开发儿童智力。

（五）趣味性

公共图书馆开展儿童阅读推广服务最主要的也是最直接的目的就是吸引儿童的注意力，激发儿童的好奇心，提高儿童的阅读兴趣。为了迎合儿童的需求，吸引儿童，公共图书馆开展的阅读推广活动对于儿童来说，最大的特点就是趣味性。例如，宣传画册、亲子阅读、角色扮演、手工制作等儿童阅读推广形式，或是互动实践，或是画面鲜艳，都具有趣味性，符合儿童的心理特点，吸引儿童的注意力，从而激发儿童阅读的兴趣。

第三节 公共图书馆儿童阅读推广模式构建

基于本章第一部分对公共图书馆儿童阅读推广活动的现状调查，结合第四章儿童阅读推广活动需求的分析结果，从儿童角度审视阅读推广活动，提出与活动内容、宣传方式和场所需求相适应的公共图书馆儿童阅读推广活动优化对策。

一、多元主体协同

公共图书馆阅读推广工作是系统性的社会化工程，仅依靠图书馆的力量开展阅读推广活动是无法满足儿童日益增加的阅读需求，只有将儿童阅读推广活动放置在社会环境中，整合社会力量和资源，形成以公共图书馆为中心，与学校、社区协同开展儿童阅读推广活动。

（一）学校阅读推广活动

目前，公共图书馆与学校的合作是在图书室的建设、图书借阅服务和流动图书车的进驻这三方面，合作开展儿童阅读推广活动的经验尚浅。学校阅读推广活动应从公共图书馆、教育主管部门和教师的角度探讨。

首先，公共图书馆重视与教育主管部门之间的沟通，以阅读活动有利于学习的研究成果帮助教育主管部门认识到开展学校阅读推广活动的重要性和必要性。教育主管部门整体规划学校课程设置，鼓励各学校将公共图书馆作为第二课堂，将阅读活动课程作为必修课程的一部分。其次，重视与教师的配合。教师在儿童的心中具有权威性，通过教师布置阅读活动任务，可以保证阅读活动的质量，增

加儿童的阅读时间。教师的阅读引导是格外重要的，教师可以根据儿童的阅读状态、学习情况，有针对性的提供阅读指导和阅读书目推荐。三是，公共图书馆提供人力、物力的支持，帮助学校设立读书兴趣小组和图书漂流站。学校和教师鼓励儿童在寒暑假、课间休息参与讲故事、读书会等阅读成果分享活动，提高儿童的阅读能力和阅读素养。图书馆提供儿童集体参观图书馆、参加阅读推广活动的机会，帮助儿童尽早建立图书馆意识、培养阅读习惯。

公共图书馆儿童阅读推广活动与学校教育是相辅相成的，通过阅读推广活动，儿童既能体会到阅读的乐趣，又能提高学习能力。学校阅读推广活动是实现儿童个性化阅读的有效途径。

（二）社区阅读推广活动

与学校阅读推广活动相比，社区开展阅读活动的时间和场所更随意，儿童阅读氛围也更轻松。放学后和周末是开展社区阅读推广活动的最佳选择，可以与学校阅读活动完美衔接。社区作为家庭的集合，社区阅读推广活动解决儿童放学后家长下班前的学习和安全问题，打造一个不走出社区就可以享受阅读的空间。首先是在公共图书馆的帮助下，完善社区阅读点、图书阅览室和图书角的建立工作，保证阅读推广活动的阅读资源。其次是组建社区阅读推广活动服务队伍，以有文化专长的社区居民和有志愿服务意向的学生为主体，由公共图书馆提供阅读活动志愿者的培训工作。再者开展自下而上的社区阅读推广活动，社区阅读推广活动是一个自由的分享空间，儿童可以随时随地反馈阅读喜好，展现阅读需求。活动组织者根据儿童阅读活动需求精心策划

各项主题活动，通过社区宣传栏发布通知，提醒儿童参与社区阅读推广活动。

社区阅读推广活动不仅是促进阅读这么简单，更是社区文化治理的一部分。通过阅读活动将社区居民聚集起来，用阅读拉近邻里关系，增强社区凝聚力。

二、家庭阅读推广

家庭在阅读推广活动中扮演着重要角色，既是阅读推广活动的场所又是阅读推广活动的实施者。根据第十五次全国国民阅读调查报告，在2017年，0至8周岁的儿童家庭中，平时陪伴孩子读书的家庭占71.3%。家庭对儿童阅读愈加重视，父母通过与孩子共享同一本书、推荐图书或与孩子谈论阅读经历来传递阅读价值，建立积极的阅读行为，家庭阅读推广的成效决定儿童的阅读态度。儿童会模仿父母的“正确”行为，如果父母阅读书籍并喜欢阅读，就会为孩子提供一个“良好”的例子，儿童也会爱上书籍，并获得阅读的乐趣。

提升“家庭阅读推广”的影响力主要在于提高家庭的阅读意识、提供阅读资源和指导家庭进行亲子阅读。首先是帮助家庭提高阅读意识。对于阅读，少数家长会有抵触情绪或者并不情愿，说服家长是十分必要的。通过两个角度提升家长

的阅读意识，一是公共图书馆积极宣传，在民政部门、医院等场所，利用多种渠道和媒体资源，以新闻、动画和视频等多种形式向家长介绍阅读的价值。二是公共图书馆馆员走进企事业单位、工厂等工作场所，为家长介绍家庭阅读文化的重要性，劝诫家长在孩子面前减少手机等电子设备的浏览，与孩子多些语言交流，通过亲子互动共同构建良好的读书氛围。其次，由公共图书馆、出版机构提供阅读资源，借鉴国外“阅读礼包”的经验，为家庭赠送与儿童阅读需求相符合的图书。第三，公共图书馆创建适合父母与孩子共读的空间。通过定期开设针对家长的阅读指导类活动，帮助家长获取指导儿童阅读的方式以及陪伴儿童阅读的方法，形成良好的家庭阅读的氛围。借助家长的榜样力量，培养儿童从被动阅读转变为主动阅读，主动阅读并不是从不读书到读书或少读书到多读书的转变，而是从浏览式阅读到思考式阅读的转变。

家庭阅读推广是将家庭文化放在阅读推广活动的主要地位，通过社会、家长与儿童的共同努力构建家庭阅读文化。有家才有国，以家庭阅读推广为基础，形成全民阅读的好风尚。

三、分级阅读细化

如今我国尚未有统一、广泛使用的分级阅读标准，分级阅读标准是开展儿童阅读推广活动的基础和准则。公共图书馆开展分级阅读，可以借鉴国外已被验证的分级阅读体系，根据其涵盖的因素和构建原则，结合本馆服务对象阅读需求，将阅读推广活动与儿童的阅读能力、阅读兴趣和阅读动机相融合，为儿童提供阅读分享平台。

通过第四章儿童阅读活动内容需求集中在科普知识与传统文化这两方面，以儿童阅读活动内容需求为导向，开展细化分级阅读十分必要的。科普知识与传统文化的分级阅读划分应以儿童的生理和心理状态为依据。针对尚未识字的低龄儿童，提供内容简洁明了的绘本阅读，通过馆员的口述介绍科普信息，以观看舞台剧、视频播放的方式帮助儿童了解传统文化，使儿童身临其境感受科普知识与传统文化的魅力；针对有一定阅读基础的儿童，提供专业性稍强的科普读物和历史书籍，通过实践性操作和分享历史故事，加深对阅读内容的理解，培养儿童的缜密思维和民族自豪感；针对积累

了大量科普知识和喜爱传统文化的儿童，鼓励他们成为阅读推广活动的主讲人，注重将儿童所掌握的知识进行应用，分享阅读成果。公共图书馆应该设立经典读物和科普读物的专属书架，为儿童推荐符合其阅读特点的图书目录，以供儿童借阅。通过分级阅读，从关注儿童的阅读量到提高儿童阅读能力的转变，以帮助儿童愉快阅读。

四、特色服务创建

特色服务创建主要是通过多样化的宣传方式提高图书馆的社会地位和知名度、树立图书馆阅读推广品牌形象，可以影响更多的儿童参与到图书馆阅读活动中来。

受传统观念影响，不少人依然认为公共图书馆仅仅是看书、借阅图书的场所。对图书馆的教育功能、社会功能和开展的儿童阅读推广活动知之甚少。公共图书馆应该从两个方面提升自身形象，一是加强儿童阅读推广活动的深度和广度宣传。二是建设儿童阅读推广活动品牌，深化特色服务。公共图书馆儿童阅读推广活动应继续保持以图书馆官方网站、微信公众号、微博和媒体报道等方式进行宣传，重视与社区、电视、电台建立合作关系，通过粘贴活动通知、电视节目、广播实时播报活动信息、在人口密集地区发放宣传资料，努力做到与儿童及家长的阅读推广宣传方式需求相一致，实现宣传方式的广度；公共图书馆通过刊发馆刊的方式，记录各项儿童阅读推广活动的开展情况。并开展 24 小时在线阅读指导服务，采用人工与自动回复相结合的方式，分析并解决家庭阅读过程中出现的问题，对亲子阅读给予恰当的指导，实现深度宣传儿童阅读推广活动。在宣传内容上，不仅有各项阅读活动的具体信息，还应包括如何帮助儿童阅读的指导方法、与阅读活动相适应的图书信息。

公共图书馆需要将品牌意识渗透到儿童阅读推广活动的各个环节，用心设计，做到精益求精。通过细分儿童用户、开展具有针对性的阅读推广活动。以征集阅读活动标语、活动吉祥物和活动主题音乐的方式，增加与儿童家长的交流机会，掌握其对阅读推广活动的需求，并通过发放阅读活动的纪念品以强化阅读推广活动品牌。公共图书馆阅读推广活动的品牌打造应从小做起，慢慢发展，但需要长时间、持续性的开展同一阅读推广活动，只有把一项阅读推广活动长期坚持下去，才能吸引儿童广泛关注，形成特色服务。

五、阅读推广人才培养

公共图书馆儿童阅读推广活动的开展依赖于基础设施的完善、阅读推广人的智慧。公共图书馆必须保证纸质馆藏的数量，图书的选择应与国际图联《儿童图书馆服务发展指南》制定标准相一致，注重高质量、适合于儿童所处的年龄阶段、具有时效性和准确性、能反映各种价值观、城市文化和世界文化同时配备种类多样的数字资源，并且整合合作图书馆的阅读推广网络资源，对本馆的阅读推广数字资源进行补充和拓展。在阅读推广活动面向对象是年龄较小的儿童时，其对文字及图画都不是很敏感，公共图书馆可以通过提供视听资源帮助其构建阅读环境。为缓解家庭藏书量过少，无法满足儿童的阅读需求这一现象，公共图书馆在不侵犯知识产权的前提下，向家长及儿童提供复印、打印图书资源的设备及场所。将公共图书馆官网资源对所有访问者开放，取消权限设置，保证访问者随时随地访问和使用。图书馆不仅要拥有丰富的馆藏还必须懂得如何利用资源服务儿童，这就说明阅读推广人就是尤为重要的。

阅读推广人是公共图书馆儿童阅读推广活动质量和水平的一面镜子，必须加强阅读推广人的建设。范并思曾说，阅读推广人往往带有“自封”性质，缺乏阅读推广的基础知识与专业能力。所以，规范阅读推广人的培养是急需解决的问题。公共图书馆培养儿童阅读推广人有两种路径，通过招聘具有儿童教育学和儿童心理学专业背景的新馆员和培训现有馆员以提升其的阅读推广意识。

通过外部干预的方式提升现有馆员的能力素质。一是走出去，选送更多的馆员参加中国图书馆学会举办的阅读推广人培训班，通过对阅读推广活动流程的系统学习，提高馆员的阅读推广意识。二是引进来，通过邀请国内外学者、图书馆人士以讲座、研讨会的方式传授阅读推广理念、讲解真实阅读活动案例，并将会议内容公布在图书馆的首页或者刊行发表，扩大对馆员的影响范围。同时，馆员自身要具备学习和钻研能力，主动培养多元化的阅读兴趣，形成儿童读物的鉴别能力与欣赏素养。在工作中时刻保持职业素养和职业意识，面对儿童及家长充满激情与活力，要蹲下来与儿童互动、交流，帮助儿童形成良好的阅读习惯。

六、评估机制建设

现阶段，阅读推广活动的效果评估主要以读者满意度调查的形式进行，如邯郸市图书馆阅读推广活动开始前发放意见卡，活动结束后回收并进行意见统计，实时反馈阅读推广活动中困难和问题；秦皇岛市图书馆以微信交流群作为阅读推广活动的评价渠道；长春市图书馆是以儿童的报名情况确定儿童对前期阅读推广活动的满意度，对阅读推广活动后期影响没有做过深入调查研究。

评估工作既是儿童阅读推广活动的总结又是下一阶段阅读推广活动的开端，完善公共图书馆儿童阅读推广活动效果评估机制是当务之急。活动效果评估机制应由国家和公共图书馆共同创建与实施。一是在国家层面，设立专门的阅读推广活动评估小组。每年定期开展全国性的公共图书馆儿童阅读推广活动调研，以儿童阅读推广活动的参与者、志愿者和活动设计的馆员进行追踪调查，形成年度报告，并通过固定网站定时向社会公布，方便社会监督。通过对评估结果的集中公开，使家长及儿童对阅读推广活动更加了解，有助于选择性的参加各类阅读推广活动。二是公共图书馆根据自身实际情况建立活动效果方案，主要集中对三个方面考察和评价。首先考察活动的举办情况，评估活动是否与儿童阅读需求相一致、阅读推广活动内容是否丰富、形式是否多样及各项儿童阅读推广活动的参与情况。其次考察媒体、家长、儿童等社会人士对儿童阅读推广活动的看法和评价，确定哪些阅读推广活动应该继续坚持、不断完善或者取消。最后考察活动是否对儿童的阅读兴趣产生影响，是否吸引了更多的儿童走进公共图书馆。公共图书馆需要走出去，深入儿童及家长中间，广泛听取他们的阅读推广活动需求和意见。

第四节　网络视听环境下公共图书馆的儿童阅读推广

随着我国互联网技术的快速发展和全面普及，读者的阅读方式也发生了巨大的转变，传统的纸质阅读已经无法满足现代读者的阅读需求，因此需要现代公共图书馆适应网络视听环境下的读者阅读需求，积极创新阅读推广和服务形式。网络视听是利用互联网为用户提供上载传播视听节目或向公众提供视音频节目服务，是一种新兴的媒体形式，改变了传统媒体由专门的工作人员提前录制节目再进行传播的方式。社会大众均能参与到相关节目录制中，并借助于网络技术将自身录制的节目传播出去，从而能有效实现自身推广。

一、网络视听环境下公共图书馆阅读服务创新的内容

（一）增强了读者在公共图书馆阅读过程的良性互动

首先，在传统的媒体环境下，公共图书馆主要是依靠电视、广播、报刊等媒体进行单向推广，这种推广形式不仅要花费较高的成本，同时也无法促进图书馆阅读推广人员与读者之间进行有效的互动，从而会影响公共图书馆阅读推广质量。在网络视听环境下，可借助于多样化的网络社交平台进行阅读推广，不仅能减少推广成本，还能与读者进行良好沟通，根据读者需求进行有针对性的传播和推广，从而提升阅读推广服务质量。

网络视听模式的构建，改良了单一的公共图书馆阅读方式，使阅读推广的受众人群能获取多元的阅读体验。在各经济领域建设过程中，网络模式的构建能实现信息的收集和共享，将各种资源模块有效地融合，实现品牌价值的延伸，打造出各领域的集聚效应，实现了有效交流的价值。在以往的公共图书馆阅读过程中，由于空间相对闭塞，无法快速地将读物内容传递给读者。网络视听模式的构建不仅仅给读者带来更多的体验，使人们愿意在图书馆提升自我价值，同时也完善了图书馆建设的布局。人们在图书馆的网络视听服务中，能够认识到网络对融合多元模块的作用，在多领域职业的体验过程中进行深度运用，实现了知识共享和信息交流的多重效益。

（二）强化了读者在公共图书馆读者利用多元化信息体验

公共图书馆采用传统媒体进行阅读推广服务，多是单一地向读者展示图书的文字信息，而在网络视听环境下，除了能给读者展示文字信息外，还能提供音频、视频、动画等多种信息，这样更能给读者提供良好的阅读体验。而且读者能根据自身的需求、喜好等自由选择相关阅读资源。网络视听的出现，不仅有助于推动公共图书馆阅读推广活动的顺利开展，同时还能提高阅读服务质量和满足当前读者的实际阅读需求。

需要注意的是，视听阅读模式虽然给阅读人群带来了多样性的体验，使阅读人群清晰地获取公共图书馆的服务内容。但是更确切地说，网络视听模式更实质的作用在于对读者多元角色的创新。在以往的阅读过程中，读者只是单一地广泛阅读，始终无法参与内容的设计和评估建议，很难提高阅读的积极性。网络视听模式的构建发挥着更大作用，能够打造出开放而包容的信息空间。在这个超大的信息空间内，读者不需再和其他人一起共同吸收图书馆匹配的多样性元素，而是可以根据自己的需求随时调整阅读内容。读者能够围绕着自身的概念选择，挖掘出各种符合自身心理诉求的信息。公共图书馆必须要基于读者的需求，将各种人群所能挖掘的优质信息和内容统筹整合，并且开发出读者后台创建的系统框架，使每一位读者都能从中攫取更多所需的优质资源，在互动分享中获得极大的满足感。与此同时，读者还可以利用照相机和录音笔等有效的视听设备，搜集各种优质的视听内容信息，辅助公共图书馆的主体模块进行构建，不断上传自我生产和创作的宝贵资料，从而加大了公共图书馆阅读内容的推广力度，深化了阅读推广的有效性。

二、网络视听环境下的公共图书馆阅读服务创新及实践策略

（一）积极利用网络视听资源开展公共图书馆阅读推广

在网络视听环境下，视听阅读已成为当前社会大众获取资源的主要途径之一，公共图书馆就必须创新自身阅读推广形式，积极利用网络视听资源开展阅读推广。在实践过程中，公共图书馆阅读推广人员可借助当前较为流行的交流互动平台进行推广，如微信、微博、直播平台等，发布一些与图书相关的信息或在直播过程中面对面向读者介绍相关图书，简便、成本较低，能快速实现推广信息的实时发布，与读者进行直接、准确的信息交流，从而能有效提高阅读推广活动质量和效率。另外，阅读推广人员还需积极探索多样化的推广活动，如开展阅读竞选活动，根据读者阅读质量、数量评选出优质读者，给优质读者提供相应的奖励，这样不仅能有效提高图书馆阅读平台的活跃度，同时还能极大地激发读者的阅读兴趣，达到良好的阅读推广效果，促进更多读者自愿参与到图书阅读队伍中来。

公共图书馆的阅读推广除了要拓展网络视听的推广渠道，更应发挥社会各界的力量，激发出各方对图书馆阅读的认同感，并且不断地分享和孵化，使图书馆在阅读推广活动过程中挖掘到各部分功能的需求人群，促使各领域出现的生产者和创作者等角色全身心投入阅读活动中，从而对公共图书馆阅读服务的示范性给予高度评价，吸引更多人群参与到阅读推广。虽然网络视听资源渠道较多，能够提升网络阅读推广的效果，但是由于网络信息良莠不齐，而图书馆阅读的自主品牌又没有打响，很多受众人群并不愿意长时间关注公共图书馆阅读的信息。因此，公共图书馆管理者应将图书馆的实体空间有机拓展，必须要在线下组织活动，主动通过市场调查和图书日等方式，满足读者的更多需求，提升阅读的品牌效益。公共图书馆的管理者还需要借助政府、企业和相关机构的资源与合力，积极调整阅读推广模式，实现公共图书馆和读者的协同合作。

（二）利用自媒体创建网络视听资源空间进行阅读推广

网络视听和自媒体均是伴随着互联网而产生的新型媒体形式，并且，在求知欲和新鲜感的刺激性，越来越多的阅读爱好者会利用自媒体参与到网络视听中，且不少阅读爱好者都是通过网络自媒体与他人沟通，因此，公共图书馆阅读推广人员也应根据这一社会现象，利用自媒体创建网络视听资源空间进行阅读推广，有效拓宽阅读推广途径以及满足阅读群众的需求。利用自媒体创建网络视听资源空间，图书馆阅读推广人员需充分调研和分析读者的个性化需求，并注意对不同阅读群体的信息需求进行把握，挑选出具有针对性的视听资源，才能有效实现视听互动，还能更好地保障读者利用网络视听资源获取自身想要的信息资源，从而有效提升读者对网络视听资源阅读的参与性。

网络视听模式的构建能打破原有的信息传递壁垒，使自下而上的系统模块逐渐被预制，给读者营造出开放共享的信息空间。无论图书管理者在线上推广，还是线下组织活动推广，都必须让人群获取真实的极致体验，才能真正打响活动品牌。因而，公共图书馆必须要基于不同人群的实际需求，逐步关注不同读者的个性化诉求，为不同读者提供定制的方案并作出一体化的指导。一般来说，读者的需求包括精神和物质两方面。公共图书馆需要格外重视对这两方面结合的内容拓展，使读者在获取多样性精

神体验的同时能在不同职业中充分应用这些内容。因此，需要结合不同人群年龄和职业习惯以及个人喜好等维度，对读者的主体模块进行开发和构建，教会读者使用模块功能，挖掘出符合自身需求的功能性内容。图书馆必须要将纸质资源和电子资源等有效整合，围绕着读者具有一定浓厚兴趣的网络主题，如时事热点和时尚热词等，打造出线上线下的设计方案，增强读者的良性互动。在这个过程中，图书馆在室内空间的设计和线上服务频道的设计方面，需要遵循协调统一的原理，使读者能够深刻地记忆图书馆阅读推广的内容。最后，必须要做好读者评价反馈的工作，及时将读者各方面的评论和建议进行梳理、总结、分析，形成相关可实施调研报告，继续对公共图书馆阅读推广的活动内容进行完善和改进，从而真正意义上提高读者的用户满意度和体验感。

（三）借助特殊节日开展阅读推广服务

网络视听的出现有效解决了图书馆利用特殊节日开展阅读推广服务数量不足的问题，因为在网络视听环境下，在一些特殊的节日中，不少人会在网络上分享自己的生活，且其发布的信息又能长久地保存在网络上和进行网络共享。根据这一点，在这些特殊的节日里，公共图书馆阅读推广人员也可在自媒体上发布一些与阅读推广活动相关的内容、阅读故事等，这样不仅能发挥良好的推广效果，同时还能有效延长阅读推广的时效性，使阅读推广活动维持较长时间的热潮，从而能有效提高活动质量。

（四）不断提升公共图书馆信息服务功能

随着我国人民精神文明的不断提升，现阶段读者对阅读服务要求也越来越高，不再局限于相关知识的被动阅读，还期望与图书馆阅读推广人员、作者之间建立有效的互动，为了达到这一要求，就需要图书馆不断提升信息服务功能，将现代信息技术融入到阅读推广和服务活动中，全面升级和完善阅读互动体系，增强阅读推广服务中阅读功能的灵活性、丰富性，从而有效满足读者多样化和更高层次的阅读需求。图书馆阅读推广人员需要利用信息技术、大数据技术等，对不同类型读者的需求进行全方位了解，并对其进行精准分类，然后，根据其需求全面采集相关阅读信息并对采集的阅读信息进行整理、分析、研究、加工等，最后，精准地将其推送给读者，这样不仅能有效促进公共图书馆阅读推广活动与读者阅读取向相适应，还能全面提升公共图书馆服务质量和效率。

（五）将公共图书馆阅读推广活动与社会公益相结合

公共图书馆的主要职责是为社会大众提供图书文献和情报信息，从而推动社会文化发展。公共图书馆管理人员需要将公共图书馆推广活动与社会公益相结合，如举办一些大型公益性的阅读推广活动，向社会大众推荐更多优质的书籍，这样不仅能为公共图书馆阅读推广活动提供有利条件，还能帮助图书馆积累一批厚实的群众基础，从而推动公共图书馆的可持续发展。

在全民阅读的背景下，应鼓励文化工作者及大学生等志愿者参与阅读推广，为公共图书馆网络时代的视听互动阅读推广贡献力量，并鼓励文化机构、教育机构及相应的公益性服务组织为公共图书馆阅读推广建言献策。例如，上海市吴中区公共图书馆在创设网络电台时，就邀请当地的作家、教师等参与网络电台的公益服务，以实名注册的方式带动线上与线下的互动。单纯依靠公共图书馆进行视听阅读互动显然是不够的，公共图书馆应关注读者需求，招募志愿者，让更多的人认识到网络视听阅读互动在阅读推广中的价值。志愿者在服务读者时也应换位思考，体验服务读者的成就感和满足感，提升社会的公益水平。

（六）保障推广过程的信息合法公开权益

信息时代，信息的合法与保护问题也较为敏

感，特别是知识产权的保护、个人隐私的关注等。公共图书馆基于网络视听阅读互动开展阅读推广活动，应坚持信息公开、合法的原则，针对每个视频资源、音频资源都与作者签署著作权可使用协议，并且确保获得作品的广播权及信息网络传播权。与作者签署协议，不仅可以确保公共图书馆信息利用的合法性，也可以保护作者的知识产权及个人隐私，调动其阅读传播的积极性，因此，信息的合法性是视听阅读互动模式下阅读推广实施的重要保障。信息时代，面对繁杂的信息资源，公共图书馆在开展网络视听阅读互动时特别需要加强对信息的审核，特别是对于那些匿名开放的网络互动平台必须制定完善的信息审核制度。公共图书馆工作人员应树立信息安全和精选意识，加强对信息的审核，经审核无误后再以视听阅读互动的形式发布，避免虚假信息的宣传。

第八章　公共图书馆儿童阅读推广活动之儿童读物的选择

第一节　儿童读物出版概况

“问渠那得清如许，为有源头活水来。”儿童读物出版就是儿童阅读推广的源头。没有图书，何来阅读？没有图书，用什么来推广阅读？没有好书，没有真正能引起儿童阅读兴趣的优秀图书，又怎么能实现阅读推广的目的呢？儿童读物出版指的就是儿童读物的生产、复制和传播。儿童阅读推广活动在进入21世纪以来蓬勃发展，这与中国的儿童读物出版的繁荣密不可分。

一、少儿出版的“黄金十年”

从2002年开始，中国的少儿出版连续十年保持两位数以上的增长，被业界称为“黄金十年”。2010年，少儿出版的市场规模达到49.95亿元，相较于2006年增长了近一倍。①自2012年开始，少儿图书出版增速放缓。开卷的市场报告显示，2012年其增速从两位数降至4.71%，2013年实现6.65%的年度增长率。虽然跌至两位数以下，但面对整个图书市场的增长困境，少儿图书却依然呈现出逆势上扬的蓬勃态势。2014年1月24日《中华读书报》发表中国少年儿童新闻出版总社社长李学谦的文章，题为《少儿出版迎下一黄金十年》，其信心满满，最终也是得到了充分的验证。经过两年的调整，2014年少儿类图书的年度增长率再一次回归两位数，达到10.24%。少儿出版进入新中国成立以来发展最快、整体规模最大的时期，已成为我国出版业成长性最好、活力最强的一个板块。每年出版的少儿图书品种已从10年前的1万多种增长到2013年的4万多种，约占全国年出书品种的10%。从品种规模上看，中国已成为当之无愧的少儿出版大国。

儿童读物市场规模连续十多年快速扩张，给专业少儿社带来良好回报的同时，也吸引了越来越多的非专业少儿出版社的加入。全国580多家出版社中，出版少儿图书的出版社已经达到了530多家，其中只有30多家是专业少儿出版社。1977年，专业少儿社出版的图书占全国少儿图书市场份额的74.6%，2007年则降到30.3%。中国出版界形成了专业少儿社的中国专业少儿出版联盟和非少儿类出版单位的中国童书联盟两个少儿出版平台°与此同时，民营童书业也渐渐浮出水面，展示着巨大的发展潜力和发展前景。海飞先生在2011年预言的“童书出版的‘三国’演义时代即将到来”，如今已成为现实。

根据开卷公司《2014年中国图书零售市场报告》，少儿类图书在实体书店渠道销售码洋占比17.7%，位居第三，仅次于教辅教材和社科类图书。在网络渠道，少儿类图书销售码洋占比22%，位居第二，仅次于社科类图书。可见，少儿类图书不仅是品种规模在增长，也是图书销售市场的主力军。

二、少儿出版的畅销书时代

也正是在少儿出版的“黄金十年”里，少儿类图书市场进入了畅销书时代。少儿科普类图书是20世纪末少儿类畅销书中最主要的部分，浙江教育出版社的《中国少年儿童百科全书》与少年儿童出版社的《十万个为什么》是那一阶段少儿类畅销书的代表。除科普图书以外，少儿艺术和低幼启蒙也是那段时期少儿类畅销书的主力，其中包括一些教孩子学习美术的图书和幼儿智力开发的图书。此外，少儿古典类中的“唐诗”类图书也占据排行榜的前列。学习知识、开发智力是当时少儿类图书的主要作用，而作为休闲阅读的卡通漫画、童话、少儿文学等，并不是少年儿童们最主要的阅读内容，此时能够畅销的优秀儿童文学作品也仅有《皮皮鲁传》《鲁西西传》《男生贾里全传》《女生贾梅全传》等少数几种。

进入21世纪的前两年，少儿类畅销书中还是以少儿科普、唐诗、美术等图书占多数，但是领衔的已经是“哈利•波特”了。到了2002年，少儿类畅销书的格局又发生了变化，从国外引进的“鸡皮疙瘩”系列、“冒险小虎队”系列等图书纷纷进入了畅销书的行列。“哈利•波特”的出现，不仅让孩子们重新爱上了阅读，也让出版者们看到了畅销书的力量。

但是本土童书作家的成长速度却赶不上快速提高的阅读需求。因此在这种情况下，引进版童书便在少儿类图书市场中展现出了强大的实力，在畅销书中占据了主导地位。北京开卷信息技术有限公司。以其图书零售市场观测系统为基础发布的畅销书排行榜，是目前国内比较权威的图书销量排行榜：2002年，在开卷少儿类畅销书榜TOP10中，除《中国少年儿童百科全书》以外，均是引进版图书；在TOP30中，引进版品种更是占了23种，而此前TOP30中的引进版品种均不超过10种。与此同时，本土作家童书也在不断成长，有更多的本土少儿文学作品开始变得畅销，尤其是贴近孩子们生活的校园文学作品深受孩子们的喜爱。这当中的代表作包括秦文君的《男生贾里全传》《女生贾梅全传》，以及杨红樱的作品《五•三班的坏小子》《女生日记》《男生日记》等。到了2004年，我国本土畅销童书作家变得成熟，少儿类畅销书榜的格局也发生了变化。虽然“哈利•波特”和“冒险小虎队”等引进版少儿图书继续保持热销，但本土的少儿类畅销书已经迎头赶上了。这一年，最有代表性的本土少儿图书就是“淘气包马小跳”系列和“哪吒传奇”系列。“墨多多秘境冒险”系列2011年陆续出版，从2012年开始已经连续3年全面垄断了少儿类图书的畅销榜，是目前少儿类图书市场中最畅销的系列。开卷少儿类畅销书榜TOP30中，2012年该系列占13个，2013年该系列占20个，2014年该系列占22个，2015年4月该系列占20个。据开卷监测，2015年2月出版的《查理九世（24）：末日浮空城》，在短短不到半年时间，已经累计销售263232册。该系列的畅销直接导致原创少儿文学读物的市场占有率远远超过引进版同类产品的市场占有率。

国家新闻出版广电总局副局长吴尚之2014年12月15日在全国少儿出版工作会议上的情况通报称，曹文轩的《草房子》销售超过1000万册，郑渊洁的“皮皮鲁总动员”系列总销量超过3000万册，杨红樱的“笑猫日记”系列总销量超过3000万册，均进入世界100种畅销书之列。

恰巧也是在2002年，绘本作为亲子阅读的主打图书品类，开始被儿童阅读推广人和阅读推广机构所推荐。其实早在1997年，湖南少儿出版社就出版了日本松居直的《我的图画书论》，这是国内较早专论绘本的著作。但由于当时的市场环境，并未引起人们的重视。直到2002年，三联书店从台湾城邦文化引进出版了一大批“几米作品”——《月亮忘记了》《地下铁》《听几米唱歌》《森林里的秘密》《向左走•向右走》等，有十余种。它们的畅销让“绘本”一词传遍了大陆。虽然几米创作的绘本并不是儿童视角，而且他的后期作品显然主要是为都市白领创作的，但人们发现这并不妨碍孩子们喜欢。可能正是因为成人接受了这种艺术形式，才有可能将其生产并推荐给孩子。并慢慢发现国外有很多真正为孩子创作的绘本，而且在欧美已经有了上百年的历史。2006年彭懿的《图画书：阅读与经典》上篇介绍如何阅读图画书，下篇介绍一些经典的图画书及其出版信息。这本书可以说是承上启下，既建立在已有大量优秀国外绘本被国内引进出版的基础之上，又进一步培养了一大批热爱绘本的编辑、教师、家长，推动了绘本出版与绘本阅读、赏析的热潮。2007年国内绘本出版的高潮开始出现，大量国外绘本被引进，儿童读蔽其选择，本创作的本土尝试也开始了。绘本渐渐成为学龄前儿童读物中一个非常重要的门类，尤其成为亲子阅读的首选读物。开卷少儿图书的细分类别当中，在销品种数位居第二的就是卡通/漫画/绘本类，共23899种，其中绘本的畅销是促使该门类规模激增的重要因素。当当网之类网上书店的童书频道，图画书也都是非常重要的门类。

三、少儿出版中的一些问题

儿童读物出版的快速增长也是一把双刃剑，少儿出版在实现跨越式发展的同时，也显现出了难以避免的负面效应。

（一）内容同质化现象严重

2013年全国581家出版社中，有515家向政府主管部门报送了少儿图书选题，市场参与度高达88.64%。2013年，全国共出版少年儿童读物32400种（初版新书19968种）儿童读物的来源是作者的创作，试想，全国有多少作者能支撑每年近2万种图书的创作？因此，一些出版社就会将某一作者的图书进行各种方式的改造，一种变成了多种，比如改变开本大小，加上拼音，配上插图等还有的畅销书作家，在多家出版社出版其图书，以各种方式选编其作品，各种版本不下数十种。根据开卷公司的数据查询分析系统检索，以书名“唐诗三百首”检索，得出检索结果1213条。对于童书来说，一些经典著作或知名作家的某一作品有成百上千种选择并不少见，这何尝不是一种资源浪费？也给读者的选择增加了负担。

（二）缺乏对儿童的了解和尊重

由于儿童读物有着双重属性——儿童阅读，家长购买，因此，出版社从销售角度考虑，会迎合家长“望子成龙”的心理与期待，在图书内容的策划与生产阶段忽视儿童的年龄特征，违背儿童的认知与成长规律，提供给孩子的儿童

读物存在很多超前的内容，比如幼儿园孩子读的书中就出现了拼音、数学计算以及作文等内容。另一方面也是因为，某些童书作者以及出版社的童书编辑，缺乏儿童发展心理学的理论知识，也没有长期与儿童生活、接触的经验，导致很多给儿童看的图书，实际上是成人思维，让孩子“说大人话”“做大人事”。

（三）娱乐化、低俗化倾向过重

国外引进版童书在国内畅销，是对传统的太过于重视教育功能的中国童书市场的一大冲击，然而，有时却“矫枉过正”，走向了另一个极端，那就是迎合孩子的娱乐需求，什么搞笑、刺激就做什么，完全没有底线。对此，著名儿童文学作家金波强调说：“孩子很好奇但是又缺少辨别的能力，当他们一旦沉溺在凶杀、恐怖、色情的内容当中，就会在宝贵的童年时代，失去纯真的品质，失去纯正的审美趣味，失去陶冶情操的大好年华。我们对待小树苗要格外的认真负责，不能把他们单纯作为赚钱的工具，他们不是‘摇钱树’”。2010 年和 2013 年国家有关部门组织开展了净化少儿出版物市场的行动，个别出版社因出版的图书质量低下、内容低俗，甚至含有色情、自杀等内容而受到行政处罚。

（四）图书低质化

某些出版社质量管理不严，导致很多儿童读物存在的差错比较多，属于不合格图书产品。这些不合格少儿图书，存在的主要差错包括：一般性字词差错，不符合相关标准的文字差错，知识性、逻辑性及语法性差错等。一般性字词差错最为常见，包括别字、错字、漏字、多字等例如将“侵入”错成“侵人”，将“瞭（liao）望”错成“了（lino）望”。知识性差错方面，存在图片与文字不对应、历史知识错误、地理知识错误等在语法方面，存在缺少句子成分、语法逻辑混乱、词性及字义误用等问题

第二节　儿童读物的主要类型

一、从读者年龄段来分

粗略来分，可以将儿童读物分为 0～6 岁的亲子读物和 7～18 岁的少儿读物。6 岁以前的孩子大多数还不认识字，无法做到自主阅读，需要成人读或讲，孩子听和看。分得更细一点的话，通常还能再分成 0～3 岁的低幼读物和 3～6 岁的幼儿读物。这样区分与我国的教育体制有关，一般 3～6 岁正是读幼儿园的阶段，3 岁以前主要是在家庭中养育。7～18 岁的少儿读物也可以细分为 7～12 岁的小学生读物和 12～18 岁的中学生（包括初中和高中）读物。

一般网上书店的年龄划分是这样的：0～2 岁、3～6 岁、7～10 岁、11～14 岁。

二、从儿童读物的内容来分

（一）低幼启蒙类图书

“启蒙”就是指初级认知能力的开启，这类图书针对的读者年龄是 0～2 岁和 3～6 岁，基本是为了满足这一阶段孩子成长的需要。从形式上看，这类图书包括启蒙图书和卡片、挂图，以及一部分玩具书（如洗澡书、音乐书等）。这一阶段孩子主要的任务就是认识自我，熟悉周围的环境，获得最基本的知识。这类图书主要有以下四类。

一类是促进与激发婴幼儿的视觉、听觉、触觉等感官的，目前比较常见的是视觉激发卡。这些视觉激发卡分为黑白卡和彩色卡。这类图书宣称可以促进宝宝视觉发展，甚至可以促进全脑潜能开发。还有一些书包含各种材质，让孩子通过触摸来感知不同材料。另外，洞洞书、翻翻书等既可以增强孩子的兴趣，又能锻炼孩子的动手能力：

一类是帮助婴幼儿认识事物的，以纸板书、图画书、挂图、卡片为主要形式。内容一般是孩子在日常生活中看得见、摸得着的，如蔬菜、水果、日常用品、交通工具、植物、动物等。还包括一些认识身体部位的图书，认识颜色和形状的图书。

一类是生活能力训练的图书，包括如厕训练、吃饭、穿衣服等，以及养成好习惯、安全教育、礼仪教育等。

一类是功能性、目的性较强的知识型图书，如入园准备、幼小衔接等，包含认字、数学、拼音、描红等内容。

（二）图画书

图画书也称为绘本①，根据装帧形式分为精装图画书②和平装图画书：图画书是一种新兴而独特的儿童文学类型，它不同于我们平时所称的“图画读物”“图画故事”“连环画”“小人书”，同一般带插图的书也不相同。日本图画书研究者松居直也曾用下列公式来说明带插图的书与图画书的区别：

文+画=带插图的书

文 x 画=图画书

这个公式说明图画书的文字和图画的关系更加紧密，两者是在不同的层面上交织、互动来诉说故事，而且在很大程度上，图画的重要性更甚于文字。在图画书中，图画是主体，具有讲述故事的功能，承担着叙事抒情、表情达意的任务。图画书的文字都不是很多，文字只是补充图画未能表达的部分内容，只要图画能表达的部分，则不需要文字重复表达。因此，无论拿走文字或图，这本书都不再完整。当然，有个例外就是“无字书”，它没有任何文字，但却能表达一个完整的故事。

而一般故事书中的插图，只是使故事更形象、直观的辅助手段。这种书的文字自成一体，单独讲述一个故事，插图只是将部分文字表达的内容重复用图画的方式再形象地表达出来，增强文字的直观性和趣味性；把插图拿走，丝毫不影响这本书的完整性。

1658年捷克教育家扬-阿姆司•夸美纽斯（JanAmosKomensky）出版的《世界图绘》，被公认为是欧洲最早的带插图的儿童书。图画书的诞生则要归功于19世纪彩色印刷技术的发明及英国画家、出版家爱德蒙•埃文斯（EdmundEvans）的开拓。他不仅致力于将彩色印刷提升到艺术水准，还造就了3位图画书的先驱者这3个人分别是：沃尔特•克雷恩，伦道夫•凯迪克，凯特•格林纳威。此后英国作家比阿特丽克斯•波特在1902年创作了经典的《彼得兔的故事》，此书被称为现代绘本的开山之作。20世纪30年代图画书的主流转向了美国，自此，图画书迎来了黄金时代。五六十年代，图画书开始在韩国、日本兴起。70年代，台湾地区也开始了图画书引进出版和阅读、创作的热潮。进入21世纪，中国大陆才大量引进国外图画书；近几年开始，国内原创图画书也慢慢摸索和发展，出现了一些还不错的作品，比如保冬妮的一系列非常有中国文化特色的图画书，《九色鹿》《水牛儿》《牡丹小仙人》等。还有浙江少儿出版社推出的一套“中国儿童原创绘本精品系列”，江苏少儿出版社出版的“中华原创绘本大系”等。当然，这些原创绘本中不乏特别优秀的作品，但与国际绘本大奖获奖作品还是有不小的差距。

相对于其他儿童读物，图画书页数较少，通常大约32∽40页，定价却不菲。平装图画书定价大约在 10～15 元之间，精装图画书定价则在 30 元左右。按照家长的传统观念，会觉得性价比太低。但是随着大家对图画书认识的深入，大批的阅读推广人在推广图画书，使得家长慢慢接受了图画书这种形式，认识到文字多少不是衡量图书好坏、价值大小的标准。图画书主题丰富、类型多样，涵盖认知、亲情、生活能力与习惯、品格培养、生命教育、艺术、科普、励志等很多方面。除了讲故事外，图画书还大量融入了心理、教育、社会、文化等诸多学科的知识，对幼儿的想象能力、审美能力、认知能力等都有启发。

（三）儿童文学图书

我国每年出版的少儿图书有 4 万多种，各类少儿文学读物占少儿图书总量的 40%左右。开卷少儿图书的细分类别当中，在销品种数最大的是少儿文学，共 41121 种。少儿文学读物已成为少儿出版的重点和亮点。儿童文学图书大体可分为儿歌（童谣）、儿童诗歌、儿童故事、童话、儿童散文、儿童小说、儿童戏剧等。但是，目前儿童文学图书出版有一种什么类别好卖跟风做什么类图书的情况，导致儿童诗歌、儿童戏剧、儿童散文品种过少，大量图书集中在儿童小说和童话这两个类别。

对学龄前和小学低年级的孩子来说，由于不认识字或者认字较少，且注意力能集中的时间比较短，他们所能阅读的图书应该篇幅较短。儿歌（童谣）语言简单、韵律感强，适合家长带着学龄前孩子一起亲子阅读。儿童诗歌篇幅也比较短，但是有些内容可能偏重想象和意境，需要具备一定的阅历和理解能力，因此家长要根据孩子的认知能力来选择合适的图书。

儿童故事包括成语故事、寓言故事、民间故事、神话传说、动物故事、睡前故事，或当代人创作的贴近当前儿童生活的故事等。

童话是文学体裁中的一种，主要面向儿童，是具有浓厚幻想色彩的虚构故事作品，通过丰富的想象、幻想、夸张、象征的手段来塑造形象，反映生活。其语言通俗生动，故事情节引人入胜。最有代表性的就是安徒生童话、格林童话、王尔德童话等。

儿童散文出现较晚，经冰心、郭风等前辈不懈的耕耘、提倡、示范，才成为儿童文学中一个单独的门类。该门类的作者有年长的樊发稼、张锦贻、赵郁秀、张寄寒，有中青年散文作家徐鲁、张洁、汤素兰、萧萍、陆梅、韩开春、毛芦芦、刘第红，以及年轻的孙卫卫、李姗姗、向迅等。其中，幼儿散文是指适宜于 3～8 岁幼儿听、读的短小、活泼的散文。早上开放、晚上睡觉的花朵，竹叶上的珍珠，小溪流里的鱼虾，天空的白云，海上的浪花，小猫的淘气，小鸟的歌唱……都会出现在作家笔下，成为一篇漂亮的幼儿散文。

儿童小说根据题材的不同可以分为校园小说、冒险小说、动物小说、侦探小说、科幻小说、魔幻小说等。儿童小说是在所有儿童读物的销售当中占比最大的一个板块，儿童图书的畅销品种绝大部分集中在儿童小说类。

儿童戏剧文学是指专门为儿童戏剧演出创作的文本，不仅可当作演出的脚本，也是可供儿童阅读的文学作品。当前有一些关于“儿童戏剧”的研究著作，如《儿童戏剧与学前教育》，湖南少年儿童出版社出版的《世界经典戏剧故事精粹》和江苏少年儿童出版社出版的《中国戏剧故事》，可作为普及戏剧知识的读物，但仍然不是专为儿童创作的儿童戏剧文学作品。其实，历史上我们有一批作家曾专为儿童创作过适合他们的戏剧文学作品，如柯岩于1962年创作的童话诗《小熊拔牙》就很适合孩子，多家出版社以时下流行的配上插画的方式来出版，中国少年儿童出版社将其作为中国原创图画书来出版。中国流行音乐奠基人黎锦晖曾创作过儿童歌舞剧《麻雀与小孩》《葡萄仙子》《月明之夜》《小羊救母》等12部作品。可惜，这一类图书当前出版的还是太少了。

（四）智力游戏类图书

这类图书设计的游戏需要儿童建立基本的观察力和思考能力之后才能完成。这类书是传统教辅类图书改头换面的新形式产品，是将一些问题用图形、图像的方式设计得更加容易被孩子理解，目的是考察孩子的观察力和思维能力。虽然形式多样，但总的目的都是用游戏的方式促进儿童智力发展。主要产品类型有：视觉大发现（ISPY、找不同、图画捉迷藏等）、迷宫书、贴纸书、左右脑开发书、创意手工书（含折纸、剪纸、拼插纸模、彩泥等）、思维游戏书、数学学习方面的图书等。

（五）传统文化类图书

这类图书主要是将中华传统文化中相对容易被孩子接受的内容挑选出来，用适合孩子接受能力的现代语言重新予以解读，并配上插图，供孩子们学习。如《诗经》《论语》《三字经》《千字文》《弟子规》《百家姓》《唐诗三百首》《声律启蒙》《笠翁对韵》等。还有些图书是从中华传统文化经典著作中选取一些有意思的故事进行改编，如《论语故事》《三字经故事》《孙子兵法故事》《红楼梦故事》《三国演义故事》等。

（六）科普类图书

最初级的科普书与早期的婴幼儿认知图书有类似之处，但是区别在于认知图书以名称学习为主，科普图书则加入了更多的知识性内容。科普书当中也有认识身体方面的图书，但是会提到不同器官是如何工作的，各自有什么样的功能。科普类图书大致有以下知识类型：人体、动物、植物、自然现象、地理、物理和化学、历史等科普图书除纯知识性加精美图片这种类型之外，还有一类是科普文学，即用文学化的语言和表达方式来讲述科普知识，如《昆虫记》《万物简史》《西顿动物故事》《上下五千年》《森林报》等。

百科全书也是科普类图书中非常重要的一种，如《中国少年儿童百科全书》《大英儿童百科全书》《DK儿童百科全书》《不列颠少儿百科全书》《牛津少年百科全书》。还有一些细节分类的百科全书，如《世界动物百科全书》《DK儿童太空百科全书》《DK儿童地理百科全书》《DK儿童动物百科全书XDK儿童人体百科全书》等一儿童艺术类图书主要集中在音乐、美术这两个大方向，还包括书法、舞蹈、戏剧等。这个类别的图书有两大类，一类是侧重艺术素养培养方面的，一类是侧重技术、技巧和应试型的。

从音乐角度来说，有《我的第一本古典音乐启蒙书》《儿童音乐之旅：世界上最美的儿童歌曲绘本》《小小音乐家》《从小爱音乐》《世界音乐大师系列套装》《美国经典音乐启蒙书》等一系列针对3〜6岁孩子的音乐启蒙类图书，既有光盘可以欣赏音乐，又通过音乐绘本的方式讲述乐曲背后的故事，帮助孩子理解乐曲背后的情感，还有《趣味音乐启蒙教程》《动手动脑学音乐——节奏入门》《动手动脑学音乐符练习X巴斯帝安幼儿钢琴教程X快乐音乐——轻松学古筝X少儿古筝演奏快速入门教程》

等音乐基础知识和各种乐器教学方面的图书儿童美术类包含素养类和启蒙类图书，如《儿童创意美术》《和宝贝一起玩美术》《365个艺术创意》等，还有一些简笔画、涂色、手指画、素描、铅笔画、水粉画、油画、国画、卡通漫画等。

儿童读物中的书法图书以硬笔楷书字帖为主，以庞中华和田英章为代表，这类字帖一般结合儿童的常规教育教学目标，选取一些常用字、古诗词、名言警句、名家散文等为练习内容

（八）卡通动漫图书

这类图书是将图书与影视动画对接，期望借由影视动画的广泛传播效应带来图书的畅销比如根据动画片《喜羊羊与灰太狼》《熊出没》，以及更多的迪士尼经典动画片改编出来的各种类型的儿童读物：最新的还有根据电脑或手机游戏形象进行开发的儿童读物产品，如《植物大战僵尸》等。这类图书还包括《海贼王》《七龙珠》《名侦探柯南》《圣斗士星矢》等初中生最喜欢的漫画书。

（九）少儿英语图书

英语是国际通用的一种语言，也是我国教育体制内要考核孩子的一门功课，对孩子的学习、就业有很大影响在全球化、国际化的大趋势下，让孩子从小打好外语基础，培养良好的语感，练就纯正的语音，保持浓厚的兴趣，建立高度的自信，积攒发展的后劲，几乎成为所有父母的共同心愿。家长的需求也催生了很多少儿英语培训机构，这种英语学习越来越呈现出低龄化的特征。2011年安妮鲜花出版《不能错过的英语启蒙——中国孩子的英语路线图》，她提出的“磨耳朵”以及国外普遍采用的自然拼读法被很多家长所接受：同期，还有台湾汪培珵《培养孩子的英文耳朵》出版，提倡给孩子读英文原版图画书。在这种思潮下，针对6岁以前儿童的大量的英文儿歌、童谣书和自然拼读的图书开始涌现。双语读物也是少儿英语类的一个重要品类。一般来说，家长比较认可国外大型出版社出版的英语学习类读物，比较知名的品牌有培生系列、朗文机灵狗故事乐园、芝麻街幼儿英语、兰登双语经典、贝贝熊双语阅读系列、哈考特儿童英语分级读物。国内比较知名的有北京师范大学“认知神经科学与学习”国家重点实验室攀登英语项目组研发的《攀登英语》等。其中，外研社是出版儿童英语类图书比较权威，规模也较大的出版社。

三、从儿童读物的出版方式来分

在出版界，经常把图书分为本版书、自费图书和合作图书三类。

本版书是出版社自主策划、组稿的图书，出版社与作者签订出版合同，约定作者的著作权转让给出版社，期限一般为3年、5年或10年不等。相应地，出版社以稿酬的方式支付作者著作权转让费。出版社还要自行承担排版、设计、印装等过程中的一切费用。对印刷出来的图书，出版社承担全部的销售任务，销售收入全部归出版社：对出版社来说，本版书前期成本高，但一旦图书畅销，多次重印，出版社的利润也是非常高的。本版书又分为国内原创图书和国外引进图书两种。国内原创图书是指图书的著作权人为中国大陆公民；国外引进图书是指图书在国外已经出版，国内出版社与外国出版社或其委托的版权代理公司签订协议，获得图书在中国大陆（或含港澳台地区）的出版、翻译和销售权。引进国外成熟的少儿图书，对出版社而言，操作更为便利，更容易取得成功，取得可观的经济效益：虽然多了一项翻译费用，但在设计方面，

可以沿用国外原有的设计而且，这些图书的定价相对国内图书要高不少。据2006年的媒体报道称，人民文学出版社出版的少儿类图书中，90%是直接引进国外图书版本，10%是国内原创图书。而且引进版图书的销量都较好，最少的也可以卖一两万册，销量最高的，如《哈利•波特》系列书籍，可以达到150万册以上。2014年前5个月，尽管引进版儿童图画书品种只占总品种的53.35%，但码洋却占到了总码洋的68.06%。品种占据半壁江山的国产原创儿童图画书只占总码洋的1/30自费图书是指作者(个人或单位)向出版社提供原始稿件和运作资金（含排版、设计、纸张、印装等所需经费），印刷出来的图书全部返还给作者，由作者送人或自行销售。这种情况一般是作者急需出版图书为晋级或评职称用。这类图书的内容比较专、范围比较窄，市场销量不会很好，出版社并不看好其市场前景，但如果作者带来的资金能够支付其中花费的成本，并略有盈余，出版社也会认可这种自费出版的形式。

合作出版是指由文化公司或书商策划选题，并将已经排版设计好的稿件提交给出版社，出版社在内部走一个审稿的程序，并分配书号和封底的条码。由文化公司或书商支付印刷费用，印刷出来的图书由书商自主发行或与出版社联合发行；其中的主体是书商，图书的总发行权在书商手中。书商与出版社的合作主要目的是拿到书号，获得图书的合法身份。为此，书商要向出版社支付一定的费用。对出版社来说，虽然不需要支付前期的成本，但是因为没有主发行权，除了获得一笔合作经费之外，很难获得图书销售带来的利润。

对儿童读物来说，自费出书的形式极少，绝大多数是本版或合作两种方式。几乎所有的出版社都多多少少接纳各种形式的合作出版。低幼认知类图书，尤其是挂图、卡片，或者涂色书、简笔画等，基本上都是合作出版图书，"大苹果""小小孩""小红花"是其中的代表。益智游戏类很大部分也是合作出版图书。

还有半数以上的图画书也是合作出版图书，像新经典文化的"爱心树"品牌就是与南海出版公司和新星出版社合作，以这两个出版社的名义来出版图画书；蒲公英童书馆是与贵州人民出版社合作，等。规模比较大的民营出版机构一般比较重视品牌宣传，常常会在图书的封面、封底或版权页上标明本公司的名称和LOGO，有些会在丛书名中有所体现，如"启发精选美国凯迪克大奖绘本系列"（北京启发世纪图书有限责任公司）、"信谊世界精选图画书（台湾信谊基金会）"。一些品牌知名度较高的民营出版机构，其无论是选题还是内容品质并不逊于出版社；而除此之外的大部分民营文化公司跟风炒作，什么书卖得好，马上拿出类似的选题，组织写手东拼西凑、剪刀加槌糊，就交给出版社出版。某些出版社把关不严，就让品质低劣的图书流向了市场。

第三节　公共图书馆儿童阅读推广的图书选择

选择儿童读物，一定要"量体裁衣"，还要适量、适度。再好看的衣服，如果尺寸不合适，穿出来一定不漂亮。再好吃的食物，也不能只吃这一种。在儿童阅读推广工作中，我们首先要做到了解孩子。要知道不同年龄的孩子，其运动能力、认知能力和思维能力差异较大。同一年龄段的孩子，男孩与女孩的特点不同，各自的性格与好恶也有差别。不同地区的孩子还存在一些地域文化的不同。对于父母来说，通过日常生活的观察，比较容易了解自己的孩子在某一阶段对什么感兴趣，因此可以根据孩子的兴趣点来选择相应的图书。作为儿童阅读推广人，如果我们自己有孩子，可以在自身经历的基础上获得一些经验性的积累，当作我们工作的一个基础。平时，也可以在工作中多观察，比如哪些孩子经常性地借阅什么类型的儿童读物，哪些儿童读物被借阅的频率比较高。也可以与孩子们多交流，问问他们为什么喜欢这些书，等。另外，更为重要的是，我们要多学习一些儿童发展心理学的理论，掌握儿童发展的一些规律性的东西。这样，我们就大体知道多大的孩子，正处在哪个发展阶段，他们面临的主要问题是什么，哪些图书是适合他们阅读的，就可以引导他们向好的方向全面发展G要根据孩子来推荐图书，而不是单纯地选些书来推荐。儿童阅读推广要坚持一个重要目标——让阅读为孩子的发展而服务，否则，就变成了为了推广图书而推广阅读的行为了。

那么，在儿童阅读推广工作中，具体该怎么选择儿童读物呢？选择，有一个重要的前提，就是了解。我们需要知道有哪些儿童读物，下一步才能从中进行选择。

一、了解儿童读物信息的渠道

（一）出版社自媒体

出版社出版新书后一般会在一些渠道发布新书信息，具体来说有出版社官方网站、博客、微博、微信公众号、天猫商城等自有平台。儿童阅读推广人重点要关注一些市场占有率排名比较靠前、实力雄厚的专业少儿出版社，如浙江少年儿童出版社、二十一世纪出版社、长江少年儿童出版社、明天出版社、中国少年儿童出版社、童趣出版有限公司、接力出版社、安徽少年儿童出版社、江苏少年儿童出版社、湖南少年儿童出版社、新蕾出版社等；以及出版过不少优秀儿童读物的非专业少儿出版社，如南海出版公司、中国大百科全书出版社、河北教育出版社、吉林美术出版社、吉林摄影出版社、青岛出版社、外语教学与研究出版社、北京理工大学出版社等；还有一些知名的民营童书出版公司，如海豚传媒、新经典文化、蒲公英童书馆、步印童书馆、禹田文化传媒、双螺旋童书馆、耕林童书馆等。

（二）网络公共媒体

出版社的图书信息仅靠自有的渠道传播是远远不够的，它们经常借助的网络公共媒体有新浪、搜狐、网易、腾讯等门户网站读书频道和亲子论坛、豆瓣网读书频道等。

（三）传统纸媒体

一类是行业媒体，如《中华读书报》《中国出版传媒商报》（前身是《中国图书商报》）；一类是报刊的读书版，如《光明日报•读书版》，或地区性报纸的读书版等；以上两类适合发布新书资讯或书评文章。

还有一类是少儿报刊，如《中国儿童报》《中国少年报》《儿童文学》《东方娃娃》《幼儿画报》《少年文摘》《童话世界》等；出版社的一些童书，尤其是绘本或儿童文学作品，适合在这类报刊部分转载或连载。

（四）网上书店

网上的图书，读者看不见、摸不着，网上书店就需要把图书的信息尽可能全面地放到网上，便于读者了解内容，从而实现销售。因此，网上书店一方面是图书的销售渠道，同时也是宣传渠道。像当当网、亚马逊、京东网是出版社常称的“三大电商”，比较新的还有天猫商城、文轩网、博库网等，也都在线销售图书Q有些比较老的图书，在实体书店找不到，但网上书店仍然能够检索到尤其是当当网，在童书出版界是非常重要的一个渠道，发展历史比较久，规模比较大，经常浏览其童书频道是了解儿童读物市场非常重要的一种方式。这些网上书店的销售排行榜也是业内的一个风向标。

（五）个人渠道

网络时代，信息是开放的。作者、编辑、阅读推广人都会通过博客、微博、微信等方式传播信息。儿童阅读推广人对于儿童读物的畅销作者可以加关注，了解其最新的创作及图书出版动态。在平时，随时关注这些作者、童书编辑和知名阅读推广人，不仅可以了解儿童读物的信息，还可以在时机恰当的时候，邀请他们成为图书馆儿童阅读推广活动的主讲人或志愿者。

（六）推荐书目

各种信息渠道都能看到不少的儿童读物推荐书目，这些书目的推荐要看推荐的机构和个人是什么立场，比如政府层面的一些童书推荐书目中，一定会有不少政治意味比较浓的图书，教师推荐的童书会比较侧重与当前的教育教学内容接轨，绘本馆推荐的童书会侧重于单一的绘本，搞传统文化的人推荐的童书势必侧重于一些经典读物。因此，虽然推荐书目是我们获取儿童读物信息的重要渠道，但也不可完全依赖于某些推荐书目。要根据每次儿童阅读推广活动的主题来选择适合的儿童读物。

以上六种渠道，前三类基本是以出版社的身份进行宣传的渠道，“王婆卖瓜，自卖自夸”。因此，对于其信息要多加甄别。第四类网上书店，大部分是“以销售论英雄”，但也不排除出版社的某些干预性做法，比如大量回购买榜，找人写好评等，或者通过与网上书店的某种协议获得比较明显的推广页面等。对于网上书店的排名也要综合考虑，尤其要看评论是否是真实的，这和在淘宝上买东西是一样的，看评论要有“火眼金睛”，方能鉴别好坏。第五类个人渠道，作者、编辑自然也是以宣传自己的书为主，难免有夸大、溢美之词。对于阅读推广人也要具体分析，看其是发自真心的推荐，还是应某些利益或人情而为之。总的来说，任何信息都要多种渠道综合分析，不能信其一面之词。

二、如何鉴别儿童读物的优劣

（一）增强专业知识储备

不同类型的儿童读物有其自身独特的评价标准，对于儿童阅读推广人来说，要想鉴别儿童读物的优劣，增强专业知识，站在专家的肩膀上是一种捷径。目前来说，研究比较多的还是儿童文学领域和图画书领域。1923年我国就出版了《儿童文学概论》一书，这么多年积累下来不少儿童文学的理论著作。国内设有儿童文学研究的高校有浙江师范大学、东北师范大学、北京师范大学、上海师范大学和中国海洋大学。知名的儿童文学研究者有蒋风、朱自强、刘绪源、方卫平、王泉根、陈晖等。阅读儿童文学领域的著作，储备一些儿童文学的知识，可以帮助我们了解国内外优秀儿童文学作家和作品的信息，更好地鉴别优秀儿童文学作品，还能提高我们的欣赏水平一图画书领域有一些必读书，能帮助我们了解和欣赏图画书，比较有代表性的就是松居直著《我的图画书论》《打开绘本之眼》，彭懿著《图画书：阅读与经典》《世界图画书阅读与经典》《图画书应该这样读》，郝广才著《好绘本如何好》，朱自强译《绘本之力》，方卫平著《享受图画书——图画书的艺术与鉴赏》，方素珍著《绘本阅读时代》。

（二）考量作者的专业水准

作者是否是这一领域的专家或具备一定的专业素养是非常重要的。比如市面上有很多儿歌和童谣类图书，我们通过比较发现，福建少儿出版社的那套“亲子早读儿歌系列”（含《认知儿歌》《生活儿歌》《游戏儿歌》3 种）比较好，其作者王玲毕业于东北师范大学，曾长期担任少儿出版社编辑，创作了大量的儿歌、童话、故事和儿童教育论文，她的第一本儿歌集就获得了冰心儿童图书奖。任何出版物都是有作者的，这个作者可以是特定的某个人，或者是某几个人，或者是某某编写组，还可以是某个公司或出版社的编辑部。一般来说，个人创作优于集体创作。另外，“著”优于“编”“汇编”。拿到某本儿童读物，一定要先看这个作者和著作方式。就拿引进图画书来说，有一批译者是专业的儿童文学作家、评论家、编辑，以任溶溶、梅子涵、季颖、彭懿、漪然、朱自强、邢培健、漆仰平、敖德、王林等为代表；一批是阅读推广人或绘本发烧友，如阿甲、两小千金妈妈（范晓星）、艾斯苔儿等；另有部分是专业译者，如王星、赵静等。还有不少是台湾译者，其中有郝广才、余治莹、柯倩华、方素珍等。一般来说，这些译者所接稿的绘本质量不会太差。

（三）市场表现和口碑

好书未必都畅销，但是图书畅销，基本上说明是受读者欢迎的，自有其好的理由。因此，关注少儿图书销售的排行榜也是鉴别儿童读物的一种方式。开卷是比较好的关注图书零售市场的渠道，某些实体大型书城或当当、亚马逊等网上书店的畅销榜也可以关注。除此之外，翻看图书版权页，看其版印次或印量也是判断畅销与否的一种方式一本重印了 10 次以上的图书，其品质自然不在话下。

对出版社来说，出版的图书数量非常多，不可能本本去做宣传和推广，拿出来宣传的一定是出版社认为有畅销前景的图书。因此，对于出版社重点宣传的图书，我们可以去关注。至于是否如其宣传的那样好，还需要我们根据自己的专业素养来判断。

像那些读者口口相传、都觉得好的图书，也是优秀儿童读物的信息来源。

三、品牌是质量的保证

少儿出版这些年的大繁荣，沙里淘金，慢慢形成了不少知名的童书品牌一类是品牌出版机构，一类是品牌图书，一类是品牌作者。这三者之间有千丝万缕的关系品牌出版机构一定是拥有一些品牌作者或品牌图书的出版机构〉

（一）品牌少儿出版机构

少儿图书的品牌机构以一些老牌的专业少儿出版社为主，如上海的少年儿童出版社、中国少年儿童出版社、浙江少年儿童出版社、二十一世纪出版社、明天出版社、接力出版社等。这些出版社不仅有品牌图书、畅销书和品牌作者，其大部分图书在选题立意上都是比较积极正面的，图书的文字编校质量、纸张的选用、印刷装订质量都比较考究，极少出现差错率超标的不合格图书还有一些品牌机构虽然不是专业少儿出版社，但是由于专业性的积累，在某一类少儿图书中有较强的实力基础。如外研社在少儿英语类图书中就是比较专业的，中国大百科全书出版社在少儿百科全书类图书中也是相对专业的。除了专业少儿出版社，近些年一些专门出版少儿图书的民营出版机构也非常重视品牌经营，其出版理念和产品结构都非常好地切入童书出版市场，在少儿出版市场中慢慢站稳了脚跟，有了知名度和美誉度如新经典文化、蒲公英童书馆、海豚传媒等。

下面介绍几家知名民营童书出版公司及品牌。

1. 北京启发世纪图书有限责任公司

由台湾麦克股份有限公司、河北教育出版社、北京汉霖文化有限公司、台湾艺术村书店国际股份有限公司共同打造。该公司出版的图书一般在河北教育出版社出版，比较有代表性的是一套“启发精选美国凯迪克大奖绘本”系列，包括：《大卫，不可以》《让路给小鸭子》《和我一起玩》《下雪了》《疯狂星期二》《菲菲生气了》《七只瞎老鼠》《狼婆婆》《玛德琳》等。

2. 新经典文化有限公司

成立于2002年，新经典在外国文学、华语文学、儿童绘本等领域的市场占有率和影响力，均居全国前列，旗下品牌分别是新经典文化、十月文化和爱心树。其中，爱心树是其童书品牌，于2003年8月在中国大规模引进出版精装绘本，中国的绘本出版热潮有其重要助推力。目前拥有谢尔·希尔弗斯坦、李欧·李奥尼等200多位重量级作家的近1000部作品的简体中文版权。代表性绘本作品有《爱心树》《可爱的鼠小弟》《勇气》《小房子》《鸭子骑车记》《小黑鱼》《石头汤》《拔萝卜》《田鼠阿佛》《一粒种子的旅行》等。儿童文学作品《窗边的小豆豆》连续8年雄踞全国童书畅销书排行榜第1名。在“墨多多谜境冒险”系列这几年“一统天下”的局面中，开卷2015年4月的全国少儿类畅销书排行榜上，《窗边的小豆豆》仍位居第5名。2015年5月15日晚间，证监会网站预披露6家企业的招股说明书，民营出版企业新经典文化股份有限公司（以下简称“新经典文化”）名列其中。若成功上市，将是大陆首个民营出版公司上市的案例。其出版图书多与南海出版公司和新星出版社合作。

3. 海豚传媒股份有限公司

成立于1999年，前身是湖北海豚卡通有限责任公司。2005年12月，海豚卡通和湖北长江出版传媒集团达成合作，由湖北长江出版传媒集团、湖北少年儿童出版社、湖北美术出版社注资1836万元，合资成立湖北海豚传媒有限责任公司，公司注册资本3600万元。这是国内出版业国有、民营合作的成功范例。该公司有海豚教育、海豚绘本花园、海豚低幼馆、海豚文学馆、海豚科学馆、海豚英语馆（美国培生）、乐易学、爱之礼、父母教练、美国芭比、美国巴布工程师、美国漫威、美国芝麻街、美国兔巴哥和崔弟、德国花袜子小乌鸦、德国百科（WAS1STWAS）等16条产品线，市场动销品种达6000余种，年出版新书近1000种2014年海豚图书销售逾8亿码洋。2013年12月，海豚传媒与长江少年儿童出版社有限公司等共同组建国内第一个专业少儿出版集团——长江少年儿童出版集团。其出版图书早年曾以“广州出版社”名义出版，后期基本以“湖北美术出版社”“湖北少年儿童出版社”“长江少年儿童出版社”名义出版。其中，“海豚绘本花园”是一套平装绘本，从2006至2011年，已经出版了300多本优秀绘本，价格比较亲民，品质也都不错。

4. 禹田文化传媒

前身是禹田翰风图书有限责任公司，成立于1999年。目前已经形成一个包含禹田翰风图书有限责任公司和禹田文化艺术有限责任公司两家公司在内的中国少儿文化传媒机构。产品线包括金牌小说馆、儿童文学馆、经典文学馆、科普百科馆、暖房子绘本馆、低幼启蒙馆、加菲猫童书馆、励志成长馆、卡通动漫馆和综合馆等。品牌书系有秦文君的“小香咕全传”“常青藤国际大奖小说书系”（其中有不少纽伯瑞儿童文学金奖和银奖作品）和“暖房子绘本馆”系列绘本。主要以晨光出版社、中央编译出版社、北京联合出版公司、同心出版社名义出版图书。

5. 蒲公英童书馆

是贵州人民出版社北京图书中心创立的一个品牌，诞生于2007年初，主编是颜小鹏女士。蒲公英童书馆按照内容的不同分为文学馆、图画书馆、科学馆和认知馆。先后出版了《斯凯瑞金色童书》《神奇校车》《蒲公英国际大奖小说》《中国优秀图画书典藏系列》等畅销童书。

6. 耕林童书馆

全称是北斗耕林文化传媒（北京）有限公司，是天域北斗的子公司，主营童书的策划编辑业务。总编辑敖德先生是一个十足的大书虫，资深童书策划人，2009年被搜狐网评为全国十大知名出版人。敖德先生成功策划编辑过畅销2700万册之多的《不一样的卡梅拉》，此系列图画书成为当当网终身五星级童书，耕林后续又推出《森林报》《月亮的味道》《三只小猪》《7号梦工厂》等图书，广受业内肯定和读者的欢迎。此后又相继推出一系列重磅图书，如《最美的科普·四季时钟》系列、《大师经典哲学绘本》《金色童书名家精选》等。

7. 步印童书馆

是北京步印文化传播有限公司旗下童书品牌，目前已出版小牛顿系列、小小牛顿系列、彩色世界童话系列、我来贴系列、吴姐姐讲历史故事系列等。

8. 双螺旋童书馆

是北京双螺旋文化交流有限公司旗下童书品牌，公司成立于2005年° 代表性的作品有“安徒生图画奖”大奖得主安野光雅代表作典藏版“美丽的数学”系列、英国Usbome出版集团的王牌书《让孩子痴迷的趣味科学游戏》和《365个艺术创意》、从韩国引进的《自然科学童话》和《幻想数学大战》系列等。

（二）获奖少儿图书

一般来说，获奖少儿图书都是经过层层审核、精心挑选出来的优秀图书，其品质是有保障的。儿童书的国际大奖有以下几个：

1. 凯迪克大奖

由美国图书馆协会于1938年创立的奖项，为了纪念19世纪英国最伟大的绘本插画家伦道夫·凯迪克而设立。每年由美国图书馆协会邀请教育学者、专业人士和图书馆员组成评审委员会，就这一年出版的数万本图书，选出一名首奖和二至三名佳作，颁赠“凯迪克”金奖和银奖。

2. 凯特-格林纳威奖

由英国图书馆协会于1955年为儿童绘本创立的奖项，主要是为了纪念19世纪伟大的童书插画家凯特·格林纳威女士所创设。

3. 德国绘本大奖

指的是“德国青少年文学奖”中的绘本奖项，是欧洲相当重要且最具权威的绘本大奖。“德国青少年文学奖”是德国自1956年以来，唯一定期颁发的国家文学奖。该奖项的评选单位是“德国青少年文学协会”。奖项分为文学类（含绘本大奖、儿童小说大奖、青少年小说大奖）以及非文学类。

4. 国际安徒生大奖

是为了纪念丹麦著名童话作家汉斯•安徒生，于1955年设立，是全球儿童文学界的最高荣耀，素有“小诺贝尔奖”之称，每两年由国际青少年图书委员会颁发，授予获奖者一枚金质奖章和一张奖状〉“国际安徒生大奖”最初只设有颁给作家的奖项，到了1966年才增设插画家的奖项至今尚未有中国作家获奖，但曾有中国作家和画家孙幼军/裘兆明（1990）、金波/杨永青（1992）、秦文君/吴带生（2002）、曹文轩/王晓（2004）、张之路/陶文杰（2006）获得过该奖项的提名

5. 纽伯瑞儿童文学奖

又称纽伯瑞奖1922年，由美国图书馆学会的分支机构——美国图书馆儿童服务学会创设了纽伯瑞儿童文学奖每年颁发一次，专门奖励上一年度出版的英语儿童文学优秀作品。

国内设立的儿童读物的重大奖项有：

1. 中国国家图书奖

经国务院批准，由原国家新闻出版总署于1992年设立，每两年举办一届。该奖分哲学社会科学、文学、艺术、科学技术（含科普读物）、古籍整理、少儿、教育、辞书工具书和民族文版图书等九大门类，设国家图书奖荣誉奖、国家图书奖和国家图书奖提名奖三种奖项。获此奖的儿童读物有《365夜故事》（鲁兵主编，少年儿童出版社）、《大地的儿子——周恩来的故事》（苏叔阳著，中国少年儿童出版社）、《幼学启蒙丛书》（赵镇琬主编，明天出版社）、《小鳄鱼丛书》（孙幼军等著，海燕出版社）等。

2. 向全国青少年推荐百种优秀图书

原国家新闻出版总署于2004年设立，每年向全国青少年推荐100种优秀图书。

3. 冰心儿童图书奖

创立于1990年，为祝贺冰心老人九十大寿，纪念冰心老人一生为孩子们创作众多受欢迎的作品而创设。是我国唯一的国际华人儿童文学艺术大奖，全世界华文文章都可参与评比，获奖者遍布全世界。分为冰心儿童图书奖、冰心儿童文学新作奖、冰心艺术奖、冰心作文奖、冰心摄影文学奖5个奖项。其中，冰心儿童文学新作奖与宋庆龄儿童文学奖、陈伯吹儿童文学奖、全国儿童文学奖并称国内四大儿童文学奖，分小说、散文、童话、幼儿文学等类别，并设置新作奖和大奖两个等级，大奖为最高奖，一般每届每个类别只评选出一篇大奖作品。图画书有丰子恺儿童图画书奖和信谊图画书奖。

这些获奖图书在某种意义上是品质的象征，是我们在儿童阅读推广工作中可以重点关注的图书。然而，对儿童阅读推广人来说，任何好书都要自己真正阅读过、觉得好，才可以拿来推荐给儿童，切不可随便找一些推荐书目或获奖图书的书单，原封不动作为自身推广活动的推荐书单。

四、结语

儿童阅读推广是“点灯”，点燃孩子们对图书的热爱，使之真正能够享受阅读。同时，儿童阅读推广还可以“指路”，一旦孩子们阅读了好书，自然而然就会具备出一种欣赏能力和鉴别能力，就能够自主去选择自己喜欢的优秀的图书，便不容易被一些低俗、低劣的图书带入歧途。儿童阅读推广不需要也不可能把所有的好书都推荐给孩子，孩子们自己才是真正要去挖掘“宝藏”的人。

第九章 我国公共图书馆其他人群阅读推广的对策研究

第一节 公共图书馆青少年阅读推广活动研究

随着现代化社会的迅速发展，“互联网+”与时俱进，人们的生活节奏猛然增快，使得青少年阅读推广工作的开展面临着巨大的困难。对此，公共图书馆必须迎难而上，重视推广工作的开展，不断创新推广内容与形式，促使青少年养成良好的阅读习惯，循序渐进地提升他们的文化素养。

一、公共图书馆开展青少年阅读推广活动的意义

首先，在新的历史时期，倡导全民阅读，是重振中华文化，实现强国梦的重要内容，也是构建书香社会的基本要求。教育家苏霍姆林斯基说过，学生的智力发展取决于良好的阅读能力。公共图书馆作为重要的社会公益文化教育机构，是书香社会建设的重要阵地，理所当然应承担起阅读推广的重担，为书香社会添砖加瓦。

其次，阅读是青少年获取知识信息的重要方式。书籍是传递知识、增长见识的平台。阅读书籍是最直接有效获得知识的方式，特别是对青少年来说，由于知识和经验缺乏，他们只有通过阅读和大量的知识累积，才能与时俱进，开拓创新。阅读能让青少年洗涤心灵，为他们将来适应急剧变革的社会打下良好基础。

最后，阅读是青少年树立世界观、人生观和价值观的重要途径。约翰·卢保克在《读书的乐趣》中曾写道：“书籍为我们建起一座完整的、光怪陆离的思想之宫。”书籍在我们日常生活中所赋予我们的规劝和慰藉，质同金玉，价值无量。青少年处于身心发展的敏感叛逆期，其心理的发展具有成熟和幼稚、独立和依赖、自觉和盲动等诸多矛盾并存的特点，易产生各种各样的心理和行为问题。科学有效的阅读不仅能帮助青少年观察和认识世界，帮助青少年净化心灵和陶冶情操，还可以潜移默化地帮助青少年树立正确的人生观、价值观。

三、青少年阅读推广策略探析

（一）公共图书馆可设置专职负责阅读推广馆员

公共图书馆可成立阅读推广部，招聘专职阅读推广员来引导青少年科学阅读。推广部要合理选聘成员，其成员必须热爱阅读，乐意且有合适的专业技能从事阅读推广工作。

（二）根据馆藏资源创新青少年阅读推广方式

1.创新书籍推荐方式

为使青少年读者尽快了解图书馆新进图书，充分利用馆藏图书资源，图书馆应积极开展新书推荐活动。公共图书馆可以通过设置新书推荐宣传栏、设置专门的新书书架、策划新书展等方式来向青少年推荐新书。当前互联网快速发展，可以通过微信公众号、朋友圈等向青少年推荐有利于青少年发展的新书、好书，以此来达到阅读推广

的效果。

2.创新阅读引导方式

中国阅读学研究会会长徐雁教授强调“在成人过程中成才，在成长进程中成才”，他始终强调对阅读人群细分的理念。青少年处在成人进程中的关键节点，是一个个性鲜明的群体，图书馆人可根据青少年的兴趣和性格特点，以性格阅读倾向的不同为依据，对青少年进行差异阅读引导，实现“为书找人，为人找书”。同时也可根据家长期待值差异进行分类引导。在图书排架上，可按照青少年性格阅读倾向差异设置特色的阅读读物专区。

（三）开展多元化的互动阅读推广活动

第一，公共图书馆应根据青少年的身心发展特点，开展形式多样的阅读推广活动。例如，结合“少年强中国梦”主题活动，开展爱国教育读书交流会、爱国角色扮演读书会、爱国知识有奖竞赛、爱国主题征文、爱国主题摄影展等活动。图书馆也可联合学校开展“今天我荐书”“我是图书管理员”等社会实践活动鼓励青少年参与阅读推广活动。阅读对于青少年来说，不应该是一个单向的阅读过程，更多的应该成为一种双向的互动。

第二，公共图书馆可以开设亲子共读体验区，父母以身作则参与阅读，不仅能够鼓励孩子养成良好的阅读习惯，也能帮助家长更好地了解孩子的阅读爱好，从而引导孩子正确地选取合适的书籍。

（四）推动阅读推广活动入驻校园

基于图书资源分配不均的现状，公共图书馆可开展“送书进校园”活动把书送到学校，特别是农村偏远山区的学校。在学校或班级设立图书角，开展图书漂流瓶等活动引导青少年养成阅读习惯；作为图书馆人应该努力使公共图书资源均等化，最大限度地让更多的孩子享受到阅读的乐趣。

（五）理性看待数字阅读，加强互联网的利用

数字阅读时代的来临无可争议，而作为有机生长体的图书馆，在坚持倡导以传统纸质阅读为主的同时，必须适时跟上数字化变革的潮流，充分利用新兴的数字化技术，升级改造图书馆的馆舍设备，为数字阅读提供良好的条件。

目前，人们的生活对网络的依赖程度越来越高，而青少年已然成为网络的最大利用群体，因此，图书馆要加强对网络的利用，这样才能提高开展青少年阅读推广的效率。第一，净化网络环境。图书馆要积极引导青少年绿色上网，并与相关部门进行合作，加强对网络上不良信息的净化。第二，为青少年提供更加和谐的网络服务。为提高绿色上网质量，图书馆要研发出一款绿色上网网址，并将网址设置在桌面上供青少年随时进行浏览阅读。第三，进行网络教育。图书馆要在线上开展丰富的网络教育课，并不断优化内容，激发青少年的学习兴趣。同时在线下与线上积极开展丰富的体验活动，提升青少年的阅读兴趣，进而提高图书馆图书资源的利用率。

第二节　公共图书馆老年人阅读推广服务研究

为广大老年读者提供服务是公共图书馆一项重要职责，早在2002年，联合国第二届世界老龄大会就把积极应对老龄化作为21世纪人口老龄化的政策框架，提倡老年人群体主动参与到社会各项活动中来，以此来提升老年群体的满意度、幸福感。公共图书馆开展针对性的阅读推广，是满足老年人文化需求的重要途径。

一、老年人群体阅读特征分析

（一）阅读能力存在较大差距

老年人群体本身的文化水平存在较大差异性，导致其阅读能力也存在较大差距G与此同时，年龄的持续增长，老年人各项身体机能持续衰退，再加上生活方式、居住条件以及经济基础等因素影响，导致老年人的阅读行为受到诸多制约。

（二）阅读目的与阅读渠道单一

相较于年轻人群体来说，老年人的阅读目的、阅读渠道相对较为单一。其阅读目的主要在于了解新闻资讯、奇闻趣事、养生保健、消遣娱乐等，阅读渠道主要是电视、报纸、书刊，对于图书馆的利用率较低。此外，部分老年人对于新媒体了解不足，加上自身接受能力较差，难以体验新媒体所带来的阅读便捷性。

（三）适合的图书刊物类型较少

从整个图书市场来看，专门针对老年人群体的图书占比相对较低，主要是以养生保健类图书为主，无论品种还是数量都相对较少，且缺乏有效的细分，难以有效调动老年人对阅读的兴趣。

二、全民阅读环境下开展老年人阅读推广的意义

（一）有利于老年人身心健康

老龄化时代的全面到来，老年人群体的身心健康状况日渐为社会各界所关注。健康本身不仅仅局限于生理层面，良好的物质基础、医疗条件是身体健康的基础，而活跃的思维与健康的心理同样是健康长寿不可或缺的一部分。勤读书、勤思考能够有效提升人的思维能力和记忆力。此外，通过阅读医疗保健相关图书，帮助老年人系统学习相关知识，规避生活中各种不良因素的影响，同样有利于促进老年人群体的身体健康。

（二）落实全民阅读的需要

《中华人民共和国老年人权益保障法》明确提出，老年人享有继续受教育的基本权利。无论是对政府来说还是对社会来说，均需要为老年人群体营造学习的良好环境°老年人阅读推广不仅是老年人群体自身学习发展的重要需要，同时也是贯彻落实全民阅读国策的关键途径，是精神文明建设不可或缺的一部分。其一，老年人群体通过阅读，能够不断更新自身的知识；其二，老年人阅读行为会对社会其他群体产生影响。老年人通过自身所学的知识服务家庭、社会，潜移默化地在社会中营造良好的氛围，为学习型社会建设提供有效的支持。

三、全民阅读环境下公共图书馆开展老年人阅读推广的措施

（一）联合社会力量加强图书馆宣传工作

老年人阅读推广活动能否取得有效成果，做好图书馆宣传工作是关键所在。当前环境下，部分老年人对图书馆的认知有限，不会主动进入图书馆，自然也就无法了解阅读推广的相关内容。所以，帮助老年人认识图书馆、走进图书馆、利用图书馆至关

重要。图书馆开展宣传工作的途径多种多样，但仅凭图书馆自身力量显然难以获得理想的效果c这就需要图书馆主动联合社会力量，如疗养院、老年人活动中心、社区服务中心等，多方宣传图书馆服务，组织参观图书馆活动，或与老年工作有关机构合作，为即将退休和已退休的老年人免费发放宣传资料，引导老年人主动进入图书馆。除此之外，图书馆还应当有效利用各种新媒体大力

宣传图书馆，尽管新媒体应用的主体是年轻人，但年轻人家庭中多有老人孩子，可通过对年轻人的宣传来扩大图书馆阅读推广覆盖面，通过亲子阅读方式引领老年人进入图书馆。

（二）基于老年人爱好组织阅读活动

阅读活动能够帮助老年人巩固阅读兴趣，通过集中效应，使得老年人之间进行深入的交流，进一步巩固老年阅读推广的效果。图书馆组织阅读活动要参考老年人群体的实际爱好，充分围绕老年人爱好来进行活动的设计，通过多元化阅读活动的组织，吸引更多的老年人参与进来。基于现阶段实际情况来看，图书馆可尝试组织以下几种阅读活动：

1.讲座

讲座是最受各年龄读者欢迎的阅读推广形式，图书馆在组织讲座活动前，要深入了解老年人群体感兴趣的内容，讲座可以是有关健康的，也可以是有关阅读内容方面的，保证讲座的吸引力和针对性。

2.读书会

读书会主要指的是一群爱好读书的朋友相聚，依照既定主题开展阅读交流。老年人退休后基本上赋闲在家，其本身与社会的交流大幅减少，人际接触的范围也在不断缩小，而读书会能够为老年人的社会交往建立一个平台，把一些志趣相投的老年人聚集到一起。对于读书会的组织，图书馆并不需要做过多干涉，让老年人自主制定相应的制度、计划及选举领导（召集人）。图书馆主要负责提供活动场所和相应的图书。

3.书展

书展也是图书馆阅读推广的主要方式，可以在老年活动中心、公园、社区等老年人活动的区域举办。书展的主题需要认真调研，主要选择文学传记类、时事政治类以及保健养生类等老年人普遍关注的图书。

（三）构建符合老年人实际的微媒体阅读模式

当今社会已经进入“互联网+”时代，微媒体的作用越来越显著，已成为图书馆阅读推广中不可或缺的一部分。微媒体阅读推广主要包含服务模式、互动体验、传播内容以及传播渠道等核心内容。如今使用智能手机的老年人越来越多，微媒体阅读模式成为有效满足老年人阅读需求的重要方式。根据老年人群体对智能手机的使用情况，图书馆应设置专门人员负责指导老年人的微阅读，解决微阅读过程中存在的问题c在此基础上，通过微信公众号、微信群等方式，为老年人群体提供微阅读服务，提供保健、旅游、文化、养生、时政等方面的阅读推送，并建立相应的互动窗口。此外，图书馆还应当主动引入大数据技术，通过大数据挖掘老年人群体的真实需求，针对这些需求提供个性化、人性化的阅读推广模式，进一步提升阅读推广的针对性、精确性。

（四）联合出版单位开发丰富的老年读物

在经济效益、社会效益的博弈过程中，出版单位迫于压力，在老年读物出版方面投入普遍较少。基于此，图书馆一方面需要加大老年人读物的采购力度，另一方面要主动联合社会团体和公益机构等策划、组织老年人阅读推广活动，努力做到主题新颖、形式多元、覆盖广泛，不断提升活动的号召力、感染力，有效吸引老年人的参与，为老年阅读提供更丰富的精神食粮。

（五）发动志愿者力量拓展老年人阅读推广工作

当今公共图书馆的服务范围越来越广泛，服务方式和内容也越来越丰富。然而，公共图书馆的人力、物力、财力较为有限，在不断拓展服务的同时，难免会面临阅读推广力量不足的问题。因此，老年人阅读推广工作要想取得良好的效果，全面引入志愿者是必不可少的。在新媒体使用指导方面，因为老年人群体本身对新生事物的接受能力较差，往往需要反复指导才能有效掌握相关技能C为此，图书馆可以引入年轻志愿者，不仅进行常规指导，也可以集中开展新媒体使用培训，全面提升老年人的阅读能力。还可以根据当地实际组织开展多元化的老年阅读推广活动，以提高老年阅读推广工作的质量。开展老年人阅读推广活动不仅要发动年轻志愿者，还可以依靠老年志愿者。老年志愿者最了解老年人的需求，可以更好地提供相应的服务。图书馆可邀请赋闲的老年专家学者，为老年人举办文化艺术、健康养生等专题讲座，或通过老年志愿者组织开展符合老年人兴趣、爱好的相关读书交流活动，老年志愿者自身也能够通过这些活动不断充实自己，实现双赢。

综上所述，大力发展老年事业是社会、时代发展的必然要求，在全民阅读的大背景下，公共图书馆开展老年人阅读推广也是大势所趋。公共图书馆本身的公益性质，决定了其在老年人阅读推广方面的责任与使命。对公共图书馆来说，应当充分认识到老年人阅读推广的必要性和迫切性，深入分析老年人群体的阅读需求，积极开展符合老年人实际的阅读活动，为构建学习型桂会添砖加瓦。

第三节　公共图书馆残障读者阅读推广服务研究

随着知识经济时代的到来，阅读作为人类获取知识的重要途径受到了广泛的关注。全民阅读的呼吁和互联网、电子图书的高速发展，拓展了公共图书馆事业的服务广度，为公共图书馆赢取了更多资金、技术、政策支持。然而，在对残障读者的阅读推广方面，我国公共图书馆仍然存在着服务能力较弱、残障阅览室“遇冷”等现象。因此，我国公共图书馆应通过制定完善的法律法规、保证阅读推广服务持续性地开展、提高残障读者阅读推广工作的专业性、加强与外界的交流等措施完善我国公共图书馆残障读者的阅读推广服务。

一、公共图书馆面向残障读者开展阅读推广服务的必要性

（一）体现公共图书馆平等服务理念

联合国教科文组织《公共图书馆宣言》中提到：“公共图书馆应不分年龄、种族、性别、宗教、国籍、语言或社会地位，向所有的人提供平等的服务。还必须向由于种种原因不能利用其正常的服务和资料的人，如语言上处于少数的人、残疾人或住病院

人及在押犯人等提供特殊的服务和资料。”残障读者是图书馆夯实自身生存与发展的社会基础，优化自身发展环境的必然选择。公共图书馆通过有针对性地开展残疾人阅读推广活动，形成图书馆服务品牌，通过品牌效应，提升活动的影响力。在全社会关注残障人士生存、发展的新时期，公共图书馆残疾人阅读推广活动的持续开展，吸引媒体的广泛关注，从而营造出有利于图书馆发展的舆论氛围，赢得更多的社会资金支持，形成更大的发展空间。

（二）提高无障碍资源与设施的使用率

调查显示，我国公共图书馆的盲人阅览室存在利用率较低的现象c多数尤其是偏远地区的盲人阅览室的使用率极低，为残障读者提供的无障碍设施和特色馆藏资源被常年搁置，无人问津，甚至一些公共馆的盲人阅览室基本处于半关闭状态。首都图书馆盲人阅览室一年接待读者仅6人；昆明图书馆自2008年开放视障阅览区，除由残联组织盲人活动时有读者到阅览区借阅外，平时很少有盲人读者来访；陕西省图书馆视障阅览室的盲文书及视听资料几乎没有翻阅痕迹。我们都知道，残障读者与普通读者相比，在阅读行为、阅读需求上都存在着很大的差异。如果公共图书馆以一般读者的阅读推广服务模式为他们提供服务，或不考虑残障人士的实际需求和自身特点，想当然地进行阅读推广活动，除了服务效果得不到保障以外，图书馆的有限资源也会遭到浪费。

（三）形成良好的舆论导向

残障读者因为身体、心理的诸多原因，相比一般读者来说，阅读过程本身就带有困难性。加之我国残障群体受教育程度普遍较低，阅读意识更为薄弱。这些都导致残障读者对图书馆的使用情况不佳。公共图书馆作为一个地区的公共文化服务机构，相比较一般的大学图书馆和民营图书馆影响范围更广，具有导向性作用。随着教育和经济的发展，人们对阅读的关注度也越来越高，公共图书馆如果能够利用其地域与服务职能的独特优势，从物理空间、服务理念等方面出发，以诚意消除残障人士的心理戒备，切实地为残障人士策划一些符合其自身需求的文化供给活动，以点带面，覆盖全区，让他们乐于离开原有的封闭圈，乐于“走进”图书馆，不仅可以提升残障读者的知识文化水平，解决他们日常生活学习问题，促进残障读者阅读推广服务得到进一步发展，还能通过此举提高全社会对残障群体的关注度，为残障人士谋取更多的资源与福利c

二、公共图书馆面向残障读者开展阅读推广服务的目标与原则

（一）公共图书馆面向残障读者开展阅读推广服务的目标

1.从残障读者角度

通过公共图书馆开展的残障读者阅读推广服务，进一步拉近公共图书馆与残障读者之间的距离；培养残障读者的阅读意识，激发残障读者的阅读兴趣；帮助残障读者掌握科学的阅读技巧，从阅读中获取知识的同时，获得需要的生活技能和工作技能；丰富残障读者的生活，帮助他们更好地融入社会，从而促进其事业的发展。

2.从公共图书馆角度

通过开展公共图书馆面向残障读者的阅读推广服务，打破公共图书馆残障读者阅览室“遇冷”的困境，扩大公共图书馆的服务范围，提高公共图书馆的影响力以及无

障碍资源的使用率，避免资源浪费，促进公共文化事业的快速发展。

（二）公共图书馆面向残障读者开展阅读推广服务的原则

1. 公平性原则

公共图书馆作为国家的公益性服务机构，其面对的群体本身就是多样性和普遍性的。“公共”即非一人所有，为所有人所共有。而阅读推广作为公共图书馆面向读者开展的一项服务，本就应该将所有受众均包括在内。残障读者虽然因为客观原因不能与普通读者一样自如地使用公共图书馆为其提供的各项资源，但是，这并不代表着他们没有使用权。相反，正因为他们存在特殊性，公共图书馆更应该发挥自身的优势，努力为他们提供便利的信息服务。因此，公共图书馆面向残障读者阅读推广服务时应遵循公平性原则。不因读者生理或者心理的残障因素，对读者有歧视或侮辱性行为，确保残障读者在使用公共图书馆资源、参与公共图书馆活动时受到平等的对待，在实施服务的过程中保障残障读者公平阅读的权利。不能因为残障读者在使用公共图书馆资源时给馆内带来负担和不便，就放弃对他们的帮助和支持。更不能因为在开展残障读者阅读推广工作过程中存在诸多困难，就知难而退，刻意忽略。坚持公平性原则，既是对公共图书馆的客观性要求，也是充分体现公共图书馆社会价值的重要举措。

2. 创新性原则

阅读推广作为近几年兴起的研究热点，是对公共图书馆传统服务的一次突破与创新。推动了公共图书馆从被动服务到主动服务理念的转变，本身就是图书馆学界的创新之举。而阅读推广工作需要图书馆员发挥创造力，制订出有趣科学的方案，才能吸引到更多的读者。再加之残障读者的特殊性，自卑与自闭心理的驱使让他们更想远离社会，待在自己的小世界里，不愿意接触外界。他们多数存在缺乏学习能力和生活技能的问题，知识水平有限，所以，主动到公共图书馆的残障读者人数并不多。近年来，许多公共图书馆的残障读者阅览室出现“遇冷”现象。如何让残障读者乐意、主动到图书馆？如何让他们喜爱上阅读？如何帮助他们更好地阅读？这些问题都需要阅读推广工作者的思考与创新。因此，公共图书馆面向残障读者阅读推广服务应坚持创新性原则。要求馆员提升创新意识，积极策划生动有趣的阅读推广项目。不断推陈出新，激发残障读者阅读兴趣。坚持创新性原则，既是公共图书馆面向残障读者阅读推广工作的基本要求，也是提高其服务质量的必要性因素。

3. 针对性原则

残障读者由于不同类型的身体、心理残疾，使得自身无法正常阅读。通过有针对性的服务，区分服务对象的类别和服务方式，有利于优化公共图书馆面向残障读者阅读推广服务的效果，提高服务质量。因此，公共图书馆面向残障读者阅读推广服务应坚持针对性原则。对不同的残障群体采取不同的服务模式和服务方式，对残障读者的阅读需求和阅读习惯进行全面的调查，掌握残障读者的阅读取向，有针对性地采购无障碍资源；了解残障读者的兴趣爱好，策划残障读者喜爱的阅读推广活动。

4. 科学性原则

社会分工是因为不同的岗位需要不同的专业性人才，需要人们运用正确的专业性知识解决工作中遇到的问题。科学有效的方法才能使原本存在的问题得以快速解决；相反，盲目的、无计划性的工作方式往往使得问题复杂化，起到适得其反的效果。公共图书馆面向残障读者阅读推广工作亦是如此。残障读者的特殊性，让公共图书馆员需要更专业性的指导。比如，如何与听障人士读者交流？如何在与残障读者沟通时维护他们的尊严？如何使策划的活动具有吸引力？因此，公共图书馆面向残障读者阅读推广服务应采取科学性原则。听取专业性的意见和建议，组织符合残障读者心理与生理要求的阅读推广活动；制订科学合理的方案，提高推广效果。

5. 常态化原则

残障读者自身知识的匮乏与阅读习惯的缺失不是个例，在整个残障群体中都是普遍现象。他们与图书馆的疏离也不是一时之功就可以解决的。碎片化、零散式的服务远远不能够达到想要的效果，需要持续不断、有节奏、有计划地阅读推广，才能够增加残障读者对公共图书馆的信心，帮助残障读者形成良好的阅读习惯。因此，公共图书馆面向残障读者阅读推广服务应坚持常态化原则。增强服务意识，规范服务行为，使残障读者阅读推广工作成为公共图书馆日常工作的一部分，持续有效地进行推广服务。

三、公共图书馆面向残障读者开展阅读推广服务的策略

（一）完善法律法规

2017 年 11 月，我国颁布《中华人民共和国公共图书馆法》，但与发达国家相比，其内容还不够完善，致使弱势群体读者的权益无法得到全面保障。公共图书馆作为公益性机构，在履行社会责任的过程中，时刻受到法律的约束，同时也受到法律的保护，因此，完善公共图书馆法律体系对我国公共图书馆面向残障读者阅读推广工作有着举足轻重的意义。

首先，完善《中华人民共和国公共图书馆法》等相应法律法规，让公共图书馆残障读者阅读推广工作有法可依：要加大执行力度，强化执行措施，切实保障残障读者获得均等公平公共文化服务的权利，并进一步明确图书馆的工作方向与服务范围。

其次，各级人民代表大会在制定地区法规时，应明确政府、公共图书馆、残疾人联合会等机构的职责与义务，有必要时可以指定专门的图书馆为公共图书馆开展残障读者阅读推广服务提供支持，减少工作上的阻碍，提高服务效率。各级公共图书馆管理部门应当出台具体的实施细则，公共图书馆协会也可制定相关的工作规范，以提高公共图书馆服务的操作性。

（二）保证阅读推广服务持续性开展

1. 强化公共图书馆残障读者阅读推广服务理念

只有公共图书馆树立了良好的残障读者阅读推广服务理念，才能做到时刻心系残障读者，真心地为残障读者服务，使残障读者阅读推广活动变为常态化、持续性的服务项目。为了实现这一点，国家级公共图书馆、全国盲人协会、中国图书馆协会以及残疾人联合会应该起到带头作用，积极承办全国性的残障读者阅读推广活动，邀请各地公共图书馆一同参与，在全国范围内形成残障读者阅读推广之风，强化服务理念。这些活动一方面形成社会舆论，使社会大众对残障读者的关注度得以提高；另一方面，各级公共图书馆在国家级公共图书馆影响下，增强了自身面向残障读者阅读推广的服务意识，促进无障碍图书馆事业的发展。

2. 建立兴趣小组，制定合理的活动计划

兴趣是激励一个人不断学习的最好动力，我国各级公共图书馆可以对残障读者的阅读需要和兴趣爱好进行调查，组建兴趣小组。由专职馆员和有能力的兴趣小组成员共同担任负责人，一方面，图书馆可以通过身为小组成员的负责人了解到残障读者真正的阅读需要和活动的反馈意见；另一方面，在活动策划、实施过程中有残障读者的加入，可以制订出更为科学合理的活动计划和方案，同时激发他们的热情，提高他们的参与度，从而保证活动可以长久开展下去。这些兴趣小组的成员都是因为共同的兴趣爱好走到一起，图书馆仅仅是为他们提供了相应的交流平台和交流环境。同时，图书馆也能根据残障读者需求更有针对性地提供帮助。

3. 采取形式多样的推广方式，提高服务创新性

通过开展形式多样的残障读者阅读推广活动，提高服务创新性。利用创新推动残障读者阅读推广服务持续进行，不断给残障读者带来新的体验，丰富残障读者的精神世界。比如，利用QQ、微信等聊天软件，建立残障读者的读书群、微信公众号等。读书群成员可由残障读者、残障读者家属以及公共图书馆员组成，既可以定期通过QQ进行读书交流，共享很多有趣的图书文献资源，也可以让公共图书馆员指导残障读者的家属在家中帮助残障读者进行有效阅读。尤其是对于有残疾的青少年儿童的家长来说，很多欠缺专业的阅读指导技能，图书馆可以与他们建立良好的合作关系。由公共图书馆提供盲文、有声图书等残障读者需要的阅读资源，并利用交流软件进行及时沟通。

4. 建立科学的评估机制

及时的信息反馈对任何项目来说都是至关重要的，残障读者阅读推广活动亦是如此。良好的评估机制可以帮助公共图书馆探索出一条科学的服务道路，保证服务可以顺利而长久地进行。笔者认为，对于公共图书馆面向残障读者阅读推广服务的评估可以分为内部评估机制与外部评估机制。

内部评估机制是单个公共图书馆对馆内服务进行自我评价，涉及的内容包括该馆无障碍资源与设备的使用情况、开展活动的类型与频率、活动效果（根据读者反馈和参与人数等），并将评估结果与专职推广人员的工作成绩挂钩。外部评估机制可以由地区公共图书馆管理部门进行设定，每年开展一次对各公共图书馆服务质量的评估工作，对馆藏建设与使用情况、开展活动的类型与频率、活动效果等方面进行调查，并将结果进行公示，以督促各馆对残障读者阅读推广工作质量的不断提升。对于综合性的大型推广项目，活动结束后都要对残障读者进行问卷调查，询问参与的感受和建议，为下次的项目活动提供参考。

（三）提高残障读者阅读推广工作的专业性

1. 充分发挥中国图书馆学会的指导作用

我国公共图书馆馆员残障读者服务专业水平相对较低，人员紧缺，中国图书馆学会应承担起残障读者阅读推广服务培训的责任，制定科学有效的培训课程，组织各地区公共图书馆学习残障读者服务专业知识。课程内容可以包括法律、基本手语、盲文、残障读者心理健康、国际先进的残障读者服务理念与方法、计算机以及无障碍技术的应用等。同时，中国图书馆学会还应该定期举办研讨会，组织高校学者与优秀的公共图书馆实践工作人员进行相关问题的交流，将理论与实践经验相结合，提出更具实践意义的服务模式和方法，以供更多公共图书馆学习和参考。此外，加强中国图书馆学

会的指导性作用，还可提高公共图书馆面向残障读者阅读推广的服务质量，提升馆员的专业素养。

2.自主打造优质的志愿者团队

公共图书馆的很多活动都会有志愿者的加入，但是，多数志愿者没有残障读者服务背景，在读者心理与需求方面都缺乏经验。因此，在招募志愿者时，应该尽量选择有专业技能的人员，如从事或者研究医学、计算机、心理学、社工学等方面的工作人员、学生。同时，应定期组织相关技能的培训课程，内容可以涉及手语、残疾人心理、无障碍设备使用技能等。例如，日本公共图书馆的“对面朗读”项目，图书馆用定期举行朗读技术专题培训、交流会等方式来提高朗读人的整体素质。通过打造一支优质的志愿者团队，解决公共图书馆残障服务馆员短缺问题，提高公共图书馆面向残障读者阅读推广服务的质量。

（四）采取合理的方式，扩大受益人群数量

1.尝试多方合作，扩大残障读者群体的外延

虽然图书馆在公共文化事业发展中起着不可或缺的作用，但是孤军奋战必然势单力薄，闭门造车也一定不会有所突破。只有加强与相关组织的交流与合作，才能知残障读者之需求，知己之不足，不断地改进面向残障读者阅读推广的方法，不断地提高图书馆服务的质量。公共图书馆可通过加强与外界的交流，包括特殊教育学校、残疾人联合会、中国盲人出版社、全国残疾人阅读指导委员会、各种媒体组织、青年志愿者协会等，接触更多残障群体，通过多方宣传，将他们带入图书馆的大家庭中，帮助其了解阅读，体验阅读，从而喜爱上阅读。达到扩大残障读者群体外延的效果，使得受益人群不断扩大，公共图书馆服务范围和影响力也不断增强，从而解决图书馆残障读者阅览室“遇冷”的困境。

2.多种推广方式结合，加强残障读者阅读推广服务宣传

随着信息技术的发展，互联网已经深入我们生活的每个角落。任何信息以互联网为依凭，可以更快地传播出去。公共图书馆可以合理利用这一优势，除了在自己的官方网站发布活动信息外，还可以与地区性主流媒体网站合作，发布活动预告以及图书馆官网链接c公共图书馆可以借助网络媒体资源，结合图书馆的服务项目，持续性地在电视、网络、电台以及报纸当中投放公益广告，或在微博、微信等多媒体社交平台进行宣传推广。此举一方面可以提高社会大众对残障群体的关注度，增强大众的认知意识，形成良好的舆论氛围，为残障读者提供一个良好的生活和阅读环境；另一方面可以为图书馆树立良好形象，增强残障读者对公共图书馆的信任感，促进残障读者自己走进图书馆，融入图书馆的阅读氛围中去。当然，图书馆还可以通过纸质宣传单或者宣传册等方式，将馆内近期开展活动信息、过去活动的回顾、馆藏资源目录、书评介绍以及无障碍设施信息传播出去。定期将这些宣传册、宣传单分发给地区残疾人联合会、志愿者协会、特殊教育学校等，让更多的残障读者了解到公共图书馆的服务内容，引起他们的阅读兴趣，其实，很多残障读者本身就有对阅读的渴望，但是，限于心理原因不好意思走进图书馆，如果公共图书馆先于他们抛出橄榄枝，那么，可以促使他们放下戒备，更安心地融入图书馆的阅读环境中。

3.针对不同类型读者，采用有针对性的阅读推广方式

根据不同的残障读者类型，设计符合他们习惯和需要的阅读推广活动，可以更加有效地吸引他们参与到阅读当中。同时，合理安排不同类型的阅读推广活动，避免为单一类型的残障读者提供阅读推广服务，可以有效扩大残障读者的数量. 针对视障读者，首先应该为其配备必要的基础设施、盲文资源等。同时，在设计阅读推广活动时，要考虑到利用视障读者的听觉、触觉等感知方式与外界进行交流，将读书的乐趣通过听觉、触觉等方式传递给视障读者，可以组织朗诵会、故事会、盲文培训课程等。针对听障人士读者，专业馆员要学习基础手语，方便与听障人士读者进行交流。在设计阅读推广活动时，多多利用视觉感知的方式向听障人士读者传递阅读信息，可以定期播放无声或者配有手语解释的电影，组织计算机技能培训班等。针对肢体残疾的读者，首先应该在图书馆建设之时就考虑到他们的需求，建设残疾人专用坡道、电梯、卫生间等。他们有些人仅仅是身体上与普通读者有异，但是，阅读能力良好。因为他们行动不便，可以采取送书上门、网上交流会等形式的阅读推广服务，尽量减轻他们因行动不便而不愿利用图书馆的心理负担。馆员在网上与他们进行有效互动，既可以在阅读上进行正确引导，也可以随时了解他们的阅读需求。

第十章　公共图书馆阅读推广中的志愿者服务工作

第一节　志愿者参与公共图书馆阅读推广工作的背景与意义

一、志愿者的界定

由于历史、文化、政治等方面的差别，不同国家或地区对志愿者的定义不尽相同。在西方，志愿者是指不受私人利益的驱使、不受法律强制，基于某种道义、信念、良知、同情心和责任感，为改进社会而提供服务、共享个人时间、才能及精神，而从事社会公益事业的人或人群。联合国将“志愿者”定义为“不以利益、金钱、扬名为目的，而是为了近邻乃至世界进行贡献的活动者”。我国学者一般认为，志愿者是在不谋求任何物质、金钱及相关利益回报的前提下，为需要帮助的人士提供服务、贡献个人的时间及精神的人。

综上所述，虽然对志愿者定义的表述略有不同，但对志愿者的本质要求是统一的具有志愿精神、自愿性、无偿性、非营利性、运用自己的知识专业和特长、公益性等。

志愿者种类繁多，按照志愿者的年龄，可以分为青年志愿者、中年志愿者以及老年志愿者；按照志愿服务目的及功能，可以分为救济性、互助性、公共服务性以及公民参与性；按照志愿服务或领域的不同，可以分为医疗志愿者、科普志愿者、消防志愿者、文化志愿者以及其他专业特长志愿者等。其他如奥运志愿者、世博会志愿者、马拉松志愿者等专项活动志愿者也屡见不鲜，并且发挥了重要作用。各个志愿者类型时有重叠或交叉，统一于整个志愿者概念之下。

中国的志愿者事业逐步发展，中国志愿者的队伍也日渐壮大，志愿者本着爱心与热忱，越来越多地参与到教育文化、交通安全、环境保护、卫生保健、经济发展、治安维护、科学研究、运动休闲等各项公共服务中，促进中国各项公共事业发展的同时，中国志愿者的身影也开始频繁地出现在世界舞台上。

二、志愿者参与公共图书馆阅读推广的背景

（一）志愿服务的兴盛

随着社会文明的进步，公民意识的增强、志愿服务被看作公民参与社会的重要途径，逐渐成为考量社会文明程度和公民素养状况的标志之一。志愿者已成为不可或缺的社会力量，他们不受私人利益的驱使，不受法律强制，而是基于某种道义、信念、良知、同情心和责任感，从事社会公益事业，参与社会建设和社会服务。志愿者组织也独立于政府和商业组织之外，为社会提供多样化的服务。

志愿服务强调个人参与社会事务的权利和促进社会进步的能力，以及对社会繁荣、共同进步所负有的义务和责任，而参与志愿服务工作就成为公民权利和义务的具体表现，公民通过这种形式实现权利、承担义务。在世界范围内的志愿服务发展中，“全民化”是一个突出的趋势。无论年龄、身份地位、资格和收入情况如何，每个人都可以也应该参与志愿服务或成为志愿者，并在志愿服务中表达自己的公民权利。志愿服务在西方国家和地区经过长期的发展，已经十分成熟，志愿者来自各行各业，服务领域涵盖了教育、科技、医疗、文化、体育、环保、弱势群体帮扶、突发事件应急、社区服务管理等社会生活的方方面面，志愿服务为社会管理和公众生活带来巨大便利。

随着志愿者法治建设日趋完善、志愿组织管理的进步、志愿者权益维护加强，西方发达国家的志愿服务开始向新的高度发展，在进一步吸引志愿者的同时，也对世界其他国家和地区的志愿服务起到了引导性的作用，提供了宝贵的实践经验和理论指导。

中国的志愿服务也在国际志愿服务发展浪潮中不断涌进，志愿服务的发展在很大程度上促进了社会进步，很好地弥补了政府公共服务的不足。在志愿服务范围不断扩大，全民化趋势充分显现的同时，志愿服务也呈现出专业化的发

展方向：第一，重视不同志愿服务组织提供服务的专门化；第二，重视志愿服务与志愿者个人兴趣爱好、专业技能或特长的结合。这些志愿者在志愿服务中发挥个人专业技能或特长，为不同领域的活动提供支持。

（二）全民阅读时代的到来

在人类社会和世界文明进步的背景下，文化竞争力和影响力是一个国家或民族发展的标志之一，一个国家或民族的文化传承和发展则系于公民或个人，个体作为文化细胞，是国家或民族文化基因传承和革新的基点。因此，不同国家或民族无一例外地重视公民素质的培养和文化的发展。阅读则是文化传承的一个重要途径，是公民素质培养的重要方式。

正是由于各个国家对阅读的重视，阅读已经成为一种世界文化，而全民性的阅读活动和阅读推广活动往往规模宏大、范围广阔，不可能完全依靠政府进行，因此，在阅读推广过程中，除了政府组织和机构的支持、民众的参与，社会力量也发挥了十分重要的作用。志愿者作为重要的社会力量，活跃在阅读推广当中，这也为志愿者更加深入地参与阅读推广奠定了基础，提供了可能。

（三）图书馆志愿服务的发展

国外志愿服务发展历史悠久，很早便进入图书馆领域。在文化志愿者中，逐渐分离出以图书馆为主要服务平台，以读者为主要服务对象的图书馆志愿者。图书馆志愿者也成为专门的志愿者类型或群体，指那些不以利益、金钱、扬名为目的，志愿为了知识信息的自由、平等、广泛有序传播而参与图书馆服务或活动，进而奉献社会的个人或团体。随着志愿服务的深入和图书馆功能的扩展，图书馆志愿者的服务内容也从图书馆基础服务，包括图书借阅、书库管理、咨询服务等向图书馆延伸服务拓展，美国、加拿大、澳大利亚、新加坡等国家的公共图书馆中，图书馆志愿服务形成了一些特色项目，如西雅图公共图书馆的“家庭作业帮助者”活动，新加坡公共图书馆每个季度推出一项“图书馆馆藏资源选择、评价”活动等，都是图书馆特色志愿服务活动的代表，深受读者的欢迎。欧美等国家和地区也对图书馆志愿服务进行了持续性的探索，并形成了较为完善的图书馆志愿者管理体系和服务机制，包括志愿者的招募、培训、管理、反馈等，充分发挥志愿服务的功效，开展优质的图书馆服务。

21世纪，我国的许多公共图书馆、高校图书馆陆续引进了志愿者服务。而志愿服务的引入，在图书馆界也产生了较大的反响。上海图书馆、深圳图书馆、重庆图书馆、

广州图书馆等都十分重视志愿者队伍的建设和志愿服务内容的创新，在图书馆志愿服务的探索上取得了一定的成果。图书馆志愿者也在图书馆服务中起到了广泛的作用。图书馆志愿服务不但在弥补工作人员与经费不足、促进图书馆与社会的开放交流、推动公共图书馆精神传播等方面发挥了重要作用，而且为志愿者实现自我价值、培养社会责任感搭建了平台，产生了一定的社会效益。

阅读推广服务也逐渐成为志愿者参与图书馆服务的一项重要内容。无论是在国外的图书馆志愿服务中，还是在国内的图书馆志愿服务中，阅读推广志愿项目都是其中的一个亮点。澳大利亚悉尼公共图书馆的“对话和工作坊”、深夜图书馆、电脑培训、儿童与青少年活动、“书友会”等活动，美国洛杉矶公共图书馆的“讲故事助理”活动，加拿大多伦多图书馆的“导读”服务等，都是图书馆阅读推广志愿服务项目的成功实践。我国的图书馆志愿服务发展较晚，但是在积极借鉴国外经验、结合自身情况进行探索的基础上，也出现了很多阅读推广志愿服务的有益尝试，形成了一些宝贵的经验。一方面是专门的阅读推广志愿者队伍的建设，另一方面是图书馆阅读推广志愿服务项目的探索，在儿童阅读推广、全民阅读推广、特殊读者阅读推广等方面都出现了一些经典案例。如苏州图书馆的“阅读宝贝计划”、沈阳图书馆的“星期六剧场”、浙江图书馆的“文澜讲坛”、辽宁图书馆的“对面朗读”项目等，都取得了良好的阅读推广效果，志愿者的参与则是活动取得成功的关键要素之一。

随着信息化时代的发展，图书馆志愿服务也将呈现出新的面貌，迎来新的发展，而在图书馆阅读推广方面，志愿者仍然具有不可替代的价值，志愿者参与图书馆阅读推广依然具有重要意义。

三、志愿者参与公共图书馆阅读推广的意义

（一）对公共图书馆的意义

公共图书馆作为公共文化服务机构，阅读推广是其使命之一。志愿者参与阅读推广为图书馆的阅读推广提供助力，有助于图书馆更好地履行公共服务的职能，更好地完成阅读推广的使命。

第一，传播图书馆精神。图书馆精神既包括信息公平、和谐包容的精神，也包括开放合作与资源共享的精神，图书馆精神和志愿精神也有契合之处。吸收志愿者参与图书馆阅读推广，可以更好地推动全民阅读，促进信息公平的实现，让更多的读者共享图书馆丰富的馆藏资源和服务。而志愿服务与图书馆服务的结合，本身也是合作和资源共享的表现，是图书馆精神的题中之义。志愿者在图书馆阅读推广服务中的参与行为是图书馆精神的体现，同时又有助于图书馆精神的传播。

第二，加强阅读推广的队伍建设。在传统的图书馆阅读推广中，馆员承担着全面的阅读推广工作，但是基础服务占用馆员大部分的时间，阅读推广面临着馆员数量不足、馆员素质参差不齐等尴尬问题。志愿者为阅读推广服务补充了充足的新鲜血液，具有专业特长的志愿者们组成的阅读推广志愿者队伍成为图书馆阅读推广的大军，为图书馆阅读推广服务的顺利进行提供了条件。

第三，优化阅读推广服务。志愿者的出现为图书馆提供了更多的智力支持，志愿者可以在图书馆阅读推广活动的策划、组织、开展、评价等各个阶段发挥相应的作用，帮助图书馆优化阅读推广服务。志愿服务与图书馆阅读推广服务的结合，不仅仅丰富

了阅读推广参与人员的背景，大大优化图书馆工作人员的知识结构，更是服务理念、服务方法、服务内容的融合和创新。来自不同背景，具有相同兴趣和热忱的志愿者能够创造更多的阅读推广形式，提升阅读推广服务的质量。志愿者在参与图书馆阅读推广活动中，也在客观上扩大了图书馆的群众基础，使图书馆的阅读推广活动更易被读者接受，提升阅读推广服务的质量。

第四，促进社会力量共同参与阅读推广。阅读推广是一项复杂的活动，需要多方面的参与，只有更多的社会力量参与进来，更多的社会资源得到合理的整合，阅读推广活动才能获得更大的成功，产生更大的影响。志愿者的参与为其他社会力量的介入提供了可能，可以带动更多的社会力量共同参与到阅读推广的实践中。

（二）对志愿者的意义

志愿者参与到公共图书馆阅读推广服务中，完成从读者到工作者的角色转变，除了对阅读推广工作的贡献之外，对自身的发展也有重要意义。

第一，自我价值的实现。在阅读推广服务中，志愿者承担了重要角色，运用自己的聪明才智、时间和精力推广阅读，甚至引导和指导读者阅读，既可以收获完成任务的成就感，也是自我情感的实现和自我价值的肯定。

第二，知识和技能的增长。阅读推广活动对于志愿者的要求较为严格，针对志愿者进行的专业培训以及志愿者本人在参与阅读推广服务中的实践，都有助于增强志愿者的相关技能，帮助志愿者增长新知、扩宽视野，增强解决实际问题的能力。

第三，人际合作能力的提高。阅读推广服务不同于一般的图书馆服务，需要志愿者与读者进行广泛的沟通和持续的接触。阅读推广活动的效果很大程度上取决于志愿者能否与读者深入沟通和交流、有效地传播阅读理念和方法。通过与读者的互动，志愿者可以显著地提高与人沟通的能力与技巧，而在推广过程中与其他志愿者、馆员、读者的配合与协作也是对志愿者合作能力和团队意识的锻炼。

（三）对读者的意义

志愿者兼具读者和公共图书馆阅读推广服务者的身份，对读者而言具有天然的亲切感。志愿者参与图书馆阅读推广服务，减轻了图书馆阅读推广服务与读者的距离感，让读者可以更加轻松地参与其中。

一方面，可以减少读者与图书馆之间的隔阂。志愿者的参与改变了传统阅读推广中“有人宣传，无人理会”的局面，分担了馆员的工作量，更多的志愿者参与其中，使馆员有精力也有时间在阅读推广的宣传过程中与读者互动，解答读者的咨询。不同于以往“摆摊式”的阅读推广，志愿者的参与使阅读推广变得更加贴近读者，拉近了与读者之间的距离。

另一方面，读者的阅读需求可以得到更好的满足。兼具读者身份的志愿者，对于读者的需求有更直观、更切身的感受，在设计活动、开展活动时能够充分考虑读者的需要，在面对读者的反馈时也能够形成更加合理的认同，增强了读者在阅读推广中的获得感和体验感。

总之，公共图书馆的阅读推广需要志愿者的参与，志愿者的参与不仅能够改善图书馆的阅读推广服务现状，为读者提供更加人性化的服务，也能够拓展阅读推广服务的内容和形式，帮助图书馆更好地开展社会阅读活动，改善国民阅读状况，提升社会阅读风气。

第二节　图书馆志愿者组织与公共图书馆志愿服务

一、图书馆志愿者组织

在我国，青年志愿服务开展的重要载体是各级共青团组织；其他民间志愿服务，也多以各种非政府组织或基金组织为载体。志愿服务组织是指依法成立，以开展志愿服务为宗旨的非营利性组织。

志愿者组织是公民在不计报酬、自愿奉献自己的时间与精力为他人服务的过程中自发组织起来的民间组织。在国外，它被归为“第三部门”“非营利性组织”或“非政府组织”的行列。在中国，它被归为“社会中介组织”或“民间组织”的行列。志愿者组织作为非政府、非营利组织的重要组成部分发挥着其特有的社会功能和效用。

非营利组织（NPO），也被称作“非政府组织”、第三部门、志愿组织等。它是社会中既非政府亦非企业的机构和组织的总称，非营利组织就是根据国家法律注册的独立法人，该组织具有一定的组织机构，具有民间性，不作为政府的一个分支机构，也不受政府官员的辖制，不以营利为目的，不受外部控制，自我治理，在组织活动和管理中具有相当程度的志愿性并以服务于某些公共目标和为公众贡献作为组织使命，具有组织性、非营利性、民间性、自治性、志愿性五个特征。

在我国，非营利组织主要分为社会团体、社会服务机构和基金会三类，也称其为社会组织。近些年来，我国的社会组织数量显著增长，直观而鲜明地反映了我国非营利组织的发展，其庞大的数量也为非营利组织参与公共服务活动奠定了坚实基础。随着非营利组织的持续发展和影响的不断扩大，非营利组织广泛参与公共服务，并且发挥着政府组织所不能替代的重要作用，很好地填补了“市场不为”和“政府不及”的空缺，有效地弥补了政府在公共服务领域内的一些不足，业已成为公共服务的供给主体之一，在扶贫、环保、教育、社区服务等诸多方面发挥着日益重要的作用。而志愿服务也在非营利组织中占据重要地位。

在中国，非营利组织的管理与国外有所不同，政府的性质更为突出。非营利组织的成立和发展需要在政府职能部门的管理和监督之下，其发展也借助了政府组织的动员力量。以中国共产主义青年团的“青年志愿者”为例，其发展和活动的开展都不能离开共青团的平台和载体c伴随社会治理创新、社会组织改革，随着我国非营利组织的发展和管理水平的进步，政府逐渐放宽对非营利组织的限制，鼓励更多专业性的非政府组织注册和发展，志愿服务组织的发展也呈现出多元化趋势，志愿服务蓬勃开展，助力社会公益事业顺利进行。我国志愿组织要坚持创新发展、多方参与，着力推进志愿服务组织、志愿者与志愿服务活动共同发展，筑牢志愿服务组织基础。鼓励国家机关、群团组织、企事业单位、其他社会组织和基层群众性自治组织建立志愿服务队伍，引导民生和公共服务机构开门接纳志愿者，形成志愿服务工作合力，扩大志愿服务社会覆盖面。中国的志愿服务也开始向新的发展阶段迈进，展现出新的活力。

目前，我国志愿服务组织形式主要有以下三种类型：

（1）中国青年志愿者组织，它是中国共产主义青年团中央委员会下属的中国青年志愿者协会的从属组织，主要是配合共青团中央和各级共青团的地方组织开展活动，它与国家机关及企事业单位的志愿者组织相互交叉或融合，如工会志愿者组织、环保志愿者组织等。中国青年志愿者协会是中国目前最大的志愿组织，它所组织的活动往往以项目为主，具有很强的组织性和协同性。

（2）中国社区志愿者组织，接受业务主管部门民政部和国家社团登记管理机关的业务指导、监督、管理，也是中国当前的大型志愿者组织之一。社区志愿服务以街道为主体，以居委会为依托，动员社区居民为社区群众提供各种社会福利社会服务，是一种群众性的志愿服务活动。社区志愿者队伍是创建和谐社区的生力军，也是社区居民相互了解和交流的纽带，包括老年协会、环保志愿队、社区治安巡逻队、社区党员志愿者队、义务服务队、义务调查队等。

（3）其他志愿服务组织，多是由民间自主发起，以推动公益事业为宗旨而提供无偿服务的民间志愿服务组织。其包括中国大型社会团体的志愿者组织，如中国红十字会、中华全国慈善总会及其他地方组织、中国老龄科技工作者协会、中华全国妇女联合会等所属的志愿者团体，也包括其他“草根”志愿服务团体和组织。在中国志愿服务的发展和变化进程中，志愿服务组织的创新和变化也呈现良好势头。随着中国广泛进行社会改革、治理创新，推动政府管理体制转型，公益类社会组织的管理也更加科学合理。因此，许多民间志愿者团队和组织获得进一步发展和支持，逐渐成为中国社会治理创新的新生力量。

二、图书馆志愿服务的产生背景

在公民广泛参与志愿服务的大背景下，社会对于志愿者和志愿服务的要求也在不断提高。志愿者和志愿服务逐步向专业化方向发展，志愿者和志愿服务的类型也更加丰富。其中，很多志愿服务都与我国弘扬和传播先进文化、陶冶民众情操、丰富民生文化生活等密切相关，这样的志愿服务，我们称之为文化志愿服务，这样的志愿者我们将其归类到文化志愿者类型之中。

文化志愿服务不同于一般的服务活动，应具备三个特征：第一，专业性。参与文化志愿服务的志愿者，需要具备一定的专业知识和文化素养，才能更好地促进公共文化服务事业的发展；第二，导向性。文化志愿者以文化为载体进行文化服务，具有鲜明的价值导向性，需要将核心价值观与民族性、时代性结合起来；第三，传播性。文化志愿者作为文化的承载者和传递者，每一项服务都是对文化的一种传播，包含着文化的交流与互动，具有鲜明的传播性。

文化志愿者既需要具备一定的文化、艺术特长或专业素养，又需要充分发挥自己的特长，提供专业的文化志愿服务，传播特定的文化价值和内涵。综合而言，文化志愿者是指那些不以物质报酬为目的，利用自己的时间、文艺技能等自愿为社会和他人提供公益性文化艺术服务和帮助的人。文化志愿者活动包括文化推广、艺术鉴赏、科学普及、知识培训、文艺演出等。

随着文化志愿活动的蓬勃发展，文化志愿者在队伍扩张的同时，也出现了更多类型或专业的文化志愿者。图书馆志愿者首先在国外出现，并取得了良好的效果，随后被引入国内。作为文化教育事业的图书馆服务是公共服务，图书馆引入志愿服务标志着志愿服务进入图书馆服务领域。作为在特定行业服务的文化志愿者群体，图书馆志愿者一方面要具有志愿精神，另一方面需具备从事图书馆志愿服务的时间、知识、能力等资源和条件。因此，我们认为，图书馆志愿者应当是在不以获取物质报酬为目的，志愿为图书馆提供服务，贡献个人的时间、精力及技术的人或者人群。

三、图书馆开展志愿服务的意义

（1）补充人力，提高服务能力。图书馆常常因为工作人员少、平均服务对象太多而无法充分满足读者的需要，也无法提供更精准的服务。志愿者的引入，为图书馆服务提供了充足的人手，缓解图书馆中读者人数众多而工作人员配置不足引起的服务不及时、不周到、不精确的尴尬，改善部分图书馆服务中存在“心有余而力不足”的情况，提高服务能力。

（2）注入活力，提升服务质量。志愿者自愿、主动、热忱地参与图书馆服务，无形中提升了图书馆的形象。而图书馆志愿者与正式馆员不同，他们基于自身的兴趣而从事志愿服务，因此充满更多的活力和热情。此外，图书馆志愿者可能来自各行各业，具备各种各样的专长，图书馆志愿者的出现也可以为图书馆注入新鲜血液，有助于提高图书馆服务的质量和水平。

（3）拓展服务项目，丰富服务内容。图书馆志愿者的出现，提供了社会力量介入图书馆工作的方式，为今后社会力量以多种形式参与图书馆事业铺平了道路，对图书馆事业的发展将会产生深远的影响。图书馆可以充分利用图书馆志愿者在基础业务之外开展延伸服务，国内外图书馆已经开始多方面的尝试，这将拓展图书馆的服务项目。开辟新的图书馆服务领域，其中包括助残服务等。

（4）增强读者互动，扩大社会影响。图书馆志愿者不同于馆员，他们一般都是深入到读者中，为读者提供近距离的帮助和服务。读者与志愿者之间的沟通，增强了读者的认同感，实际上增强了图书馆与读者间的互动，帮助图书馆吸引读者。图书馆志愿者的双重身份——读者和图书馆工作者在帮助读者更好地获取图书馆服务的同时，也有效促进图书馆功能的充分发挥，帮助读者树立图书馆意识，培养阅读习惯，从而提高图书馆的文化吸引力、社会影响力。

与此同时，图书馆的志愿服务活动，也为志愿者提供了丰富的实践体验和学习机会，他们可以在图书馆环境下、在志愿服务过程中开阔视野、积累知识、增长能力、自我成长。而对于读者而言，志愿者的出现有利于营造一个良好、舒适的阅读环境，使读者享受到图书馆更为优质、人性化的服务，优化自己的阅读体验。

基于此，越来越多的图书馆认识到了志愿者参与图书馆服务的重要性，图书馆志愿者服务也在更高层次和更大范围内开展起来。

四、公共图书馆志愿者工作的内容

图书馆志愿者的工作内容或服务内容是基于图书馆的基本业务和延伸服务展开的，我们分别称之为常规服务和延伸服务。

（一）常规服务

常规服务主要是协助图书馆员完成图书馆日常工作，主要包括读者咨询导航服务、图书整理、图书馆宣传推广及大型活动的支持等工作。在提供常规服务的过程中，志愿者更多扮演的是一种义务馆员的角色，协助图书馆更好地发挥其功能。

（1）读者咨询导航服务：图书馆志愿者在图书馆读者咨询台或咨询点、服务大厅、借还书处、参考咨询部门及阅览室等公共区域解答读者基本咨询，引导和协助读者使用查询机，为读者提供计算机使用、网络查询及数据库检索的指导服务，协助读者解决资料检索上的问题，引导读者文明读书等。

（2）图书整理服务：主要包括新书加工处理、修补图书、图书上架整架等图书流通基本工作。①新书加工处理。在采编部门进行图书验收、登录建档、粘贴书标、图书加工；②修补图书。修补破损图书与书标；③图书上架整架。在总借还台预约书架整理，将归还的书刊进行分类并排架、书架整理还原等。

（3）活动支持服务：活动支持服务是指志愿者协助图书馆开展讲座、展览、读者培训、社会教育等活动。志愿者负责协助图书馆开展会务或展览的筹备、策划、接待、讲解、翻译或主持等工作。其中也包括读者培训活动，如为读者介绍便利的计算机应用工具和使用方法等知识也需要志愿者的协助和支持。

（4）阅读推广服务：阅读推广服务以多种形式向社会公众推介公共图书馆服务，传播图书馆文化和扩大图书馆影响往往也需要志愿者的参与。图书馆借助志愿者开展阅读推广活动，挖掘公共图书馆的潜在读者，帮助图书馆充分发挥其文化枢纽的功能，推进全民阅读，助力阅读型社会的建设。如加拿大多伦多图书馆志愿者每周为学生提供的免费导读服务，通过一起读书、一起游戏等方式帮助学生养成爱阅读的好习惯。英国的图书馆每年都会招募志愿者协助图书馆开展“暑期阅读挑战”活动，志愿者的主要工作就是协助馆员开展活动，向孩子们宣传这项活动并鼓励他们报名参加，倾听孩子们讲述他们读过的书籍，协助活动的宣传推广等。

（二）延伸服务

随着现代图书馆的发展，图书馆志愿者以常规服务为基础，也积极参与图书馆的延伸服务，甚至形成一些由图书馆志愿者主导的特色服务项目。

（1）知识辅导服务。志愿者为青少年等特定群体提供免费的知识辅导，丰富图书馆文化的内涵，拓展图书馆功能区间 G 如，美国西雅图公共图书馆的“家庭作业帮助者”计划，为青少年提供免费的作业辅导；纽约图书馆的“创新实验室”项目，营造轻松的学习环境，借助先进的多媒体电子设备辅助教学，帮助孩子们获得 21 世纪的必备技能，获得技能提升和自我身份认同等。

（2）外语志愿者服务。图书馆志愿者协助图书馆为读者提供免费的语言交流和学习平台。如美国西雅图图书馆的西班牙语学习强化项目、我国国内很多大型图书馆开展的“英语角”系列活动。

（3）图书馆在线服务。比如志愿者为读者提供网上咨询服务，在线回答读者咨询。又如“虚拟图书馆志愿者”，工作内容包括：测试图书馆主页、数据库、下拉菜单的可用性及图书馆与社区信息库的链接是否有效等。当发现问题后，他们以电子邮件的形式通知图书馆处理，这样可以有效提升图书馆的线上服务质量，优化读者使用图书馆数字资源的体验。再如具有相当专业背景的志愿者进行数据制作及整理，协助进行图书馆纸质文献的数字化、数据库的建设等。

图书馆志愿者的服务内容，因各个图书馆的优势和相关读者的需求而有所不同，除了以上列举的服务类型之外，还有其他多种多样具有特色的志愿服务活动。图书馆志愿者在这些志愿服务中扮演了主要角色，承担了重要职责。

在信息化高度发展和网络通信技术日益发达的今天、除了传统意义上的志愿者以外，还出现了“网络志愿者”o 网络志愿者既可以是通过网络招募的志愿者，也可以是通过网络环境参与志愿活动的个人或团体。进行图书馆在线服务的志愿者，也应该在网络志愿者的范围以内。因此，在传统的图书馆志愿者之外，应该注意到图书馆网络志愿者，在传统的图书馆线下志愿服务之外，应该开拓和发展图书馆网络或线上志愿服务网络环境条件是网络志愿者参与公共图书馆服务的主要途径，公共图书馆所提供的各类服务机会和场所设备条件是网络志愿者参与公共图书馆服务的前提条件，目的在于协助公共图书馆更好地为社会大众提供其所需的服务内容。随着服务路径的拓宽和服务内容的丰富，今天的图书馆志愿者在图书馆服务中可以发挥更大的作用。

五、图书馆服务与志愿服务的有机结合

（一）图书馆服务与志愿服务本质上相契合

图书馆服务作为公共文化服务的一种，与志愿服务，特别是文化志愿服务有很多相似的地方，二者的精神内涵，即图书馆精神与志愿服务精神也有强烈的共鸣。可以说，图书馆在公共文化服务方面发挥着举足轻重的支点作用，文化志愿服务则是公共文化服务体系建设的一项重要内容，二者在本质上存在天然的共性。志愿精神作为一种利他主义和慈善主义精神，与图书馆的服务精神、人文精神在内涵上也存在显著的关联。

首先，文化志愿服务与图书馆服务在性质上有诸多相似之处。一方面，文化志愿服务与图书馆服务在服务方式和手段上都是以提供公共文化产品和文化服务为主，二者在公共性、服务性和文化性等方面不约而同；另一方面，作为志愿服务中的有机组成部分，文化志愿服务不以获得物质报酬为前提，致力于提供全方位的、公益性的文化服务。图书馆则是公益性文化事业单位，其宗旨就是为人民群众提供基础的公共文化服务设施。二者在非营利性和公益性方面别无二致。

其次，图书馆精神与志愿精神之间有强烈的共鸣。在图书馆服务行为和文化志愿服务行为背后，是图书馆精神和志愿精神的张扬。而不论是图书馆精神还是志愿精神，二者都是以人文精神和人文情怀为基础。①自由平等的人文精神。公共图书馆精神要点有两点：平等服务和免费服务。平等自由的人文精神同样渗透在志愿服务中，构成了“志愿精神”的精髓，“志愿者”是每个公民的权利和义务。无论年龄、身份地位、资格和收入情况如何，每个人都可以也应该参与志愿服务或成为志愿者，并在志愿服务中表达自己的公民权利。②助人的人文精神。图书馆精神和志愿者精神都强调帮助他人、服务社会，这也是图书馆和志愿服务公益性特点的内涵支撑。③共享的人文精神。志愿服务提倡“共享个人的精力、才能和精神”，从事社会公益事业，而图书馆的建立正是基于知识共享的理念。因此，无论是志愿者精神还是图书馆精神，都充分体现着共享的人文精神。

（二）图书馆自身发展的需要

图书馆作为非营利性公益事业，以社会效益为追求。充分开发、利用图书馆公共资源，宣传扩大图书馆社会影响是图书馆发展的必由之路。在我国建设精神文明、加强“文化自信”的时代背景下，图书馆需要更加主动地发挥其文化功能，在文化建设中发挥更加积极的作用。在此过程中，如何协调和调动各种社会资源，共同促进图书馆的发展，无疑是图书馆必须认真思考的课题。志愿者则是社会资源中不容忽视的组成部分，图书馆可以对他们进行招募和管理，是有效利用社会力量的创新举措。而志愿者们不计报酬、怀着强烈的兴趣和高度的责任感帮助图书馆提供读者满意的活动，是图书馆建设和发展的新鲜血液和有益助力。志愿者队伍的建设情况和服务质量，也是对一个图书馆文化吸引力、综合管理能力、社会影响力进行判断的依据之一。

（三）图书馆进一步开放的要求

大多数志愿者都来自图书馆的读者群体，他们既是图书馆服务的受益者，又是图书馆服务的工作者。他们拥有双重视角，既了解图书馆服务中最使读者舒适和满意的地方，也了解读者想要在图书馆服务中寻求什么。正是由于这种身份的双重性，志愿者成为图书馆与读者之间沟通和交流的桥梁和纽带。开馆有益，图书馆志愿服务的引入，符合图书馆的开放精神。而志愿者在宣传图书馆文化、为读者和图书馆提供更多服务的同时，在读者和志愿者角色的转换中，更能发现图书馆存在的一些问题和不足，能够改善图书馆的服务，进一步促进图书馆更加合理地开放，使广大的读者受益更多。

图书馆具有吸引志愿者、使志愿精神发扬光大的客观优势和现实土壤，而志愿者作为强大的社会力量，在服务过程中可以促进图书馆的发展，帮助图书馆更好地履行使命、服务读者。

六、志愿者参与公共图书馆阅读推广志愿服务

阅读推广旨在使广大人民群众了解阅读内容、推送馆藏文献、提高阅读兴趣、培养阅读习惯，从而促进全民阅读，提升全民族的文化素养。公共图书馆在国

家或地区阅读推广工作中承担重要任务。阅读推广是图书馆的根本任务，是图书馆历史发展的必然结果，是图书馆行业生存和社会文化发展的需要。

阅读推广是图书馆的基础性业务，也是志愿者参与图书馆服务的主要途径之一。志愿者的参与可以搭建图书馆与读者双向沟通的桥梁，拓展阅读推广的服务形式，提升阅读推广的服务质量，保障阅读推广的服务成效。为了更好地发挥图书馆的功能，提供优质的图书馆服务，积极开展阅读推广工作，国内外图书馆也越来越重视志愿者在阅读推广中的作用。

近年来，随着我国全民阅读的氛围日益浓厚，公众对图书馆的需求不断提升，吸纳有专业特长、有教育经验、有阅读推广热情的志愿者积极参与到阅读推广活动中，并加强专业化培训，建立完善的培训、认证、评价及激励体制，使图书馆志愿者成为阅读推广工作中的生力军，也成为广大图书馆的共识。在部分图书馆尤其是一些国外图书馆，已经形成了相当完备的机制，甚至开发了由志愿者主导的阅读推广特色项目。志愿者全程参与图书推广工作，保证了图书推广工作的有序性和完整性。志愿者在阅读推广中的广泛和深入参与，有效解决了全民阅读推广活动人力资源欠缺等问题，使社会力量得到有效运用，成为全民阅读推广的重要助力。

（1）志愿者参与阅读推广活动的服务队伍建设。优质的阅读推广活动需要一支有规模的专业团队。图书馆志愿者补充了图书馆人力上的不足，为图书馆建设阅读推广专业队伍提供了保障Q而图书馆志愿者自身浓厚的兴趣和专业背景，为专业队伍的建设提供了条件。志愿者在专业的培训下，可以成为一支专业的阅读推广队伍，成为图

书馆推广阅读服务的得力助手。

（2）志愿者参与阅读推广活动的策划与组织。活动的前期策划关系着整个阅读推广活动的成败。志愿者为图书馆提供的不仅是人力支持，更重要的是智力支持。在活动前，志愿者分工合作，进行活动的资料收集、分析、策划，使活动内容和形式更贴近读者。而随着阅读推广服务队伍的扩大，阅读推广活动的选择也可以增加，开发更大规模和更高层次的阅读推广成为可能。

（3）志愿者参与阅读推广活动的宣传。在活动宣传中，来自不同背景、兼具读者身份的志愿者具有群众优势，他们更加接近读者和群众，更易在读者中产生更显著的宣传效应，可以有效地吸引读者，调动读者的参与热情，可以在更大程度上加强宣传效果；在宣传过程中，他们能综合利用多种宣传方式，依靠微博、微信等多种媒介和平台，更快、更直接、更接地气地宣传活动内容，形成更加广泛的宣传效应。

（4）志愿者参与阅读推广活动的开展。在阅读推广活动开展过程中，志愿者可以与专业馆员紧密合作、密切配合，共同保证活动的正常进行。志愿者还可以结合专业知识，通过自身经历与读者分享阅读经验、传授阅读技能、传递阅读信息，甚至可以推出“一对多”“一对一”的分流式推广，提高活动的效率，使阅读推广活动取得预期效果。

（5）志愿者参与阅读推广项目的创新与改进。在阅读推广过程中，志愿者的参与使得读者和图书馆的沟通更加通畅，通过相互之间的交流，读者能够更加直接、明确地对相关活动提出建设性的意见或建议，图书馆也可以在第一时间收到读者的反馈，及时作出改进。通过总结，可以不断完善相关活动或项目的细节，创新活动内容和形式，优化阅读推广服务，提高图书馆的服务质量和读者满意度。

第三节　公共图书馆阅读推广中的志愿者管理工作

管理是指一定组织中的管理者，通过实施计划、组织、领导、协调、控制等技能来协调他人的活动，使别人同自己一起实现既定目标的活动过程。科学的高水平的志愿者组织与管理工作，是为志愿者提供出色的志愿者服务的前提与保证。随着志愿者组织的迅速发展，志愿者人数的与日俱增，如何对志愿者实施有效的管理正变得日益重要。从人力资源管理角度来说，志愿者管理是一项复杂的社会系统工程。最大限度发掘志愿者自身尚未发挥的资源，创造一个能让所有成员都贡献他们最大能量的环境，是志愿组织对志愿者管理的本质所在。由此，志愿者管理活动的组织，主要包括规划、招募与甄选、指导与培训、绩效评估、奖励与激励等。

一、公共图书馆阅读推广志愿者管理的必要性

自从提出“人力资本”概念以来，经济学中资本的概念得以扩大，人力资源的作用和人力资本的投资收益率开始受到人们的广泛重视，人力资源的地位日益凸显。长期以来，图书馆忽视或避讳谈及志愿者的管理，他们认为志愿者从事的是公益爱心事业，大多数图书馆将管理重心放在组织物质资源和资金资源的处理上，而忽略了对人力资源尤其是志愿者的管理。然而，这种长期以来所形成的错位以及由此导致的对人

力资源管理的忽视给图书馆带来了种种问题，如志愿者流动率高、组织效率低下等。

图书馆阅读推广志愿者是特殊的人力资源，不能简单套用企业的人力资源管理。志愿者管理作为一种理念和文化、政策和制度，影响志愿者在志愿服务中的价值观、责任感、态度、技能和行为，而志愿者管理与人力资源管理的区别主要在于价值观和责任感的不同，志愿者管理更为强调对社会和他人的关怀。志愿者进入图书馆，更多地是抱有一种责任、信念和使命感，而不仅仅是为了物质利益和金钱报酬。志愿者并不意味着免费劳动力或廉价劳动力，而是组织内一项重要资源。因此，管理不善不仅难以吸引高素质的志愿者，而且也会导致对社会资源的浪费，更有可能严重削弱阅读推广志愿者对图书馆的信任，损害志愿者对志愿服务的热情和信心。

不得不承认，这些问题的解决有赖于图书馆对志愿者进行有效的管理。志愿者作为一种宝贵的人力和智力资源，具有能动性和增值性。图书馆可以凭借对志愿者的人力资源进行整合和开发，从而推动图书馆的发展。

二、公共图书馆阅读推广志愿者的管理流程

图书馆阅读推广志愿者管理在实际应用中更加注重管理流程。从志愿者产生志愿动机，经由图书馆管理提供阅读推广志愿服务，从而产生社会公益，实际上是一个较为复杂的过程。这一过程对专业化的图书馆阅读推广志愿者管理提出了更高的要求。

图书馆阅读推广志愿者的管理流程由工作规划、招募、培训、评估、激励等工作构成。

志愿者的工作规划、招募、培训、评估、激励是一个循环往复的过程，反馈渗透在整个过程之中，能够时刻监控图书馆阅读推广志愿者管理过程，及时对管理工作作出调整，同时权益保障贯穿整个管理过程。通过使志愿者参与到图书馆阅读推广志愿服务管理的过程中，使志愿者从被动管理变为主动参与，可大大提高志愿者参与阅读推广志愿服务的积极性，减少不必要的流动性，从而实现图书洎阅读推广志愿者管理的高效化、科学化、人性化和可持续发展。

参考文献

[1]李蕾；史蕾.公共图书馆服务与创新管理[M].延吉：延边大学出版社,2022.

[2]张靖，黄百川，刘茜，张萌.佛山市公共图书馆管理办法解读[M].中山：广州中山大学出版社,2022.

[3]张靖，陈深贵.公共图书馆工作人员入职培训教材[M].中山：广州中山大学出版社,2022.

[4]陈燕琳.新环境下公共图书馆的阅读推广[M].长春：吉林人民出版社有限责任公司,2022.

[5]郭蕾.公共图书馆服务与阅读推广研究[M].长春：吉林人民出版社,2022.

[6]李丹.我国公共图书馆评估制度研究[M].北京：国家图书馆出版社,2022.

[7]耿宁华.公共图书馆阅读推广研究[M].郑州：郑州大学出版社,2022.

[8]林岫，肖玥.新时期公共图书馆报刊管理理论与实务[M].北京：学苑出版社,2022.

[9]叶健，黄启诚.公共图书馆阅读推广理论与应用[M].延吉：延边大学出版社,2022.

[10]李蔚蔚.公共图书馆视障读者服务[M].北京：化学工业出版社,2022.

[11]陈雅，谢紫悦.公共图书馆大众化服务研究[M].南京：南京大学出版社,2022.

[12]夏季雷，马士杰.公共图书馆为阅读困难群体服务的对策研究[M].北京：北京燕山出版社,2022.

[13]李东来；魏志鹏副主编.图书馆专业发展之路[M].北京：海洋出版社,2022.

[14]徐益波.公共图书馆信用服务的宁波实践[M].天津：天津大学出版社有限责任公司,2021.

[15]王蕴慧，张秀菊.公共图书馆的服务体系建设与创新[M].北京：中国纺织出版社,2021.

[16]张辉梅.公共图书馆管理与读者服务研究[M].长春：吉林人民出版社,2021.

[17]祝坤.公共图书馆发展及其文旅融合路径探究[M].吉林人民出版社,2021.

[18]李一男.现代公共图书馆资源建设与服务的多维透视[M].长春：吉林大学出版社有限责任公司,2021.

[19]刘庆娜.图书馆公共服务与信息化管理[M].长春：吉林人民出版社,2021.

[20]王海河.公共图书馆服务与创新管理[M].长春：吉林摄影出版社,2021.

[21]祁雨江.公共图书馆书籍维护与修复[M].郑州：中州古籍出版社,2021.

[22]宋文秀著.公共图书馆资源建设与服务创新研究[M].成都：成都时代出版社,2021.

[23]唐鹏宇.数字图书馆著作权法律问题研究[M].武汉：武汉理工大学出版社有限责任公司,2021.

[24]宋菲，张新杰，郭松竹编.图书馆资源建设管理与阅读服务研究[M].长春：吉林人民出版社,2021.

[25]郑辉，赵晓丹.现代公共图书馆智慧服务平台建构研究[M].长春：吉林人民出版社,2020.

[26]陈燕琳.新环境下公共图书馆的阅读推广[M].吉林人民出版社有限责任公司,2022.

[27]陈宗雁.新媒体环境下公共图书馆阅读推广活动的研究[M].北京：中国商务出版

社,2019.

[28]王继华.新时期公共图书馆阅读推广理论研究[M].银川：宁夏人民出版社,2020.

[29]张兆华. 新时代图书馆阅读服务途径[M]. 哈尔滨：黑龙江美术出版社, 2021.

[30]陶洁. 图书馆阅读推广与信息服务研究[M]. 哈尔滨：哈尔滨出版社, 2020.